JN410203

종교교육교재편찬위원회

선문대학교

행복의 원리와 나

초판 1쇄 인쇄 • 2014년 12월 05일
초판 1쇄 발행 • 2014년 12월 10일

지은이 • 선문대학교 종교교육교재편찬위원회
발행인 • 황 선 조
발행처 • 선문대학교 출판부
등록번호 • 제 9호
등록일 • 1998년 9월 25일
주소 • (336-708) 충남 아산시 탕정면 선문로 221번길 70
전화 • (041)530-2827 팩시밀리 (041)530-2979

디자인 · 인쇄 • 다해 (02)2266-9247

판매가 8,000원

ISBN 978-89-8423-763-6 93230

행복의 원리와 나

선문대학교 종교교육교재편찬위원회

우리 학교 설립자이신 문선명 선생님은 육영사업을 하는 많은 대학 중 하나가 되기를 바라고 선문대학교를 설립하신 것이 아닙니다. 인류 평화에 이바지 하는 지도자를 양성하고자 하는 원대한 이상과 꿈을 가지고 선문대학교를 세웠습니다. 이 꿈을 실현하기 위해 선문대학교가 나가야 할 이념으로 애천 · 애인 · 애국 건학이념을 제시해 주셨습니다.

애천 · 애인 · 애국의 건학이념을 구현하기 위한 교육의 목표와 그 과정을 제시한 교과서가 『현대문화와 통일사상』입니다. 10여 년간 건학이념을 구현하기 위한 교과서로 사용하였던 『현대문화와 통일사상』을 금번 새롭게 개편하게 되었습니다. 좀 더 보편적 진리에 바탕을 둔 인성교육의 교재로서의 특성을 잘 갖고 있습니다.

선문대학교 설립자께서는 아무리 실력과 능력이 있어도 인성을 바탕으로 한 인격자가 되지 못한다면 훌륭한 지도자가 될 수 없다고 하였습니다. 설립자의 이념에 따라 선문대학교는 인성을 바탕으로 한 전문성과 세계시민으로서 지성과 품성을 갖춘 지도자를 양성하고자 하는 대학을 지향하고 있습니다.

선문대학교 학생들이 사회에 나가 품성이 바르고 성실하다는 말을 많이 듣고 있습니다. 『현대문화와 통일사상』을 공부하였기 때문이라고 봅니다. 1학년 학생들에게 필수과목으로 『현대문화와 통일사상』을 개설한 것은 대학생활에서 바른 품성과 자세를 갖고 의미와 보람 있는 대학생활이 되기를 바라서입니다.

본 교재가 선문대학교 학생 여러분에게 인격자, 전문인, 세계시민으로 성장하는데 길잡이가 될 것입니다. 의미 있고 즐거운 대학생활과 사회에 나가 봉사하는 지도자로서의 길을 밝혀 주는데 등불이 되길 바랍니다.

그간 이 책이 출간되기까지 원고 집필과 편집을 맡아 온 선문대학교 종교교육교재편찬위원회 여러분의 노고를 치하하며 감사드립니다.

선문대학교 종교교육교재편찬위원회 위원장

차 례

제1장
진리탐구의 전당, 대학

제1장
진리탐구의 전당, 대학

1. 대학의 의미

아카데메이아 (Akademeia)
폴라톤이 아테네 교외에 설립한 학교

대학교육의 근본적인 의미는 진리 탐구와 인격도야를 구현하는데 있다. 인류 최초의 교육기관이라 할 수 있는 플라톤의 아카데메이아가 모든 가치의 원천인 신에 대한 추구와 인간 영혼의 정화, 곧 인격의 완성을 목표로 하고 수학, 철학, 사회과학, 자연과학 등 거대한 학문체계를 구성하였던 이유도 여기에 있다. 아카데메이아는 자유로운 학문 활동을 하는 가운데 내면적 인격 연마를 추구하며 약 900년 간 유지되어 왔다. 이것은 아카데메이아가 현대의 대학들과는 다르게 참다운 인간성을 만들어 내는 전문기관으로서 전인적 인 교육을 추구하는 학원이었기 때문에 가능했을 것이다.

이러한 전통에 따라 교사와 학생의 학문적 공동체로 학문의 자유가 보장된 특권적 조직체인 대학이 12세기 유럽에서 시작되었다. 그 당시의 대학은 세속적 가치를 지향하는 학문의 장이기보다는 우주의 보편적 원리를 탐구하는 곳이었다. 유교문화권에서의 대학은 국가의 인재 양성기관으로서 일상생활과 관련되는 교육을 전담한 소학과는 차원이 다른 성숙한 인격을 연마하는 최고의 교육기관이었다.

역사상에 나타난 대학의 역할은 진리를 탐구하며 이상을 추구하고 현상의 이면에 있는 원인과 법칙을 찾아내며, 현실을 비판할 수 있는 지혜의 안목을 제시하는 것이었다. 그런데 이러한 대학의 이념과 역할에 큰 변화가 일어났다. 동서양의 대학들이 19~20세기에 들어와서 풍미한 근대 실용주의의 물결에 따라 현실생활에 유용한 학문을 추구하는 곳으로 변모되었다. 그 결과 대학은 직업교육의 장으로 전락하게 되었다. 흔히 대학의 이념과 역할을 학문의 연구, 인재 육성을 위한 교육, 사회봉사로 말하고는 있지만 그 실상은 기업의 요구에 부응하는 대학으로 그 성격이 매우 축소되었다. 소위 상아탑에서의 진리 탐구보다는 기업과 사회에 유용한 지식과 기술을 연구하고 교수하는 기관이 현 대학의 모습이다.

이러한 오늘의 대학은 전통적 대학의 이념에서 크게 벗어나 있다. 대학이 교육이념을 명확하게 설정하지 못한 가운데 가치 상대주의와 이기주의에 휩쓸리고 있다. 또 대학의 교육은 사회의 현실적 요구에 부응하는 교육, 곧 생존경쟁의 승리를 위한 직업교육에 치중되어 있다. 그 결과, 인간성 함양이 소홀히 되고 직업세계의 특정 전문분야에 초점을 맞춰 대학교육이 전개되고 있다. 이것은 고도의 기술문명에 따른 산업사회의 특성을 지닌 현대사회의 영향이기도 하다.

산업사회에 살고 있는 현대인들은 기술문명에 힘입어 물질적 풍요 속에서 소비 지향적이며 쾌락 지향적인 삶을 누리고 있다. 이러한 현대인들의 삶은 전통적인 미풍양속과 정신적 가치를 도외시하고, 자신의 물질적 욕망만을 성취하기 위한 극단적인 이기주의로 치닫고 있다. 현대사회에서 나타나는 여러 가지 사회적 병폐의 대부분은 이처럼 물질적 가치를 중시하는 현대인들의 욕망과 삶에서 비롯되었다고 볼 수 있다.

현대 산업사회에서 나타나는 인구 집중, 자원의 고갈, 환경오염, 빈부 격차에 따른 상대적 빈곤 등의 구조적인 문제는 물론, 급증하는 유흥 산업과 범죄 그리고 가족 해체 현상, 퇴폐문화의 만연 등은 현대사회의 위기를 더욱 가속화시키고 있다. 이러한 현대문명의 위기는 현대인들 스스로 자초한 세속적인 물질주의와 쾌락주의 그리고 가치관의 상실에서 오는 당연한 귀결이라 아니할 수 없다. 따라서 미래사회의 주역들을 양육해야 하는 대학이 그 본연의 의미를 되찾고 실현시키기 위한 노력들이 시급하다. 보편가치에 근거한 올바른 가치관을 탐구하고 전인적 인격 도야를 전공분야의 전문적 지식과 기술 연마와 함께 닦는 곳이 진정한 의미의 대학이라 하겠다.

2. 의미 있는 대학생활을 위하여

대학을 단순히 취업 준비를 위한 장으로만 생각하지 않는다면, 진정한 의미의 대학생활이 무엇인지에 대해 깊이 생각해봐야 할 것이다. 현대의 민주사회는 개인의 자유와 다양한 삶이 보장되는 개방사회이다. 타인에게 피해를 주지 않는 한 어떠한 사고와 행동을 하든지, 어떠한 생활방식을 선택하든지 간에 그것은 개인의 자유에 맡겨진다. 그런데 이러한 사회에서는 다양한 주의와 주장이 경쟁하고 서로 다른 가치 판단에 의해 충돌하기 쉽다. 다양성이 허용되는 개방사회는 상대의 가치판단에 대한 존중과 관용이 전제되지 않으면 갈등을 유발하기 쉽다. 그러므로 현대사회에서 원만한 대인관계를 통해 행복한 삶을 영위하기 위해서는 올바른 가치관 형성이 매우 중요하다.

또한, 올바른 가치관의 형성은 인간 개인의 삶에 있어서도 중요한 영향을 미친다. 인간이 어떠한 상황에서 어떻게 행동해야 할지를 판단해야 할 때, 만약 일관된 가치판단의 기준이 없다면 우리는 갈팡질팡하게 되어 큰 낭패를 보게 된다. 이것은 교차로에 들어선 운전자가 방향을 정하지 못하고 망설이면 교통사고를 일으키게 되는 것과 같다.

이처럼 올바른 가치관 없이 살아간다면 주변 사람들을 불안케 할 뿐만 아니라, 자신의 개인적 삶 속에서도 일관된 기준과 원칙 없는 행동을 함으로써 방황하는 삶을 살아가게 된다. 이러한 경향이 심해지면, 본능과 충동에 이끌리어 결국 정신적 가치를 망각하고 물질적 가치에 사로잡히게 되어 물질중심적인 삶을 살아가게 된다. 그 결과 황금만능주의와 육체적 쾌락주의에 빠져 고귀한 인생의 가치를 파괴시키게 될 것이다.

인간은 그저 사는 것이 아니라 가치와 보람을 추구하며 살아가기 때문에 누구도 자신의 삶이 무가치하게 되는 것을 원하지 않는다. 그래서 인간을 가치 지향적 존재라고 말한다. 인간은 일상적 경험이나 특정한 학습활동을 통해 가치관을 형성한다. 이러한 가치관은 개인의 내면에 자리 잡고 있으면서 그의 사고와 행동을 일관된 방향으로 이끌어 가는 역할을 한다. 그러므로 가치관이 정립된 사람의 사고와 행동은 일정한 유형을 보이기 마련이다. 결국 인간은 자신의 가치관을 형성하고 그 가치관에 영향을 받으면서 살아가는 존재라고 할 수 있다.

우리의 일상생활이란 여러 가지 문제들의 연속이라고 할 수 있다. 정치와 경제 등의 사회적 영역뿐만 아니라 학업과 취업, 결혼과 건강 등의 개인적 영역에서도 다양한 문제들이 발생한다. 이러한 문제들로부터 유발되는 신체적, 정신적 고통에 의해 우리는 힘들어 한다. 이러한 현실적인 문제들 외에 근본적인 삶의 문제들, 곧 우리 인간이 어디로부터 왔으며 어디를 향해 가는지 등의 문제들은 우리에게 인생 자체의 의미와 가치를 묻고 있다. 인간이 자신의 삶을 끊임없이 반성하면서 살아가는 이유도 여기에 있다.

가치란 인간 자신의 욕구를 충족시켜 주는 어떤 사물이나 일이 갖고 있는 성질을 뜻하며, 가치관이란 어떠한 사물이나 행동에 대해 가치를 부여하는 기준이나 관점, 곧 인간이 어떤 대상에 대한 옳고 그름, 좋고 나쁨 등을 판단하는 관점을 의미한다. 그렇다면 가치 있는 삶을 살아가기 위해서는 자신의 욕구에 대한 정확한 이해, 곧 자기 자신에 대한 명확한 이해가 전제되어야 하며 올바른 인간다운 삶을 살아가기 위해서는 올바른 가치관이 전제되어야 한다는 점이다. 우리는 소망하는 것을 이루었을 때 만족과 기쁨을 얻게 되기 때문이며 올바른 기준을 갖고 있어야 올바른 행동을 할 수 있기 때문이다.

우리들은 일정한 시간과 공간 속에서 독특한 문화를 이루며 살아가고 있지만 인간이기에 공유할 수 있는 보편적인 가치를 탐구해야 한다. 또한, 가치관을 어떻게 추구하고 적용하느냐하는 가치관 탐구의 과정도 중요하다.

공부란 미래의 삶을 준비하고 변화하는 환경을 주관할 수 있는 능력을 키우는 일이며 또 모든 사람들이 해 놓은 일을 배우며 경험을 쌓아 내재적인 인격을 형성하는 일이다. 공부의 목적이 스스로 홀로서기를 위한 필요한 제반 능력을 준비하는 것으로 이해해 본다면, 대학생활은 인생을 위한 마지막 준비의 시기가 된다.

지식을 배우는 것은 좋은 일이다. 그러나 공부의 목적이 무엇인가가 그 공부의 가치를 결정한다. 곧 단순히 내가 출세를 하고 내 생활기반을 닦기 위해서 공부한다면 큰 의미가 없을 것이다. 배움으로 말미암아 무지의 세계를 개척하고 전체 인류의 문제해결을 위해 공부하는 모습이 진정 가치 있는 배움의 모습일 것이다. 그러므로 진정한 배움의 삶은 보다 선한 세계로 나아가기 위한 것이며 보다 가치있는 내용을 담기 위한 것이고, 현재보다 높은 차원으로 전진하는 것이다. 간접적이나마 그러한 목적을 추구해 가야할 것이다.

우리의 인생을 준비하는 마지막 배움의 시간인 대학생활의 진정한 의미는 진리 탐구와 함께 인류 사회에 널리 공유되는 문화를 체험하고 다양한 경험 속에서 바람직하고 올바른 가치관을 확립해 나아가는 과정속에서 찾을 수 있을 것이다.

3. 선문대학교의 건학이념: 애천(愛天) · 애인(愛人) · 애국(愛國)

선문대학교는 애천 · 애인 · 애국의 건학이념을 바탕으로 세워진 교육의 전당이다. 선문대학교가 지향하는 교육목적은 참된 인격을 도야하고 학술이론과 그 응용방법을 교수, 연구하여 국가발전과 인류평화에 이바지하는 것이다. 진리를 탐구하고 실천하는 인격자, 심정문화를 이룩하는 세계시민, 창의력으로 사회에 봉사하는 전문인이 바로 구체적인 교육목표이다.

대학이 설립된 목적과 그 대학이 추구하는 교육철학이 함축되어 있는 것이 그 대학의 건학이념이다. 그러므로 진정한 대학의 가치평가는 그 대학의 건학이념을 통해서 이루어져야 할 것이다. 이에 우리 대학교의 건학이념인 애천 · 애인 · 애국을 살펴보도록 하겠다.

먼저 애천의 의미는 '하나님을 사랑한다'는 것이다. 여기서 천은 특정 종교나 종파의 교리적인 신을 의미하는 것이 결코 아니다. 모든 종교와 인류가 본심의 지향성으로 추구해 왔던 궁극적 근원자이신 하나님을 의미한다. 그러한 존재는 국경과 인종, 종교와 언어 그리고 문화를 초월하여 모든 인류를 하나로 묶을 수 있는 구심점이다. 이러한 하나님을 사랑할 줄 아는 자세가 모든 학문의 시작이며 우리가 당면한 여러 가지 사회 문제를 해결하는 관건이 된다. 그러므로 선문대학교는 물질적 가치와 정신적 가치의 중요성을 강조하기 이전에 하나님을 사랑할 줄 아는 자세를 가르친다. 또 천은 진리와 가치의 근원자인 하나님을 뜻한다. 따라서 애천의 정신은 진리 혹은 학문을 탐구하는 차원뿐만 아니라, 진리의 근원을 알고 그것을 자신의 삶에서 실현하도록 노력하는 것을 뜻한다. 그러므로 애천은 진리 탐구를 통한 인격완성을 목적으로 한다. 하나님은 진리와 인격 그리고 양심의 근본이시기 때문에, 애천을 실현하는 인격완성과 자아실현의 구체적인 지표가 곧 양심이다. 하나님을 사랑한다는 말은 양심의 명령에 순응한다는 의미이기도 하다. 따라서 애천의 건학이념은 가치관이 붕괴된 현대 사회의 대안으로 충분히 가치가 있다.

요즈음 흔히 인간 정체성의 위기라는 말을 듣게 되는데 이것은 인간이 마땅히 해야 할 도리를 다하지 못하고 자기 자신을 잃어버리게 되는 상태를 말한다. 사람이 자기 자신을 잃어버리는 것은 어떤 권력의 힘이나 경제구조 때문이 아니다. 사람이 자기 본분을 잃어버리는 것은 외부적인 힘에 의한 것이 아니라 스스로의 의지와 결단에 의한 자기 자신의 은폐요, 상실인 것이다. 인간다움을 되찾기 위한 출발점은 우리의 양심에서 찾아야 한다. 그런데 우리의 양심은 보편적 진리와 하나님을 찾고 그것과 관련 맺기를 바란다. 따라서 인간은 하나님과의 올바른 관계를 유지할 때만 인간 본연의 자리와 격위를 되찾을 수 있게 되는 것이다.

두 번째의 건학이념인 애인은 '사람을 널리 사랑하라'는 뜻이다. 애인은 모든 인류에 대한 사랑의 실천이며 진정한 인간애, 인류애를 실현함으로써 참사랑을 베풀 줄 아는 인격자 양성의 교육이념이다. 사랑의 의미는 '상대를 위하여 주는 것'이므로 애인은 인류를 위해 살아가라는 뜻이다.

오늘날 인류는 이기적인 욕구로 너와 나를 가르고 서로 반목하고 투쟁한다. 현대인은 적자생존의 논리 속에서 만인에 대한 끊임없는 경쟁으로 상대를 억누르고 오직 승리하기 위한 투쟁적 삶을 살아가고 있다. 이 논리는 세상에서 잘나고 못난 사람, 가진 자와 못 가진 자로 가르고 나눈다. 그래서 내가 더 많이 갖고 더 출세하기 위해서 어떤 수단을 써서라도 남을 억누르려 한다. 정치의 논리가 그렇고 경제와 산업의 논리가 그렇고, 심지어 교육의 논리도 그렇다. 이러한 힘의 논리는 선의의 경쟁을 유발하기보다는 오히려 상대에 대한 분노와 미움을 증폭시킨다. 너와 나를 편 가르고 단절하는 닫힌 마음에서 탈출하여 너와 나를 궁극적으로 화해시키는 열린 광장으로 안내하는 것이 바로 애인의 건학이념이다.

애인은 인종과 국가 그리고 종교와 빈부 격차를 뛰어넘어 모든 인류를 형제처럼 사랑하는 것을 의미한다. 그러므로 애인은 모든 인류에 대한 사랑의 실천이며 진정한 인간애, 인류애를 실현함으로써 참사랑을 베풀 줄 아는 인격자 양성의 교육이념이다. 이웃을 사랑하고 인류를 사랑하는 길은 바로 '위하여 사는 삶'을 통하여 실현된다. 이처럼 애인이념은 이기적인 삶을 버리고 상대를 위하여 사는 삶을 강조하는 이념이다. 또한 이것은 집단이나 종교, 인종, 국가 간의 담을 허물고 인류애를 실천하도록 하는 참사랑 구현의 이념이다. 이러한 이념을 실현시킬 수 있다면 우리는 종파와 종교 간의 반목, 인종 간의 갈등, 국가 간의 전쟁을 종식시키고 진정한 평화의 세계 속에서 행복한 삶을 누릴 수 있을 것이다. 애인의 건학이념은 우리나라의 건국정신인 홍익이념과도 맥을 같이한다. 선문대학교는 이처럼 애인이념을 교육하고 훈련하는 것을 교육 목표의 하나로 삼는다.

애인이념에서는 사회의 기본 구성단위를 개인으로 보지 않고 가정으로 본다는 것이 특징이다. 일반적으로 가정이 차지하는 중요성에도 불구하고 서구 사회의 윤리관은 개인 아니면 국가에 그 중심을 두었다. 개인적 가치 중심의 자유주의와 국가적 가치 중심의 사회주의가 그것이다. 그러나 선문대학교의 건학이념에서 가정은 인간 완성의 궁극적 영역이며, 이상적 사회와 세계는 참가정 모형의 확대로 본다. 그러므로 남을 위하고 사랑하는 애인의 이념은 자신의 순결을 지키는 데에서부터 출발을 한다. 남을 사랑하는 애인의 이념의 구현은 무엇보다도 자신을 사랑하고 아끼는 데에서 비롯된다는 것이다. 그 근본이 바로 순결인 것이다. 그렇기 때문에 자신의 마음과 몸을 본연의 상태 그대로 관리하고 보존하는 순결은 육체의 순결뿐만 아니라 정신의 순결을 포함한다. 이상적 가정의 출발과 행복은 부부 사이의 순결한 사랑의 규범이 지켜질 때에만 보장되는 것이다. 이러한 애인의 이념은 가족 구성원 간의 사랑과 규범의 원리를 온 인류 대가족에까지 확대하여 인류애를 실현하는 것을 말한다. 곧 애인의 정신은 가정에서부터 부모사랑과 부부사랑 그리고 형제사랑을 통해서 실현되어 점차 사회와 국가 그리고 세계로 확산되어가는 것이다.

마지막 건학이념인 애국은 애천, 애인의 이념을 바탕으로 복지세계를 이루기 위해 헌신, 봉사하는 자세를 일컫는 것이다. 이것은 교육의 궁극적인 목표가 단순히 지식을 습득하는데 있지 않고 학습한 것을 사회에 환원하고 복지세계를 구현하기 위해 봉사하는 것에 두고 있는 것과 같은 맥락이다.

오랜 역사를 거쳐 인류는 서로 싸우지 않고 어울려 사는 평화의 세계, 복지의 세계를 염원해 왔다. 이러한 지구촌 평화의 세계는 종교와 종교, 인종과 인종 그리고 국가와 국가 간의 담을 허물고 서로 사랑하고 화해할 때에만 실현될 수 있다. 그러므로 나라를 사랑한다는 뜻의 애국은 궁극적으로 인류와 지구촌 전체를 사랑한다는 뜻이다. 또 애국의 의미 속에는 자연과 우주 전체를 사랑한다는 뜻이 들어 있다. 이것은 곧 자연 사랑의 정신을 말하는 것이다.

또 애국이념은 인간의 천부적인 창조성을 계발 · 육성해 나아가는 교육이념이다. 근본적으로 교육은 무엇을 가르치기 이전에 각자가 본래 가지고 있는 개성과 천재성을 꽃피울 수 있도록 도와주는 것이어야 한다. 그렇게 될 때에만 자신의 직업이 자아실현과 양립할 수 있게 되기 때문이다.

그러므로 선문대학교는 전문적 소양을 갖춘 인재 양성을 강조하면서도 학생들이 현대사회에서 물량적 비인간화의 물결에 휩쓸리지 않고, 자율적인 인격자가 될 수 있도록 교육함을 목적으로 한다. 이처럼 선문대학교는 확고한 가치관과 교육관 그리고 세계를 향해 열려진 교육목표를 가지고 공의로운 사회 건설과 세계 평화를 실현하기 위해 설립되었다.

이러한 이념과 꿈을 갖고 세워진 학문의 자유의 전당 선문대학교에서 자신의 꿈을 세우고, 그 꿈을 이루기 위해 필요한 지식과 실력을 갈고 닦는 시간이 바로 대학생활이다. 또한, 이 시간은 올바른 가치관 확립과 원만한 인격양성으로 미래의 멋진 그리고 훌륭한 자신의 인생을 준비하는 시간이기도 하다.

생각과 지혜 나누기

1. 나의 꿈은 무엇인가요?
2. 알찬 대학생활을 위해서 필요한 것은 무엇인가요?
3. 올바른 가치관이란 무엇일까요?

-Create

제2장
인간의 행복과 진리

제2장

인간의 행복과 진리

1. 행복을 추구하는 인간

개인의 사소한 일에서부터 역사를 좌우하는 큰일에 이르기까지 그것들은 결국 하나같이 보다 행복해지려는 삶의 표현이라고 할 수 있다. 왜냐하면 인간은 누구나 불행을 물리치고 행복을 찾아 이루려고 몸부림치고 있기 때문이다. 이러한 행복은 누구나 자기의 욕망이 이루어질 때 느끼게 된다. 그런데 욕망이라고 하면 우리는 흔히 그 본의를 흐려서 생각하기 쉽다. 그것은 그 욕망이 선보다도 악으로 나아가기 쉬운 생활환경 속에서 우리가 살고 있기 때문이다.

여기에서 우리는 자신의 동일한 개체 속에서 선의 욕망을 성취하려는 본심(本心)의 지향성과 이에 반하여 악의 욕망을 달성하려는 사심(邪心)의 지향성이 각기 상반된 목적을 앞세우고 치열한 싸움을 하고 있는 모순을 발견하게 된다. 존재하는 것은 무엇이든지 그 자체 내에 모순성을 갖게 될 때 파멸된다. 이와 같이 모순을 가지게 된 인간 자체가 바로 파멸상태에 놓여 있는 것이다. 그렇기 때문에 인간은 삶을 죽음의 어두움을 헤치고 생명의 빛을 찾아 고달픈 길을 걸어 나오고 있는 것이다.

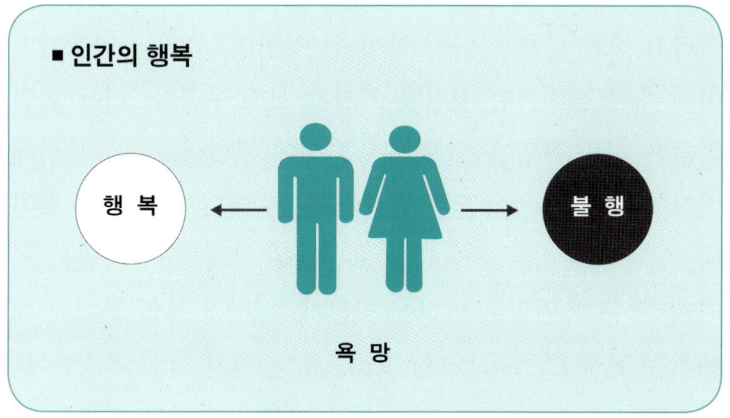

이러한 인간의 모순은 당초 태어날 때부터 가지고 있었을 리는 만무하다. 왜냐하면 어떠한 존재도 모순을 내포하고 생성할 수는 없기 때문이다. 인간이 생겨나기 전부터 이러한 모순을 내포한 운명적인 존재였다면 애당초 생겨날 수도 없었을 것이다. 따라서 인간이 가지고 있는 그러한 모순은 후천적인 것이라고 볼 수밖에 없다. 인간의 모순을 발생시킨 후천적인 사건을 종교에서는 타락(墮落)이라고 한다.

2. 무지(無知)에 빠진 인간

이러한 인간의 타락을 지적인 면에서 본다면 그것은 바로 인간이 무지에 떨어진 것을 의미한다. 우리는 궁극적으로 선과 악이 무엇인가 하는 문제를 풀지 못하고 있다. 이를테면 유신론과 무신론을 두고 볼 때, 그중의 어느 하나가 선이라고 하면 다른 하나는 악이 될 것인데, 우리는 아직까지 이에 대한 절대적인 정설을 가지고 있지 못하다. 더구나 인간들은 선의 욕망을 일으키는 본심이 무엇이고, 이 본심에 반하여 악의 욕망을 일으키는 사심은 어디로부터 온 것이며, 인간으로 하여금 이러한 모순성을 갖게 하여 파멸을 초래케 한 근본 원인은 어디에 있는가 하는 것 등의 문제에 대해서는 전혀 모르고 있다. 그러므로 우리가 악의 욕망을 물리치고 선의 욕망을 따라 본심이 지향하는 선의 생활을 하기 위해서는 이 무지를 완전히 극복함으로써 선악을 판별할 수 있어야 한다.

인간은 마음과 몸의 내외 양면으로 되어 있기 때문에, 지적(知的)인 면에 있어서도 내외 양면의 지를 가지고 있다. 따라서 무지에도 내적인 무지와 외적인 무지의 두 가지가 있게 된다. 내적인 무지란 인간은 어디로부터 왔으며, 생의 목적은 무엇이며, 사후에는 어떻게 되는가? 그리고 내세와 하나님에 대한 존재 여부 또 선과 악은 무엇인가 하는 문제 등에 대한 무지이다. 외적인 무지란 인간의 육신을 비롯한 자연계에 대한 무지를 말하는 것으로서 모든 물질세계의 근본은 무엇이며, 그 모든 현상은 각각 어떠한 법칙에 의해 일어나는가 하는 것 등에 대한 무지인 것이다.

인간은 유사 이래 오늘에 이르기까지 쉬지 않고 무지에서 지에로 진리를 찾아 나왔다. 진리에 있어서도 내적인 무지에서 내적인 지를 탐구하는 내적 진리와 외적 무지에서 외적 지를 탐구하는 외적 진리가 있다. 그리하여 내적인 무지에서 내적인 지에로 내적인 진리를 찾아 나온 것이 종교요, 외적인 무지에서 외적인 지에로 외적인 진리를 찾아 나온 것이 과학이다.

그러므로 인간이 이 무지로부터 완전히 해방되어 본심의

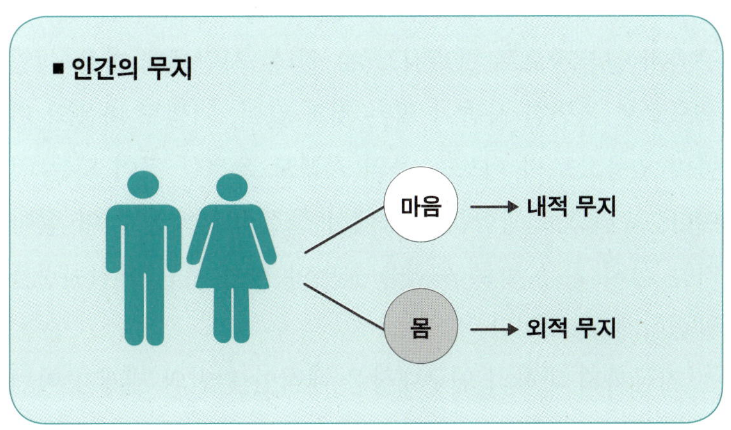

욕망이 지향하는 선의 방향으로만 나아가 영원한 행복을 누리기 위해서는 종교와 인생의 양면의 무지에서 양면의 지에로 양면의 진리를 찾아야 하고 내외 양면의 진리가 상통하게 되지 않으면 안 된다.

3. 인간이 밟아 온 두 길

인생의 실제에 있어서 인간이 밟아 온 과정을 크게 두 가지로 구별하여 볼 수 있다. 하나는 물질로 된 이 결과의 세계에서 인생의 근본문제를 해결하려는 길이다. 이러한 길을 지상(至上)으로 생각하고 걸어온 사람들은 극도로 발달된 과학 앞에 굴복하여 과학의 만능과 물질적인 행복을 자랑하고 있다. 그러나 인간은 과연 이러한 육신을 중심한 외적인 조건만으로 완전한 행복을 누릴 수 있을 것인가? 그럴 수 없다. 과학의 발달이 안락한 사회 환경을 만들고 그 속에서 부귀와 영화를 누리게 한들 그것으로 속사람의 정신적인 욕구까지 근본적으로 만족시킬 수 없다. 사람에게 마음이 있음으로써 온전한 사람이 되는 것과 같이, 기쁨도 마음의 기쁨이 있음으로써 비로소 몸의 기쁨도 온전한 것이 되는 것이다. 그러므로 과학문명 속에서 물질적 향락을 찾아 살아가는 삶의 끝은 바로 육신을 묻어야 하는 무덤이라는 것을 발견하게 될 것이다.

지금까지 과학의 연구대상은 내적인 원인의 세계가 아닌

외적인 결과의 세계였으며, 본질의 세계가 아닌 현상의 세계였다. 그러나 오늘에 이르러 그의 대상은 외적이며 결과적인 현상의 세계로, 내적이며 원인적인 본질의 세계로 그 차원을 높이지 않을 수 없는 단계에 들어오고 있다. 그리하여 그 원인적인 심령세계에 대한 논리, 곧 내적 진리가 없이는 결과적인 물질세계에 대한 과학, 곧 외적인 진리도 그 궁극적인 목적을 달성할 수 없다고 하는 결론을 얻을 수 있다. 그러므로 외적인 진리를 탐구하던 과학도 종교가 추구하는 내적인 진리에 관심을 갖고 내적탐구를 시작할 필요성이 있게 된다.

인간이 밟아 온 과정의 또 다른 길은 결과적인 현상세계를 초월하여 원인적인 본질세계에서 인생의 근본문제를 해결하려는 것이다. 그런데 이 길을 밟아 온 이제까지의 철학이나 종교가 많은 공헌을 한 것이 사실이지만, 그 반면에 우리에게 너무나 많은 정신적인 짐을 지워주고 있는 것도 사실이다. 그리하여 역사상에 왔다 간 모든 철인들과 성현들은 인생의 갈 길을 열어 주려고 각각 당시대에 선구적인 개척의 길로 나섰으나, 그들이 해 놓은 일들은 모두 오늘의 우리에게 더 무거운 짐이 되고 말았다.

이제 다시 냉철히 생각해 보자. 어느 철인이 우리의 고민을 풀어주었으며, 어느 성현이 인생과 우주의 근본문제를 해결하여 우리의 갈 길을 뚜렷이 보여 주었던가? 그들이 제시한 주의(主義)와 사상이란 것은 도리어 우리들이 해결하고 가야 할 잡다한 회의와 수많은 과제를 제기해 놓은 데 지나지 않았던 것이다. 그리고 모든 종교가 어둠 속에서 헤매던 당시대의 많은 심령들에게 비춰 주던 소생의 빛은 시대의 흐름과 더불어 어느 덧 꺼져 버리고 이제는 타다 남은 희미한 불씨만이 그들의 잔해를 드러내고 있다.

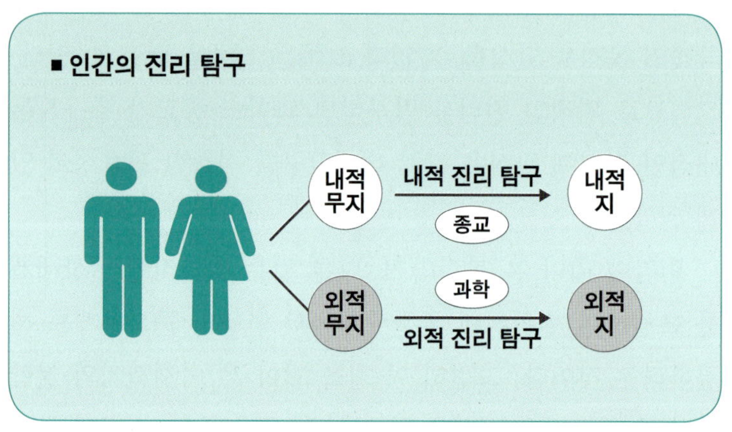

온 인류의 구원을 표방하고 2천년 역사의 소용돌이 속에서 성장하여 오늘날 세계적인 판도를 가지게 된 기독교의 역사를 들추어 보자. 로마제국의 그 잔학무도한 박해 속에서도 오히려 힘찬 생명의 불길을 던져 로마인들로 하여금 돌아가신 예수님 앞에 무릎을 꿇게 하였던 기독정신은 그 후에 어떻게 되었는가? 이윽고 중세 봉건사회는 기독교를 산 채로 매장해 버리고 말았다. 이 무덤 속에서 새로운 생명이 절규하는 종교개혁의 봉화는 들렸었으나 이 불길도 격동하는 어둠의 물결을 막아낼 수는 없었다. 교회공동체의 사랑이

꺼지고 자본주의의 재욕(財慾)의 바람이 유럽의 기독교 사회를 휩쓸어 기아에 허덕이는 수많은 서민들이 빈민굴에서 아우성을 칠 때, 그들에 대한 구원의 함성은 하늘이 아닌 땅으로부터 들려 왔다. 그것이 바로 공산주의다. 하나님의 사랑을 부르짖고 나선 기독교가 그 구호만을 남긴 교회공동체의 잔해로 돌아갔을 때, 거기에서 그렇게 무자비한 하나님은 있을 수 없다고 하는 반기가 들렸던 사실은 있을 만하기도 한다. 이렇게 되어 나타난 것이 바로 유물사상이다.

그리하여 기독교 사회는 유물사상의 온상이 되었다. 공산주의는 이 온상에서 좋은 거름을 흡수하면서 무럭무럭 자랐다. 저들의 실천을 능가할 수 있는 능력을 잃어버렸고 저들의 이론을 극복할 수 있는 진리를 제시하지 못한 기독교는 저들이 바로 자기의 품속에서 싹트고 자라서 그 판도를 세계적으로 넓혀 가는 것을 보면서도 속수무책이었으니 이 어찌 한심스러운 일이 아니겠는가? 그뿐 아니라 온 인류가 한 부모의 후예임을 교리로 가르치고 또 그와 같이 믿고 있는 기독교 국가의 바로 그 국민들이 오로지 피부의 색깔이 다르다고하여 형제들과 자리를 같이할 수 없게 된 현실은 그리스도의 말씀에 대한 실천력을 잃어버리고 회칠한 무덤같이 형식화해 버린 기독교의 실상을 잘 드러내고 있는 대표적인 예라 하겠다.

내적인 진리를 찾아 나오던 종교인들이 오늘에 이르러 그 본연의 사명을 다하지 못하게 된 원인은 어디에 있는 것인가? 본질세계와 현상세계와의 관계는 비유컨대 마음과 몸의 관계와 같아서 원인적인 것과 결과적인 것, 내적인 것과 외적인 것 그리고 주체적인 것과 대상적인 것의 관계를 가지고 있다. 마치 마음과 몸이 완전히 합해야만 완전한 인격을 이루는 것과 같이 본질과 현상의 두 세계도 완전히 합치되어야만 이상세계를 이룰 수 있다. 그러므로 마음과 몸이 그러하듯이 본질세계를 떠난 현상세계가 있을 수 없고 현상세계를 떠난 본질세계도 있을 수 없는 것이다. 따라서 현실을 떠난 내세는 있을 수 없는 것이므로 진정한 육신의 행복이 없이 그의 심령적인 기쁨도 있을 수 없다.

그런데 지금까지 종교는 내세를 찾기 위하여 현실을 부정하기에 필사적이었으며, 심령적인 기쁨을 위하여 육신의 행복을 멸시하기에 몸부림쳐 왔다. 그러나 끊어 버리려고 해도 끊어 버릴 수 없는 현실과, 떼어 버리려고 해도 버릴 수 없는 그림자처럼 따라다니는 육신적인 행복욕은 집요하게도 도인들을 붙들어 오뇌의 골짜기로 몰아가고 있다. 우리는 여기에서 종교인들의 도의 생활에도 이러한 모순성이 있는 것을 발견하였다. 이 모순성을 내포한 도인생활의 파멸, 이것이 바로 오늘의 종교인들의 생태인 것이다. 이와 같이 자가당착을 타개하지 못하고 있는 데에 현대의 종교가 무위화한 주요한 원인이 있는 것이다.

종교가 이와 같은 운명의 길을 가게 된 또 하나의 주요한 원인이 있다. 곧 과학의 발달에 따라 인간의 지성이 고도로 계발된 나머지 현대인은 모든 사물에 대한 과학적인 인식을 필요로 하고 있음에도 불구하고, 구태의연한 종교의 교리에는 과학적인 해명이 전적으로 결여되어 있다는 사실이다. 오늘날의 지성인들로 하여금 진리를 깨닫게 하기 위하여는 고차적인 내용과 과학적인 표현 방법에 의한 진리가 나오지 않으면 안 된다.

종교의 궁극적인 목적은 먼저 마음으로 믿고 그것을 실천함으로써 달성되는 것이다. 그런데 그 믿음은 앎이 없이는 생길 수 없다. 우리가 경서를 연구하는 것도 결국은 진리를 알아서 믿음을 세우기 위함이다. 그리고 안다는 것은 곧 인식하는 것을 의미하는데, 인간은 논리적이며 실증적인 것 곧 과학적인 것이 아니면 인식할 수 없다. 따라서 그것을 알아 가지고 믿는 데까지 이를 수도 없게 되어 결국 종교의 목적을 달성할 수 없게 되는 것이다. 이와 같이 내적인 진리에도 논증적인 해명이 필요하게 되어 종교는 오랜 역사를 거쳐 그 자체가 과학적으로 해명될 수 있는 시대를 추구해 왔던 것이다.

4. 새로운 진리 출현의 필요성

이와 같이 종교와 과학은 인생의 양면의 무지를 타개하기 위한 사명을 분담하고 출발하였기 때문에 그 과정에서는 그것들이 상충하여 서로 타협할 수 없을 것 같은 양상을 보여 왔다. 그러나 인간이 그 양면의 무지를 완전히 극복하여 본심이 요구하는 선의 목적을 완전히 이루게 하려면 어느 때든지 과학을 찾아 나온 종교와 종교를 찾아 나온 과학을 통일된 하나의 과제로서 해결해 주는 새 진리가 나와야 한다.

하나님은 타락으로 말미암아 무지에 빠진 인간으로 하여금 신령과 진리에 의하여 심령과 지능을 아울러 깨우치게 함으로써, **창조본연**의 인간으로 복귀하여 나아가는 섭리를 하신다. 그런데 인간은 하나님의 이러한 **복귀섭리**의 시대적인 혜택을 받아서 그의 심령과 지능의 정도가 역사의 흐름에 따라 점차로 높아지게 되는 것이다. 그러므로 신령과 진리는 유일하고 영원불변 하지만, 무지한 상태로부터 점차적으로 복귀되어 나아가는 인간에게 그것을 가르치기 위한 범위나 그것을 표현하는 정도나 방법은 시대를 따라 달리하지 않을 수 없게 된다.

창조본연
인간조상의 타락 이전 상태를 말한다.

복귀섭리
타락한 인간을 타락 이전의 상태로 복귀하여 나아가는 하나님의 섭리를 뜻한다.

성서의 예를 들면, 하나님은 인간이 아직도 몽매하여 진리를 직접 받을 수 없었던 구약 전 시대에는 진리 대신으로 제물을 드리게 하셨고, 인간의 심령과 지능의 정도가 높아짐에 따라 모세 때는 율법을, 예수님 때는 복음을 주셨다. 그리고 예수님은 그의 말씀을 진리라고 하시지 않고 그 자신이 곧 길이요 진리요 생명이라고 하셨다. 왜냐 하면, 그의 말씀은 어디까지나 진리 되신 예수님 자신을 표현하는 하나의 방법이어서 그 말씀을 받는 대상에 따라서 그 범위와 정도와 방법을 달리하시지 않을 수 없었기 때문이다.

이러한 의미에서 성서의 문자는 진리를 표현하는 하나의 방법이요, 진리 자체는 아니라는 것을 알아야 하겠다. 이렇게 볼 때 신약성서는 지금으로부터 2천 년 전에 심령과 지능의 정도가 대단히 저급하였을 때의 인간으로 하여금 진리를 알게 하기 위해 주셨던 하나의 교과서였음을 알 수 있다.

그렇다면 그 당시의 사람들이 깨우치기 알맞도록 주셨던, 한정된 범위 내에서의 비유 또는 상징적인 표현 방법 그대로를 가지고 현대 문명인들의 진리 요구를 완전히 충족시킨다는 것은 불가능한 일이다. 따라서 오늘날의 지성인들로 하여금 진리를 깨닫게 하기 위해서는 보다 고차원적인 내용과 과학적인 표현 방법에 의한 것이 나오지 않으면 안 된다. 이것을 우리는 새 진리라고 부른다.

생각과 지혜 나누기

1. 종교에 대해 부정적 생각을 갖게 된 이유는 무엇입니까?
2. 나의 마음이 왜 두 마음으로 갈려 싸우게 된 이유가 무엇입니까?
3. 새 진리는 어떤 진리일까요?

제3장

새 진리의 성격과 사명

제3장
새 진리의 성격과 사명

1. 새 진리의 성격

새 진리가 나와야 한다는 주장은 종교인들, 특히 기독교인들에게는 못마땅하게 생각될는지도 모른다. 왜냐하면, 그들은 그들이 가지고 있는 경서가 이미 그것만으로써 완전무결한 것이라고 생각하고 있기 때문이다. 물론 진리는 유일하고 영원불변하며 절대적이다. 그러나 경서란 진리 자체가 아니고 진리를 가르쳐 주는 하나의 교과서로서 시대의 흐름과 더불어 점차로 그 심령과 지능의 정도가 높아져 온 각 시대의 인간들에게 주어진 것이다. 따라서 그 진리를 가르쳐

주는 범위나 그것을 표현하는 정도와 방법에 있어서는 시대를 따라서 달리하지 않을 수 없다. 그러므로 우리는 이러한 성격을 띠고 있는 교과서마저 절대시해서는 아니 되는 것이다.

인간이 그 본심의 지향성에 의하여 하나님을 찾아 선의 목적을 이루는 데 필요한 방편으로 나오게 된 것이 종교이기 때문에 모든 종교의 목적은 동일하다. 그럼에도 불구하고 그 사명분야와 그를 대하는 민족에 따라 또 시대의 흐름에 따라 위와 같은 이유로 그 경서를 서로 달리하게 되는 데서 필연적으로 각양 각이한 종교가 나오게 되는 것이다. 그러므로 경서란 진리의 빛을 밝혀 주는 등잔과 같아서 주위를 밝힌다는 사명은 동일하지만, 보다 밝은 등불이 나올 때는 그것으로써 낡은 등잔의 사명은 끝나는 것이다.

오늘의 어떠한 종교도 현대인들을 사망의 어두운 골짜기에서 생명의 밝은 빛 가운데로 인도해 낼 수 있는 능력을 발휘하지 못하고 있기 때문에, 이제는 새 빛을 발하는 새 진리가 나와야 한다. 이러한 새 진리는 인간을 생명의 길로 인도하는 최종적인 진리이기 때문에 어떠한 경서나 문헌에 의한 종합적인 연구의 결과로나, 혹은 어떠한 인간의 두뇌에서 나올 수는 없다. 새 진리는 하나님의 계시로서 우리에게 나타나지 않으면 아니 된다. 복귀섭리역사의 흐름을 보면, 낡은 것이 끝나려 할 때 새로운 것은 시작된다. 따라서 낡은 것이 끝나는 시점이 바로 새로운 것이 시작되는 시점이기도 하다. 새 시대는 낡은 시대를 완전히 청산한 터 위에서 시작되는 것이 아니라, 낡은 시대의 종말기의 환경 속에서 싹이 트고 자라나는 것이므로 낡은 시대에 대하여는 상충적인 것으로 나타난다. 따라서 이 섭리는 낡은 시대의 인습에 젖은 사람에게는 좀처럼 납득되지 않는다. 새 시대의 섭리를 담당하고 나왔던 성현들이 모두 그 시대의 희생자가 되어 버렸던 이유가 바로 여기에 있었던 것이다.

종교와 과학은 인생의 양면의 무지를 타개하기 위한 사명을 각각 분담하고 출발하였기 때문에 그 과정에는 그것들이 상충하여 서로 타협할 수 없을 것 같은 양상을 보여 왔다. 그러나 인간이 그 양면의 무지를 완전히 극복하여 본심이 요구하는 선의 목적을 완전히 이루자면, 어느 때든지 과학을 찾아 나온 종교와 종교를 찾아 나온 과학을 통일된 하나의 과제로 해결해 주는 새 진리가 나와야 하는 것이다.

2. 새 진리의 사명

그렇다면 이 새 진리는 어떠한 사명을 다해야 할 것인가? 그것은 다음과 같이 말할 수 있다.

첫째. 내외 양면의 무지 해결

새 진리는 종교가 찾아 나온 내적 진리와 과학이 찾아 나온 외적 진리를 통일된 하나의 과제로 해결해 줄 수 있는 것이기 때문에, 모든 인간으로 하여금 내외 양면의 무지를 극

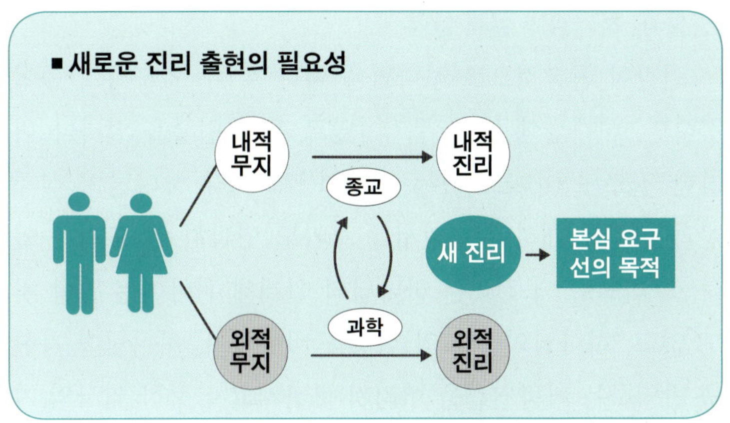

복하고 내외 양면의 지에로 나아갈 수 있게 하여야 한다. 그리하여 타락인간으로 하여금 사심이 지향하는 그 악의 길을 벗어나 본심이 추구하는 바를 따라 선의 목적을 이루게 하여야 한다. 또한 선악 양면의 지향성을 가지고 있는 인간의 모순성과 앞에서 이미 언급한 것처럼 종교인들이 당면하고 있는 도의 생활의 모순성을 극복하게 할 수 있어야 한다.

무지에서는 어떠한 정서도 일어날 수 없으며, 무지와 무정서에서는 어떠한 의지도 생길 수 없다. 그렇기 때문에 무지에 빠진 인간에게서 앎은 생명의 빛이요 소생의 힘이 된다. 그리고 무지는 사망의 그늘이요 또한 파멸의 요소인 것이다. 이렇듯 인간에게서 지 · 정 · 의가 제 구실을 못 하게 될 때에는 거기에 인간다운 인간의 생활이 있을 수 없는 것이다.

둘째. 하나님의 실재 설명

인간이 근본적으로 하나님을 떠나 살 수 없도록 만들어졌다면, 하나님에 대한 무지야말로 우리 인생을 얼마나 비참한 길로 몰아내고 있는 것인가? 그러나 하나님의 실재성과 심정에 대하여는 성서를 보아도 명확히 알 도리가 없다. 그러므로 새 진리는 하나님의 실재에 관하여는 말할 것도 없고, 하나님의 창조의 심정을 비롯하여, 하나님이 자신을 반역하는 타락인간을 버리지 못하시고 유구한 역사의 기간을 두고 구원하시려고 애써 오신 애달픈 심정을 우리에게 알려 줄 수 있어야 한다.

셋째. 모든 주의나 사상 및 모든 종교의 통일

선과 악의 두 면을 지향하는 인간의 상충적인 생활로써 형성되어 온 인류역사는 거의 싸움으로 엮어져 내려왔다. 그 싸움은 바로 재물 빼앗기 싸움, 땅 빼앗기 싸움 그리고 사람 빼앗기 싸움 등의 외적인 싸움이었다. 그러나 오늘날 이러한 외적인 싸움은 점차로 종식되어 가고 있다. 민족 차별이 없이 함께 모여 한 국가를 이루고, 이제는 도리어 전승국가들이 식민지를 해방하고 그들에게 열강과 동등한 권한을 부여하여 유엔의 회원국가가 되게 함으로써 함께 세계정부의 실현을 도모하고 있다. 뿐만 아니라 불구대천의 국제관계가 하나의 경제문제를 중심하고 완화되어 하나의 공동시장체제를 형성해 가고 있는 실정이다. 더구나 오늘날 문화면에서는, 각 민족의 전통적인 이질성을 극복하고 동서양의 거리를 초월하여 서로 소통하고 있는 실정이다.

그러므로 이 새 진리가 지금까지 민주주의 세계에서 주창해 온 유심론을 새로운 차원으로 승화시켜 유물론을 흡수함으로써 온 인류를 새 세계로 옮겨 놓을 수 있어야 한다. 인간이 종교를 믿지 않으려는 것은 하나님의 실재와 내세의 실상을 알지 못하기 때문이다. 아무리 영적인 사실을 부인하는 사람이라 할지라도 그것이 과학적으로 증명되기만 한다면 믿으려 하는 것이 인간의 본성이다. 뿐만 아니라 현실세계에 인생의 궁극적 목적을 세우고 나아가는 그 누구도 마침내 허무를 느끼지 않을 수 없게 되는 것은 천성의 발로로서 피할 수 없는 일이다. 그러므로 새 진리에 의하여 하나님을 알게 되고 영적인 사실에 부딪혀서 인생의 근본 목적을 현실세계에 둘 것이 아니라 영원한 세계에 두고 가야 할 것임을 깨달을 때에는, 누구나 이 한 길을 통하여 하나의 목적지에서 하나의 형제로 만나지 않을 수 없게 되는 것이다.

이제 유구한 역사의 흐름을 따라 양면의 무지에서 헤어나려고 몸부림쳐 온 인간들이 그 흑암으로부터 벗어나 새로운 진리의 빛 가운데서 함께 만나 하나의 대가족을 이루어야 한다. 진리의 목적이 선을 찾아 이루려는 데 있고, 선의 본체가 바로 하나님이시므로 그 진리에 의하여 도달된 이 세계는 바로 하나님을 부모로 모시고 서로 형제애에 얽혀 사는 세계인 것이다. 자신의 이익을 위하여 이웃을 희생시킬 때 느껴지는 불의한 만족감보다도 양심의 가책으로부터 오는 고통이 더 크다는 것을 알게 될 때는 결코 그 이웃을 해칠 수 없는 것이 인간의 상정이다. 그러므로 마음의 깊은 곳으로부터 진정한 형제애가 솟구칠 때 사람은 도저히 그 이웃에 고통을 주는 행동을 할 수가 없다. 하물며 시간과 공간을 초월하여 자신의 일거일동을 살피시는 하나님이 부모가 되시어 서로 사랑하기를 바라고 계신다는 것을 실감하게 될 그 사회의 인간에 있어서랴! 그러므로 인류 죄악사를 청산한 새 역사의 시대에 이루어 놓을 새 세계는 죄를 지으려야 지을 수 없는 세계인 것이다.

지금까지 하나님을 믿는 성도들이 범죄를 하게 되었던 것은 실상 하나님에 대한 그들의 신앙이 어디까지나 관념적이요, 실감적이 아니었기 때문이다. 하나님의 존재를 실감하는 자리에서 범죄한 인간은 부득이 지옥으로 보내질 수밖에 없다는 천법을 안다면 거기에서 누가 감히 죄를 지을 수 있을 것인가? 그러므로 죄 없는 세계를 천국이라 한다면 타락인간이 오랜 역사의 기간을 두고 찾아 나온 이 세계야말로 바로 그 천국인 것이다. 그리고 이 천국은 지상의 현실세계에서 이루어지는 것이므로 지상천국이 되는 것이다. 그러므로 새 진리는 타락인간을 창조본연의 인간으로 돌아가게 하기 위하여, 하나님이 인간을 비롯한 피조세계를 창조하신 목적이 무엇이었던가 하는 것을 가르쳐 줌으로써 복귀과정에 있는 타락인간의 궁극적인 목적이 무엇인가를 알게 해야 된다.

넷째. 종교의 많은 난해한 문제 해결

기독교의 예를 들면 인간은 과연 성서가 말하는 문자 그대로 선악과라는 과실을 따먹고 타락하였는가? 그렇지 않다면 타락한 원인은 어디에 있는가? 또 완전완미하신 하나님이 어찌하여 타락할 가능성이 있는 인간을 창조하셨고, 전지전능하신 하나님께서 그들이 타락하는 것을 아시면서도 그것을 막을 수 없었던 이유는 어디에 있었으며, 더 나아가서 하나님은 왜 창조의 권능을 가지고 일시에 죄악인간을 구원하지 못하시는가 하는 것 등 실로 오랜 역사의 기간을 두고 깊이 생각하는 사람들의 마음을 괴롭혀 온 모든 문제들을 완전히 풀어줄 수 있어야 한다.

우리가 피조세계에 비장되어 있는 과학성을 살펴볼 때, 그것을 창조하신 하나님이야말로 과학의 근본이기도 한 분이시라는 것을 미루어 알 수 있다. 그런데 인류역사가 하나님의 창조목적을 완성한 세계를 복귀하여 나아가는 섭리의 역사라는 것이 사실이라면, 그와 같이 모든 법도의 주인이신 하나님이 이처럼 오랜 복귀섭리의 기간을 두시고 아무계획도 없이 무질서하게 이 역사를 섭리해 나오셨을 리는 없는 것이다. 그러므로 인류의 죄악역사가 어떻게 출발하여 어떠한 공식적인 섭리의 과정을 거쳐서 어떠한 모양으로 종결되어 어떠한 세계에로 들어갈 것인가를 아는 것이 우리에게 간절한 문제가 아닐 수 없다.

하나님의 인류에 대한 구원은 어찌하여 그 독생자로 하여금 십자가에 매달려 피를 흘리게 하여서만 가능하였던가

하는 것도 응당 풀고 넘어가야 할 문제인 것이다. 더 나아가서 예수님의 십자가 대속으로 인하여 구원을 받았다고 믿고 있는데도 불구하고 역사 이래 어느 누구도 구주의 속죄가 필요 없이 천국에 갈 수 있는 죄 없는 자녀를 낳아 보지 못하였다는 사실은, 그들이 중생한 후에도 여전히 원죄를 자녀에게 전하고 있음을 증거하는 것이 아닐까? 이러한 실증적인 사실로 보아, 십자가 대속의 한계는 과연 어디까지인가 하는 것이 커다란 문제가 되지 않을 수 없는 것이다.

사실상 예수 이후 2천년 기독교 역사의 기간을 두고, 예수님의 십자가의 피로써 완전히 사죄함을 받았다고 자부하는 신도들이 그 얼마나 많았던가? 그러나 실제에 있어서 죄 없는 개인이나 가정이나 사회를 이루어 본 일은 한 번도 없었다. 또한 지금까지 우리가 믿어온 바 십자가의 완전 속죄와 그 결과적 사실의 불일치에서 초래되는 모순을 무엇으로 어떻게 설명할 것인가 하는 것 등 우리를 궁지에 빠뜨리고 있는 난제들이 허다하다. 그러므로 우리가 고대하고 있는 새 진리는 이에 대한 해답도 명백히 해 줄 수 있어야 한다.

뿐만 아니라 이 진리는 예수님이 왜 재림하셔야 하며, 또 그의 재림은 언제 어디로 어떻게 하실 것인가 하는 것과, 그 때에 타락인간의 부활은 어떻게 이루어질 것이며, 천변지이가 일어나서 하늘과 땅이 불에 소멸되어 없어질 것이라고 기록되어 있는 말씀은 무엇을 의미하는 것인가 하는 것 등을 해명해야 한다. 상징과 비유로 기록되어 있는 성서의 허다한 난제들을 예수님 자신이 직접 말씀하신 바와 같이 비

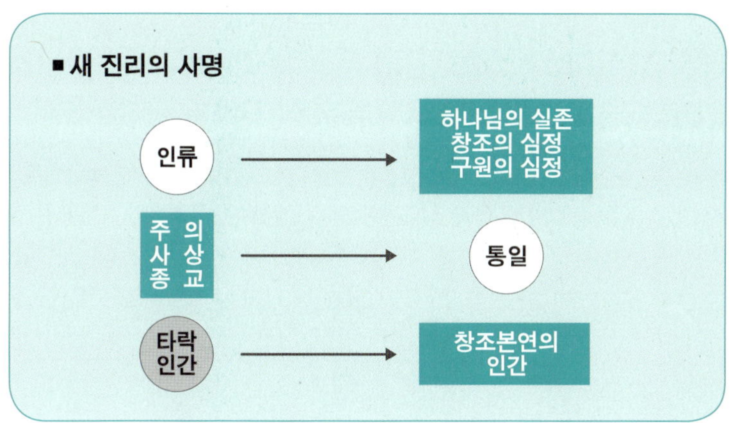

사로써가 아니라 누구나 알 수 있도록 밝히 가르쳐 줄 수 있어야 한다. 이러한 진리만이 비유와 상징으로 되어 있는 성구를 저마다 각양각이하게 해석함으로 인하여 일어나는 교파 분열의 필연성을 지양하고 그것들을 통일할 수 있게 될 것이다.

그러므로 이 새 진리는 이러한 근본문제들을 하나도 빠짐없이 명백하게 풀어줄 수 있어야 한다. 이러한 문제들이 명확하게 풀리게 될 때 우리는 역사를 계획하시고 이끄시는 어떠한 주체, 곧 하나님이 계시다는 것을 더욱 부인할 수 없게 될 것이다. 따라서 이 역사상에 나타난 모든 사실들이 바로 타락인간을 구원하여 나오신 하나님의 심정의 반영이었다는 것을 깨닫게 될 것이다.

생각과 지혜 나누기

1. 모든 종교와 사상의 통일은 어떻게 실현될 수 있을까요?
2. 현실적 문제를 해결할 수 있는 진리는 어떤 진리이어야 할까요?
3. 나는 얼마나 나의 인생에 대해 진지하게 생각을 해 보았나요?

제4장

궁극적 실재

1. 모든 존재의 제1원인

사람이 지니는 본질적인 의문 중의 하나는 인간과 세계의 궁극적인 원인에 관한 것이다. '사람은 어디서 왔으며, 이 세계는 어떻게 생겨난 것일까?'하는 물음은 인간이 자기의 유한성을 인식하는 데서 오는 불가피한 것이다. 이러한 물음 속에서 인간과 세계의 기원과 본질에 대한 물음의 답으로서 역사적으로 제기되어 나온 것이 바로 궁극적 실재에 대한 논의들이다. 이 논의가 우리 인생에 중요한 이유는 우리가 살아가는 목적 또한 궁극적 실재를 어떻게 이해하는가

궁극적 실재
존재의 제1원인을 말한다.

에 따라 달라질 수 있기 때문이다.

일반적으로 더할 나위 없이 높고 깊으며 넓어서 우리가 아는 그 어떤 것과도 비교할 수 없는 것을 궁극적인 것 혹은 절대적인 것이라 한다. 다시 말하면, 일상적인 삶에서 우리가 경험하는 한계를 초월하며 모든 것의 근원이 되는 존재를 궁극적 실재라 한다. 그것은 있다가도 없어지는 감각적 존재와는 달리 영원하고 무한한 존재로서 시작이나 끝이 없다.

오늘날의 과학에 의하면, 원자를 구성하고 있는 소립자는 모두 에너지로 되어 있다고 한다. 그 에너지가 소립자를 형성하기 위해서는 반드시 그 에너지에도 그로 하여금 소립자 형성의 목적을 지향하게 하는 원인적 존재가 없어서는 안 된다. 우리는 이와 같은 에너지를 존재하게 하는 모든 존재계의 궁극적인 원인이 되는 한 존재를 추구하지 않을 수 없게 된다. 이 존재는 바로 모든 존재의 제1원인이다. 이러한 제1원인을 우리는 하나님이라고 부른다.

2. 하나님의 이성성상(二性性相)

모든 존재의 궁극적 제1원인이신 하나님의 신성을 우리는 어떻게 알 수 있을 것인가? 그것은 피조세계를 관찰함으로써 알 수 있다. 모든 작품은 그 작자의 보이지 않는 성품의 실체적인 전개인 것같이 삼라만상은 그것을 창조하신 하나님의 신성을 그의 실체대상으로 전개해 놓은 것이기 때문이다.

존재하는 것은 무엇이든지 그 자체 내에서뿐만 아니라 다른 존재들과의 사이에서 양성과 음성의 이성성상이 상대적 관계를 맺음으로써 비로소 존재하게 된다. 이에 대한 실례를 들어 보면, 모든 물질의 궁극적인 구성요소인 소립자는 모두 양성 음성 또는 양성과 음성의 중화에 의한 중성 등을 띠고 있는데 이것이 이성성상의 상대적 관계를 맺음으로써 원자를 형성한다. 그리고 이러한 원자도 양성 또는 음성을 띠게 되는데 이것의 이성성상이 상대적 관계를 맺음으로써 물질의 분자를 형성하는 것이다. 이와 같이 형성된 물질이 또한 서로 이성성상의 상대적 관계에 의하여 식물 또는 동물에 흡수됨으로써 그것의 영양이 되는 것이다. 그리고 모든 식물은 각각 수술과 암술에 의하여 존속되고, 또 모든 동물은 각각 수컷과 암컷에 의하여 번식 생존한다. 그리고 전리된 양이온이나 음이온도 또한 각각 양자와 전자의 결합으로 형성되어 있는 것과 같이, 수술이나 암술 또는 수컷이나 암컷도 역시 각각 그 자체 내에서 양성과 음성의 이성성이 상대적 관계를 맺음으로써 비로소 존재하는 것이다.

피조세계에는 보편적으로 간직되어 있는 또 다른 공통사실이 있다. 존재하는 것은 무엇이든지 보이는 외형과 보이지 않는 내성을 갖추고 있다. 그리고 보이는 외형은 보이지 않는 내성을 닮아 났다. 외형이 눈에 보이는 그 어떠한 꼴로써 나타나는 것은 눈에 보이지는 않으나 그 내성이 원인으로 작용하고 있기 때문이다. 눈에 보이지 않는 내성을 **성상**이라고 하고 눈에 보이는 외형을 **형상**이라고 한다. 성상과 형상은 동일한 존재의 상대적인 양면을 말하는 것이어서 형상은 제2의 성상이라고도 할 수 있는 것이기 때문에 이것을 통틀어서 **이성성상**이라고 하는 것이다.

인간을 이에 대한 예로 들어 보자. 인간은 몸이란 외형과 마음이란 내성으로 되어 있다. 나타나 보이는 몸은 보이지 않는 그 마음을 닮아 난 것이다. 따라서 마음이 어떠한 속성을 가지고 있기 때문에 그 마음을 닮아 난 몸도 어떠한 꼴을 가지게 되는 것이다. 관상이나 수상 등 외모로 보이지 않는 그의 마음과 운명을 판단할 수 있는 근거가 여기에 있다. 이에 마음을 성상이라 하고 몸을 형상이라 한다. 마음과 몸은 동일한 인간의 상대적인 양면을 말하는 것이어서 몸은 제2의 마음이라고도 할 수 있는 것이기 때문에 이것들을 통틀어서 이성성상이라고 한다. 어떠한 피조물에도 그 차원은

성상
존재를 이루는 내적성질

형상
존재를 이루는 외적형태

이성성상 (二性性相)
동일한 존재 안에 있는 상대적인 양면의 꼴을 말한다.

■ 하나님의 이성성상

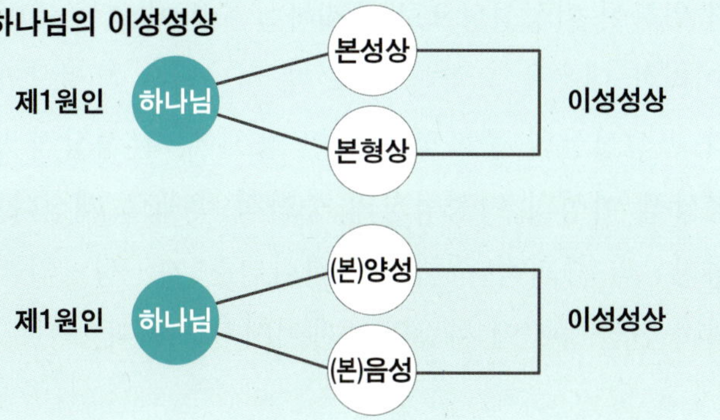

서로 다르나 무형의 성상, 곧 인간의 마음과 같은 무형의 내적인 성상이 있어서 그것이 원인 또는 주체가 되어 인간의 몸과 같은 그의 형상적인 부분을 움직이는 것이다.

그러므로 모든 것의 제1원인이신 하나님은 그 모든 것의 주체적인 성상과 형상을 갖추고 있다. 이러한 하나님의 주체적인 성상과 형상을 본성상과 본형상이라고 한다. 또 하나님은 모든 피조물의 보편적 공통사실인 양성과 음성의 이성성상의 상대적 관계를 가지고 계신다. 여기에서 하나님의 양성과 음성은 각각 남성과 여성이라고 칭한다.

수수작용 (授受作用)
모든 존재들이 존재하기 위해 필요한 힘을 발생시키는 작용을 말한다.

무엇이든지 존재하기 위해서는 반드시 어떠한 힘을 요하게 되는데, 그 힘은 수수작용(授受作用)에 의하여서만 생긴다. 그런데 무엇이나 단독으로는 주고받을 수 없기 때문에, 그가 존재하기 위한 힘을 일으키기 위해서는 반드시 수수작용을 할 수 있는 주체와 대상의 이성성상으로 존재하지 않으면 안 된다. 그리고 또 영원성을 가지기 위해서는 돌지 않으면 안 되는데, 돌기 위하여는 주체와 대상이 수수작용을 하지 않으면 안 된다. 그렇기 때문에 하나님도 영원성을 가지기 위하여 이성성상으로 존재하실 수밖에 없는 것이다.

중화적 (中和的)
중성과는 다른 개념으로 이성성상이 한데 어울려 있으며 그 발현의 근본이 되는 의미를 갖는다.

이러한 내용을 요약하여 볼 때 하나님은 본성상과 본형상의 이성성상의 중화적 주체인 동시에, 본성상적 남성과 본형상적 여성의 이성성상의 중화적 주체로 계신다. 또한 이성성상의 중화적 주체이신 하나님은 지 · 정 · 의를 갖춘 인격적 신인 동시에 사랑의 주체이시기도 하다.

3. 하나님은 피조세계를 어떻게 창조하셨는가?

성서에 기록된 창조의 과정과 오늘날 과학자들의 연구에 의한 우주의 생성과정은 거의 일치한다. 창세기 1장을 보면, 천지창조는 혼돈하고 공허하며 흑암이 깊음 위에 있는 데서 빛을 창조하신 것으로 출발하여 먼저 물을 궁창 위와 아래로 갈라 세우고, 다음에는 육지와 바다를 가르고, 다음엔 식물을 비롯하여 어류, 조류, 포유류, 인류 등을 창조하는 데 6일이라는 기간이 걸렸다고 기록되어 있다. 그리고 과학자들의 문헌에 의하면, 우주는 처음에는 가스 상태로서 무수시대의 혼돈과 공허한 가운에서 천체를 이루어, 강우에 의한 유수시대가 되면서 물로 된 궁창을 형성하였고, 다음에는 화산의 분출에 의하여 물속에서 육지가 드러나 바다와 육지가 생겼으며, 다음에는 하등의 식물과 동물에서 시작되어 순차로 어류, 조류, 포유류, 인류가 생성되었다고 하며, 지구의 연령을 약 40억 년 이상으로 추산하고 있다. 지금으로부터 수천 년 전에 기록된 성경의 천지창조의 과정과 오늘날의 과학자들이 연구한 것과 거의 부합되고 있다는 사실이 무엇을 의미하는 것인지 깊이 생각해 봐야 할 것이다. 분명한 것은 이 우주는 시간성을 떠나서 돌연히 생성된 것이 아니라 그것이 생성될 때까지는 상당한 시간이 소요되었다는 사실이다.

궁창
푸른하늘

이미 앞에서 언급한 바와 같이 피조세계는 무형의 주체이신 하나님의 이성성상이 실체로 분립되어 전개되어 나온 실체대상이다. 또 피조세계는 하나님의 본성상과 본형상이 수리적인 원칙에 의하여 실체로 전개된 것이기 때문에 피조세계는 수리성을 떠나서 존재할 수 없는 것이다.

하나님의 창조를 창조원리의 관점에서 살펴보면 다음과 같다. 하나님 자체 내에 영존하는 이성성상이 만유원력(萬有原力)에 의하여 상대기준을 이루어 영원한 수수작용을 하게 된다. 이 수수작용의 힘에 의하여 그 이성성상은 하나님의 영원하신 존재기대를 이루고 있을 뿐만 아니라 피조세계를 창조하기 위한 모든 힘을 발휘하게 되는 것이다. 하나님 자체 내의 이성성상이 만유원력에 의하여 상대기준을 조성하여 수수작용을 하게 되어 그 수수작용의 힘이 번식작용을 일으키어 하나님을 중심하고 이성성상의 실체대상으로 분립된 것이다. 그리고 이와 같이 분립된 주체와 대상이 다시 만유원력에 의하여 상대기준을 조성함으로써 수수작용을 하면, 이것들은 다시 합성일체화(合性一體化)하여 하나님의 또 하나의 대상이 되는 것이다. 이와 같이 하나님을 정으로 하여 그로부터 분립되었다가 다시 합성일체화하는 작용을 정분합작용(正分合作用)이라고 한다.

이러한 정분합작용에 의하여 정을 중심하고 2성의 실체대상으로 분립된 주체와 대상과 그리고 그의 합성체가 제각기 주체의 입장을 취할 때에는 각각 나머지 다른 것들을 대상으로 세워 삼대상기준을 조성한다. 그래 가지고 그것들이 서로 수수작용을 하게 되면 여기에서 그 주체들을 중심으로 각각 삼대상목적을 완성하게 되는 것이다. 이렇게 정분합작

만유원력 (萬有原力)
모든 힘을 발생시키는 힘의 근본된 힘을 말한다.

합성일체화 (合性一體化)
하나님의 이성성상이 실체로 분립되어 나온 양성의 실체와 음성의 실체가 하나되는 것을 의미한다.

정분합작용 (正分合作用)
하나님을 중심하고 하나님으로부터 분립되어 나왔다가 다시 그것들이 하나님을 중심하고 하나 되는 작용 전체를 말한다.

용에 의하여 정을 중심하고 2성의 실체대상으로 분립된 주체와 대상과 그리고 그의 합성체가 각각 삼대상목적을 완성하면 사위기대를 조성하게 되는데, 이 사위기대는 하나님이 운행하실 수 있는 모든 존재와 또 그것들이 존재하기 위한 모든 힘의 근본적인 기대가 된다. 따라서 사위기대는 하나님의 영원한 창조목적이 되는 것이다.

사위기대 (四位基臺)
하나님으로부터 분립되었다가 다시 합성일체화를 이루게 될 때 형성되는 존재의 기대를 말한다.

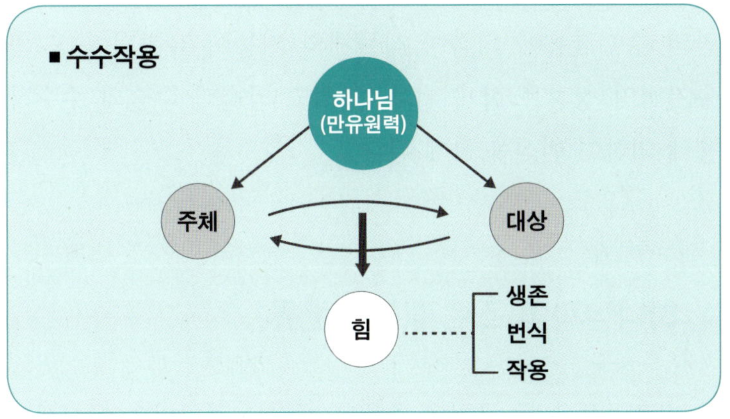

그리고 수수작용이라는 것은 모든 존재를 이루고 있는 주체와 대상이 만유원력에 의해 상대기준을 조성하여 잘 주고 잘 받는 과정을 통해서 그 존재를 위한 모든 힘, 곧 생존과 번식과 작용 등을 위한 힘을 발생케 하는 작용을 뜻한다. 만유원력이라는 것은 하나님이 모든 존재의 창조주로서 시간과 공간을 초월하여 영원히 자존하시는 절대자로 계시기 위한 근본적인 힘으로서 피조물이 존재하기 위한 모든 힘을

발생케 하는 힘의 근본이 되는 힘을 의미한다. 그리고 만유원력과 수수작용의 힘은 각각 원인적인 것과 결과적인 것, 내적인 것과 외적인 것, 주체적인 것과 대상적인 것으로서의 상대적인 관계를 가진다. 그렇기 때문에 피조물은 그 자체를 이루고 있는 이성성상이 만유원력에 의하여 상대기준을 이루어 수수작용을 하게 됨으로써 존재하게 된다. 양자와 전자의 수수작용에 의하여 원자가 존재하게 되고, 그의 융합작용 등이 일어나게 된다. 식물에 있어서는 도관과 사관의 수수작용에 의하여 식물체의 기능이 유지되며, 그의 유기적인 성장을 하게 된다. 그리고 암술과 수술의 수수작용에 의하여 번식을 하게 된다.

4. 하나님과 피조세계(被造世界)

피조물은 모두 무형의 주체로 계시는 하나님의 이성성상을 닮아 실체로 분립된 하나님의 실체대상이다. 이러한 실체대상을 우리는 개성진리체라고 한다. 인간은 하나님의 형상적인 실체대상이기 때문에 형상적 개성진리체라 하고 인간 이외의 피조물들은 상징적인 실체대상이기 때문에 상징적 개성진리체라고 한다. 개성진리체들은 하나님의 본성상적 남성을 닮은 양성의 실체와 그의 본형상적 여성을 닮은 음성의 실체로 분립된다. 그뿐 아니라 이와 같이 분립된 개성진리체는 각기 하나님의 본성상과 본형상을 닮아서 그 자체 내에 성상과 형상의 이성성상을 갖추게 되며, 그에 따라서 양성과 음성의 이성성상을 함께 갖추기도 한다. 하나님의 영원한 대상인 피조물도 영원성을 가지기 위하여 하나님을 닮아서 이성성상으로 존재하지 않을 수 없는 것이다. 피조세계는 무형의 주체로 계시는 하나님의 이성성상이 창조원리에 의하여 상징적 또는 형상적인 실체로 분립된 개성진리체로써 구성되어 있는 하나님의 실체대상이다.

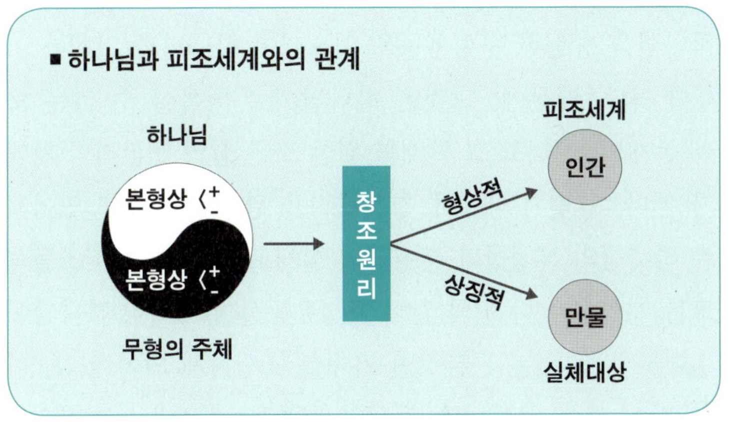

피조세계는 무수한 개성진리체로 구성되어 있는데, 그 저급한 것으로부터 고급한 것에 이르기까지 단계적으로 질서정연하게 연결되어 있고, 그 수많은 개성진리체의 최종적인 중심은 형상적 개성진리체인 인간이다. 그러므로 성경에 하나님이 인간을 창조하시고 나서 "생육하고 번성하여 땅에 충만하여라. 땅을 정복하라."는 말씀을 하셨다는 기록이 있

피조세계
하나님이 창조하신 세계를 의미한다.

는 것이다. 이렇게 피조세계를 주관하도록 창조된 인간, 아담과 해와가 성장 완성하여 하나님을 중심하고 합성일체화하여, 곧 하나님을 중심하고 부부를 이루게 되면 여기에서 비로소 부모 되신 하나님은 자녀로 완성된 인간에게 임재하시어 영원히 안식하시게 된다. 그렇게 될 때, 피조세계는 이렇게 인간이 완성되어 하나님을 중심삼고 부부를 이룸으로써 이루어진 사위기대(四位基臺)를 중심하고 합목적적인 구형운동을 하게 된다.

정분합작용에 의하여 삼대상목적을 완성한 사위기대는 하나님을 중심한 구형운동을 일으키어 하나님과 일체를 이루게 되기 때문에, 그것은 하나님이 운행하실 수 있는 모든 존재의, 그리고 그 존재를 위한 모든 힘의 근본적인 기대가 된다. 그렇기 때문에 창조목적을 완성한 세계에 있어서는 하나님의 본성상과 본형상의 실체로 되어 있는 피조물의 모든 개성체가 다 이와 같이 구형운동을 일으키어 하나님이 운행하실 수 있는 근본적인 기대를 조성하게 되어 있다. 이와 같이 되어 하나님은 일체의 피조물 가운데 보편적으로 존재하게 되는 것이다.

하나님과 피조세계는 성상과 형상과의 관계와 같아서 원인과 결과, 주체와 대상 등 이성성상의 상대적인 관계를 가지고 있다. 하나님을 중심하고 완성된 피조세계는 마치 마음을 중심하고 완성한 인간 하나와 같아서, 하나님의 창조목적대로 동하고 정하는 하나의 완전한 유기체이다.

생각과 지혜 나누기

1. 현대 천체물리학에서 말하는 우주의 형성에서 궁극적실재를 무엇으로 말하고 있나요?
2. 모든 종교에서 말하는 신은 어떤 존재인가요?
3. 신이 없다고 생각하는 이유는 무엇인가요?

제5장

창조목적과 존재의 목적

1. 하나님은 왜 창조를 하셨는가?

전지전능하시고 절대자이신 하나님께서 과연 무엇 때문에 피조세계를 창조를 하셨을까? 이 창조목적에 대한 답은 곧 하나님이 창조한 모든 존재물의 존재목적이 된다. 동시에 우리 인간에게는 직접적인 인생의 목적이 된다. 그러므로 우리가 진정한 인간으로서 삶의 목적을 실현시키기 위해서는 이 물음의 답을 아는 것이 전제되어야 한다.

피조물의 창조가 끝날 때마다 그것이 하나님이 보시기에 선하였다고 기록되어 있는 성서를 보면 하나님은 스스로 창조하신 피조물이 선의 대상이 되기를 원하셨다는 것을 알 수 있다. 이처럼 피조물이 선의 대상이 되기를 원하신 것은 하나님이 그것을 보시고 기뻐하시기 위함이었다.

그런데 기쁨은 결코 독자적으로는 생기지 않는다. 무형이거나 실체거나 자기의 성상과 형상대로 전개된 대상이 있어서, 그것으로부터 오는 자극으로 말미암아 자체의 성상과 형상을 상대적으로 느낄 때 비로소 기쁨이 생기는 것이다. 예를 들면, 작가의 기쁨은 그가 가지고 있는 구상 자체가 대상이 되든가 혹은 그 구상이 회화나 조각 등의 작품으로 실체화하여 대상이 되었을 때, 그 대상으로부터 오는 자극으로 말미암아 자기의 성상과 형상을 상대적으로 느낌으로써 비로소 생기게 된다. 구상 자체가 대상으로 서게 될 때에는 그로부터 오는 자극이 실체적인 것이 아니기 때문에 그로 인한 기쁨도 실체적인 것이 될 수는 없다. 인간의 이러한 성품은 모두 하나님을 닮은 것이다. 그러므로 하나님도 그

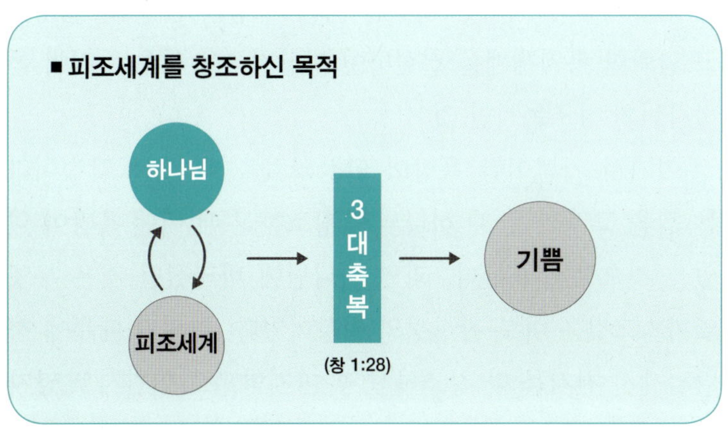

의 실체대상으로부터 오는 자극으로 말미암아 자체의 본성상과 본형상을 상대적으로 느낄 때 비로소 기쁨을 누리시게 된다는 것을 알 수 있다.

2. 하나님도 사랑이 필요했다

그러면 피조물이 어떻게 되어야만 하나님이 가장 기뻐하실 수 있을 것인가? 하나님은 만물세계를 창조하신 후 끝으로 자기의 성상과 형상대로 희로애락의 감성을 가진 인간을 창조하시어 그를 보시고 기뻐하려 하셨던 것이다. 그러므로 하나님이 아담과 해와를 창조하시고 나서, 생육하고 번식하여 만물세계를 주관하라고 하셨다. 이 3대 축복의 말씀에 따라 인간이 하나님의 나라 곧 천국을 이루고 기뻐할 때에, 하나님도 그것을 보시고 가장 기뻐하실 것은 두말할 필요가 없다. 그러므로 하나님을 중심하고 인격을 완성시켜 개성을 완성한 아담과 해와가 결혼을 하여 가정을 만들고, 편리하고 안락한 복지세계를 건설하여 지상천국을 세우는 것이 곧 하나님의 창조목적인 것이다.

3대 축복
하나님의 인간에게 주신 3가지 축복

여기서 기쁨이란 욕망이 달성되었을 때 오는 감정이라는 점을 고려해 볼 때 하나님도 창조하실 때 어떤 욕망이 있었을 것으로 추론된다. 과연 하나님이 바라셨던 것은 무엇일까? 그것은 바로 참사랑의 이상이었다. 그렇기 때문에 하나님께서 천지를 다 창조하신 후 마지막으로 인간시조 남자 아담과 여자 해와를 창조하시고 그들에게 주신 3대 축복, 곧 '생육하고 번성하여 너희의 후손이 이 땅 위에 충만하게 하라. 그리고 바다 속이나 지상이나 공중에 있는 만물을 다스리라'는 축복을 주셨던 것이다. 그리고 하나님께서 창조하신 피조세계가 가장 간단하고 저급한 피조물로부터 인간에 이르기까지 각각 주체와 대상, 양성과 음성의 쌍쌍으로 전개되어 있는 이유도 바로 사랑 이상 아래 상대관계를 형성하기 위한 것이었다.

하나님이 아무리 절대자이시지만 참사랑의 이상은 혼자 이룰 수 없다. 사랑 이상은 반드시 상대를 요구하기 때문이다. 하나님도 사랑, 생명, 혈통, 양심 다 갖고 계시지만 혼자서는 그것을 못 느끼신다. 그래서 하나님도 상대가 필요하셨던 것이다. 남자나 여자나 혼자일 때는 사랑을 못 느끼지만 남자 앞에 여자가 나타나고, 여자 앞에 남자가 나타날 때는 상대로부터 오는 자극을 통해서 사랑을 느끼게 되는 이치와 같다.

그렇다면 하나님의 사랑의 상대는 누구일까? 바로 인간이 참사랑의 주체자이신 하나님의 대상자이다. 하나님께서 그의 상대자로 인간을 세우셨다는 것은 하나님의 창조이상은 인간을 통해서만 완성이 된다는 것이다. 만일 하나님께서 참사랑의 절대적인 대상체로 인간을 세우지 않고 다른 방법을 통해 하나님의 참사랑의 출발과 완성을 이루려 하셨다면 하나님과 인간의 참사랑 이상은 각각 동기가 다르게 되어 두 사랑의 방향과 목적은 다를 수밖에 없게 된다. 이렇게 된다면, 하나님의 사랑 이상은 인간보다 상위에 또 다른 사랑의 대상을 세워서 아울러야 하며, 한편으로 인간의 사랑 이상은 하나님과 직접적인 관계를 가질 수 없게 되고 만다.

인간이 하나님의 최고 최선의 사랑의 대상으로 지음을 받았다는 점이 바로 인간의 진정한 존재가치이다. 그러므로 인간은 창조물 중에 유일하게 하나님의 실체를 입은 대상으로서 무형의 하나님 앞에 보이는 몸으로 태어났다. 인간은 완성하면 하나님이 거하실 수 있는 성전이 되는 것이다. 하나님이 자유롭게 또 평안하게 언제나 들어와서 거하실 수 있는 유형의 실체가 되는 것이다. 하나님의 절대적인 참사랑의 이상은 인간을 통해 부모와 자식의 종적 관계로 완성된다.

아담과 해와가 완성하여 하나님의 축복 하에 결혼을 하고 첫사랑을 맺는 그 자리에 하나님의 절대 사랑 이상이 종적으로 임재 · 동참하심으로써 하나님의 참사랑과 인간의 참사랑이 한 점에서 종횡의 기준을 중심하고 출발하여 한 점에서 만나 완성하게 되는 것이다. 하나님의 창조목적이며 신인애일체(神人愛一體)의 절대적 사랑 이상이 실현되는 것이다.

신인애일체(神人愛一體)
신과 인간의 사랑을 중심으로 하나되는 것을 말한다.

우리 인간에게도 참사랑은 가장 중요한 삶의 목적이며, 삶의 내용이 아닐 수 없다. 그것은 하나님의 참사랑을 전체적으로 체득할 때 비로소 창조목적을 완성한 이상적인 인간이 될 수 있기 때문이다.

지고한 사랑 이상을 이루어야 할 인간의 완성은 사랑에

대한 책임을 지닐 때 가능하다. 그 책임은 다음 세 가지로 생각할 수 있다. 첫째, 인간은 사랑의 자유를 주신 하나님께 감사하면서 자기 수양, 자기 관점으로 자유의 주체가 되는 책임이다. 사람에게 있어서 사랑의 책임은 법이나 이목 때문에 지켜지는 것이 아니고 하나님과의 생명의 종적 관계 속에서 자아 주관, 자기 결단으로 지켜지는 것이다. 둘째는 상대에 대한 책임이다. 인간은 본성적으로 상대의 자기에 대한 사랑이 나누어지기를 원치 않는다. 부부간의 횡적인 사랑의 관계는 부모와 자식 간의 종적인 사랑의 관계와 달리 나누어지면 그 온전성이 파괴된다. 이는 부부간에 절대적인 사랑의 일체를 이루게 되어 있는 창조원리 때문이다. 사람은 자기 상대를 절대로 위해야 할 사랑의 책임이 있다. 셋째는 자녀에 대한 사랑의 책임이다. 자녀들의 사랑과 행복의 기지는 부모의 사랑이다. 자녀들은 참사랑으로 화합하고 일체된 부모를 통해 생명이 태어나고 그러한 사랑 속에서 양육되기를 바란다. 부모의 자녀에 대한 책임은 외적인 양육만이 아니라 그들의 영성을 온전하게 해줄 참사랑의 생명적인 요소를 제공하는 것이다. 가정이 소중한 이유는 이 때문이다.

그러나 하나님께서 우주를 창조하신 목적이 사람만을 위해서라거나 하나님 자신만을 위한 것이라는 논리는 성립되기 어렵다. 인간이 만들어지는 과정에 연결된 여러 목적들, 곧 하나님이 인간을 창조하신 목적이나, 천사가 인간 창조에 협조하는 목적, 만물이 창조된 목적, 그리고 인간이 생겨

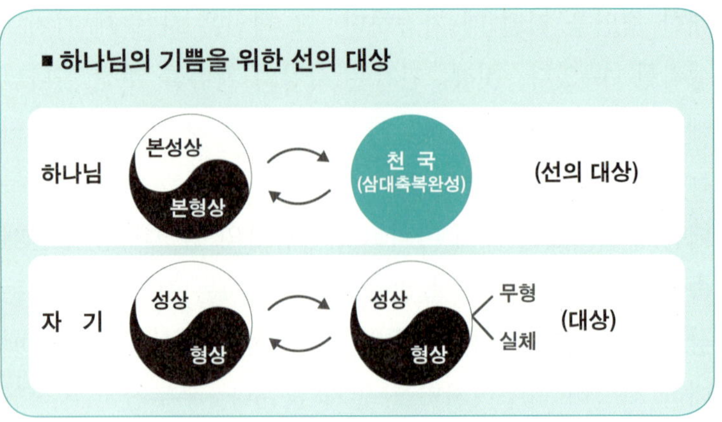

난 자체의 목적 등이 서로 달라서는 안 된다. 전체가 다 좋아야 한다. 그것은 가지면 가질수록 기쁘고 좋아서, 한번 가지면 영원히 놓고 싶지 않은 그런 무엇이다. 이렇게 볼 때 그것은 참사랑일 수밖에 없다.

3. 참사랑의 의미와 가치

하나님의 창조목적인 참사랑은 모든 피조물의 존재목적이며 동시에 우리의 인생목적이다. 그렇다면 우리에게 가장 소중한 참사랑의 의미가 무엇인지 알아보도록 하겠다.

참사랑은 바로 우주 창조의 기원이나 생명의 발원지이다. 참사랑은 우주의 원칙이며 우주의 중심, 우주의 주인을 만들어 주는 사랑이다. 참사랑은 하나님의 뿌리이며 의지와 힘의 상징이기도 하다. 따라서 참사랑으로 맺어지면 영원히 같이 있어도 좋기만 하고 우주는 물론 하나님까지도 끌면 따라오는 사랑이다.

참사랑은 공익성을 띤 무형의 질서이며, 평화이고 행복의 근원이다. 참사랑의 본질은 위함을 받겠다는 사랑이 아니라 남을 위해, 전체를 위해 먼저 베풀고 위해 주는 사랑이기 때문이다. 주고도 주었다는 사실 자체를 기억하지 않고 끊임없이 베푸는 사랑이다. 또 참사랑은 그 베푸는 사람이 진정한 기쁨으로 주는 사랑이다. 곧 어머니가 자식을 품에 안고 젖을 먹이는 기쁨과 심정의 사랑이다. 자식이 부모 앞에 효도하며 기쁨을 느끼는 그런 희생적 사랑이다. 그렇기 때문에 사랑의 원리는 더 큰 것을 위해서 희생할수록 그 사랑의 등급이 높아지는 것이다. 보다 큰 것을 위해 희생하게 되면, 그것에 흡수당하는 것이 아니라 그 큰 것의 중심자리에 서서 새로운 차원을 맞이하게 되는 것이다.

이러한 참사랑은 말이나 글 혹은 일반 교육을 통해 터득할 수 있는 것이 아니다. 참사랑은 경험을 통해 얻고, **체휼**을 통해 알게 되어 있기 때문에 참사랑은 생활을 통해서만 완전히 체득하는 것이다. 그래서 하나님은 아담과 해와를 일정한 성장기간을 거쳐 성장하면서 단계적 생활을 통해 참사랑을 경험함으로써 자녀의 심정, 형제의 심정, 부부의 심정, 부모의 심정을 체휼케 하여 완성하게 하셨던 것이다.

체휼
온몸으로 절실히 느낌

그리고 참사랑에는 상속권 · 동거권 · 동참권이라는 위대한 3대 속성이 있다. 남자가 대통령이고 여자가 초등학교도 못 나왔을지라도 부부가 되면 남편 것은 아내 것이 되며 밤

낮 언제라도 같이 동거할 수 있는 것은 물론 동참할 수 있는 권한도 있는 것이다. 또 하나님의 참사랑의 주류 속성은 절대 · 유일 · 불변 · 영원한 것이다. 그러므로 누구나 이 참사랑을 실천궁행할 때 하나님과 동거 동락하게 되며 동참권 · 상속권까지 누리게 되는 것이다.

4. 사랑을 중심한 피조세계의 합목적적성

무수한 개성진리체로 구성되어 있는 피조세계는 하나님의 기쁨의 실체대상이다. 피조물은 저급한 것으로부터 고급한 것에 이르기까지 단계적으로 질서정연하게 연결되어 있으며, 그 중 인간은 최고급의 개성진리체로 존재하고 있다. 저급한 개성진리체는 고급한 개성진리체의 대상이 되므로 이 저급한 대상의 구형운동의 중심은 그의 주체가 되어 있는 고급한 개성진리체인 것이다. 이와 같이 수많은 피조물들의 중심은 저급한 것으로부터 보다 고급한 것에로 연결되어 올라가 그 최종적인 중심은 인간이 되는 것이다. 실제로 에너지는 소립자를 형성하고 있으며, 소립자는 원자를 구성하고, 원자는 분자를, 분자는 물질을 구성하고 있다. 이처럼 모든 물질은 우주 삼라만상의 개체들을 구성하고 있다. 그렇기 때문에 에너지 운동의 목적은 소립자에, 소립자의 목적은 원자에, 원자의 목적은 분자에, 분자의 목적은 물질에, 모든 물질의 목적은 우주 형성에 있는 것이다.

그러면 우주는 무엇을 위하여 있으며, 그의 중심은 무엇인가? 그것은 바로 인간이다. 그러므로 하나님은 인간을 창조하시고 나서 피조세계를 주관하라고 축복해 주셨던 것이다. 그렇기 때문에 물질은 인간의 육체에 흡수되어 인간의 생리적인 기능을 유지하게 하는 요소가 되며, 삼라만상은 인간의 안락한 생활환경을 만들어 주는 자료가 되는 것이다.

이것들은 모두 인간의 피조세계에 대한 형상적인 중심으로서의 관계이지만 이밖에 또 성상적인 중심으로서의 관계가 있다. 전자를 육적인 관계라고 하면, 후자는 정신적 또는 영적인 관계인 것이다. 물질로 형성된 인간의 생리적 기능이 마음의 지 · 정 · 의에 완전히 공명되는 것은 물질도 역시 지 · 정 · 의에 공명될 수 있는 요소를 가지고 있기 때문이다. 이러한 요소들이 물질의 성상을 이루고 있기 때문에 삼라만상은 각각 그 정도의 차는 있으나 모두 지 · 정 · 의의 감응체인 것이다. 우리가 자연계의 미에 도취하여 그와의 혼연일체의 신비경을 체험하게 되는 것은 인간이 피조물의 이러한 성상의 중심이 되기 때문이다. 인간은 이와 같은 피조세계의 중심으로 창조되었기 때문에 하나님과 인간이 사랑으로 합성일체화한 자리가 바로 천주의 중심이 되는 자리인 것이다.

또 인간 시조로 창조되었던 아담이 완성되었더라면 그는 피조물의 모든 존재가 갖추고 있는 주체들을 총합한 실체상이 되고, 해와가 완성되었더라면 그는 또 피조물의 모든 존재가 갖추고 있는 대상들을 총합한 실체상이 되는 것이다. 그리고 하나님은 피조세계를 주관하도록 인간을 창조하셨기 때문에 아담과 해와가 다 함께 성장하여 아담은 피조물의 모든 주체의 주관주로서 완성되고 또 해와는 모든 대상의 주관주로서 완성되어 그들이 부부를 이루어 일체가 되었더라면, 그것이 바로 주체와 대상으로 구성되어 있는 온 피조세계를 주관하는 중심체가 되는 것이다.

모든 피조물의 이성성상의 실체적인 중심체인 아담과 해와가 완성되어 부부가 되어 그들이 서로 사랑으로 화동하여 일체를 이룰 때 비로소 이성성상으로 창조된 온 천주도 사랑으로 화동하게 되는 것이다. 이와 같이 아담과 해와가 참사랑으로 완성된 부부로서 일체를 이룬 그 자리가 바로 사랑의 주체이신 하나님과 미의 대상인 인간이 일체화하여 창조목적을 완성한 선의 중심이 되는 것이다. 여기에서 비로소 부모 되신 하나님은 자녀로 완성된 인간에게 임재 하시어 영원히 안식하게 되는 것이다. 이때의 이 중심은 하나님의 영원한 사랑의 대상이므로 하나님은 영원히 자극적인 기쁨을 느끼시게 되는 것이다. 그리고 여기에서 비로소 하나님의 말씀이 실체로 이루어지기 때문에 여기가 바로 진리의 중심이 되어 모든 인간으로 하여금 창조목적을 지향하도록 이끌어 주는 본심의 중심도 되는 것이다. 그러므로 피조세계는 이와 같이 인간이 완성되어 하나님을 중심하고 참사랑의 부부를 이룸으로써 이루어진 참가정을 중심한 합목적적인 구형운동을 하게 된다.

5. 하나님의 창조목적이 실현된 세계

하나님의 창조목적이 이루어진 세계를 우리는 지상천국이라고 한다. 천국은 하나님의 본성상과 본형상대로 개성을 완성한 인간 하나의 모양을 닮은 세계를 말한다. 인간에게 있어서 그 마음의 명령이 중추신경을 통하여 그의 사지백체에 전달됨으로써 그 인체가 하나의 목적을 지향하여 동하고 정하는 것과 같이 천국에서는 하나님의 명령이 인류의 참부모를 통하여 모든 자녀에게 전달됨으로써 모두 하나의 목적을 향하여 동하고 정하게 되는 것이다.

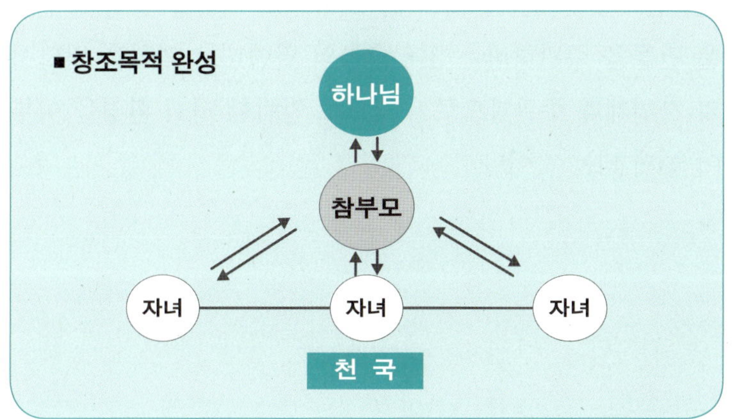

개성을 완성한 인간의 마음에는 하나님이 거하게 되므로, 결국 이러한 인간은 하나님의 성전이 되어 하나님의 뜻대로만 생활하게 된다. 그렇기 때문에 개성을 완성한 인간

은 절대로 하나님이 원하지 않는 행동을 할 수 없다. 이와 같이 개성을 완성하여 죄를 지을 수 없게 된 아담과 해와가 하나님의 말씀대로 선의 자녀를 번식하여 죄 없는 가정과 사회를 이뤘더라면 이것이 바로 한 부모를 중심한 대가족으로 이루어진 천국이었을 것이다.

이러한 사회에서는 어느 한 사람이라도 고통을 당하면 그것을 보시고 같이 서러워하는 하나님의 심정을 사회 전체가 그대로 체휼하게 되기 때문에 이웃을 해치는 행위를 할 수 없게 된다. 그리고 아무리 죄 없는 인간들이 생활하는 사회라 하더라도, 인간이 원시인들과 같이 미개한 생활을 그대로 할 수 밖에 없다면 이것은 하나님이 바라고 또 인간이 원하는 천국이 아닐 것이다. 그러므로 개성을 완성한 인간은 만물을 주관하라는 3대 축복의 말씀대로 과학을 발달시켜 자연계를 주관함으로써 극도로 안락한 사회 환경을 이루어 놓게 되는 것이다.

생각과 지혜 나누기

1. 우리들의 인생목적은 무엇인가요?
2. 인생에 있어서 사랑의 의미는 무엇인가요?
3. 인간이 원하고 꿈꾸는 세계는 어떤 세계인가요?

제6장

이상적 인간

제6장 이상적 인간

1. 인간 존재의 현실

인간은 자체 내에 모순성을 가지고 있다. 선의 욕망을 성취하려는 본심의 지향성과 이에 반하여 악의 욕망을 달성하려는 사심(邪心)의 지향성이 인간 개체 속에서 각기 상반된 목적을 앞세우고 치열한 싸움을 벌이고 있기 때문이다. 존재하는 것은 무엇이든지 그 자체 내에 모순성을 갖게 될 때 파멸하게 된다. 그렇다면 인간도 역시 파멸상태에 놓여 있다고 할 수 있다.

이러한 모순성을 생겨나기 전부터 내포하고 있는 인간이

라면 아예 존재할 수도 없었을 것이다. 그렇기 때문에 인간이 가지고 있는 모순성은 후천적이라고 볼 수밖에 없다. 인간의 이러한 파멸상태를 일러 타락이라고 말할 수 있다. 인간은 이와 같이 타락되어 자기 파멸에 이르는 것을 알고 있기 때문에, 사심으로부터 오는 악의 욕망을 물리치고 본심으로부터 일어나는 선의 욕망을 따라 하나의 목적을 지향하는 것으로 그 자체의 모순성을 제거하려고 필사적인 노력을 하고 있다. 그러나 애석하게도 인간은 궁극에 있어서 선과 악이 무엇인가 하는 문제를 풀지 못하고 있다. 이것이 인간의 현실이다.

이러한 현실을 극복하려면 선의 욕망을 일으키는 본심이 무엇이고, 이 본심에 반하여 악의 욕망을 일으키는 사심은 어디로부터 온 것이며, 인간으로 하여금 이러한 모순성을 갖게 하여 파멸을 초래케 한 근본 원인은 어디에 있는가 하는 것 등에 대해 분명히 알아야 한다. 인간이 이제 악의 욕망을 물리치고 선의 욕망을 따라 본심이 지향하는 선의 생활을 하기 위하여는 그러한 무지를 완전히 극복함으로써 선악을 판별할 수 있어야 하기 때문이다.

2. 본연의 인간

이미 앞서 말한 것처럼 창조주 하나님은 이성성상의 하나님이기 때문에 인간도 이성성상으로 창조되었다. 다시 말하면 인간은 하나님의 성상과 닮은 마음과 형상과 닮은 몸으로 창조되었으며, 마음과 몸이 상대적 관계를 맺음으로써 비로소 존재한다. 인간은 몸이란 외형과 마음이란 내성으로 되어 있다. 그리고 보이는 몸은 보이지 않는 그 마음을 닮아 난 것이다. 따라서 마음이 어떠한 꼴을 가지고 있기 때문에 그 마음을 닮아 난 몸도 어떠한 꼴을 가지게 되는 것이다. 여기에서 마음과 몸은 동일한 인간의 상대적인 양면의 꼴을 말하는 것이어서 몸은 제2의 마음이라고도 할 수 있다. 따라서 인간은 하나님의 닮아 이성성상의 인간이 되었고 이러한 이성성상의 상대적 관계에 의하여 존재하고 있다.

인간의 마음과 몸은 각각 성상과 형상에 해당하므로 몸은 마음을 닮았을 뿐만 아니라 마음이 명령하는 대로 동하고 정하기 때문에 인간은 그 목적을 지향하여 생을 유지할 수 있는 것이다. 따라서 마음과 몸은 내와 외, 원인과 결과, 주체와 대상, 종과 횡 등의 상대적인 관계를 가지고 있는 것이다. 이와 같이 본래의 인간은 마음과 같은 무형의 내적인 성상이 있어서 그것이 원인 또는 주체가 되어 인간에 있어서의 몸과 같은 그의 형상적인 부분을 움직여서 인간으로 하여금 어떠한 목적을 가진 인간으로서 존재하게 하는 것이다. 그래서 인간은 마음이 있음으로써 온전한 존재가 되는 것이다.

이러한 인간이기 때문에 목적이 있는 존재라고 할 수 있다. 또한 피조물로서의 인간은 창조주 하나님의 창조목적대로만 동하고 정하는 하나의 완전한 유기체라고 할 수 있다.

따라서 인간은 하나님의 실체대상이라는 것을 알 수 있고 동시에 개성진리체라고 할 수 있다. 이러한 개성진리체로서의 인간은 하나님의 이성성상을 닮아 실체로 분립된 존재이다. 이처럼 분립된 이성성상의 인간, 곧 마음과 몸으로 구성된 인간은 하나님의 창조목적에 일치된 삶을 살아냄으로써 창조이상을 실현한 인간이 될 수 있다. 창조이상과 목적을 실현하고자 하는 인간은 모든 존재의 생존과 번식 그리고 작용 등을 위한 힘을 발생하게 하는 수수작용이 인간에게 있어서도 원만히 이루어지도록 해야 한다.

예를 들어보면 인간의 경우, 육체는 동·정맥, 호흡작용, 교감신경과 부교감신경 등의 수수작용으로써 그 생을 유지하고 있고, 그 개성체는 몸과 마음의 수수작용에 의하여 존재하면서 그의 목적을 위한 활동을 한다. 동서고금을 막론하고, 아무리 악한 사람이라 할지라도 바른 것을 위하여 살려고 하는 양심의 힘만은 그 내부에서 작용하고 있다. 이러한 힘은 누구도 막을 수 없는 것으로서, 자기도 모르게 강력히 작용하고 있기 때문에 악을 행할 때에는 즉각적으로 양심의 가책을 받게 되는 것이다. 그러면 이러한 양심작용의 힘은 어떻게 되어 생기는 것인가? 모든 힘이 수수작용에 의해서만 생기는 것이라면 양심도 역시 독자적으로 힘을 일으킬 수는 없는 것이다. 곧 양심도 어떠한 주체에 대한 대상으로 서서 그와 상대기준을 조성하여 수수작용하기 때문에 그 힘을 발휘하게 되는 것이다. 이 양심의 주체를 우리는 하나님이라고 부른다.

그렇기 때문에 인간의 몸이 마음의 대상으로서 마음과 상대기준을 조성하여 수수작용을 하게 되면, 몸은 마음을 중심하고 운동함으로써 합성일체화(合性一體化) 한다. 이 때 합성일체화란 인간의 몸은 마음을 중심하고 하나 되어 마음이 명하는 대로 따라 움직이는 것을 말한다. 그런데 마음이 하나님의 대상이 되어 하나님을 중심하고 돌아서 그와 합성일체화하고 몸이 이러한 마음과 합성일체화하게 되면, 그 개체는 비로소 하나님의 이성성상을 닮은 실체대상이 되어 창조목적을 완성한 인간이 되는 것이다.

인간의 마음과 몸도 각각 이성성상으로 되어 있어서 그 자체들도 제각기 부단히 운동을 하고 있기 때문에 이러한 마음과 몸의 수수작용으로 인하여 일어나는 평면적인 원형운동은 하나님을 중심하고 부단히 그 각도를 달리하면서 돌아가게 되어 구형운동으로 화하게 된다. 그러므로 창조목적을 완성한 인간은 하나님을 중심하고 항상 구형운동의 생활을 하는 입체적인 존재이기 때문에 창조의 조화가 벌어지는 것이다. 그러면 이 구형운동의 궁극적인 중심은 무엇일까? 하나님의 이성성상의 실체대상으로 창조된 피조물의 중심은 인간이고 그의 실체대상으로 창조된 인간의 중심은 하나님이시므로, 구형운동의 궁극적인 중심은 하나님이시다. 따라서 인간은 모든 존재의 궁극적 중심이신 하나님과 합성일체화하여 살아야 하는 합목적적 존재라고 할 수 있다.

인간이 하나님을 중심한 구형운동을 일으키어 하나님과 일체를 이루는 것은 하나님이 운행하실 수 있는 인간의 존재 기대가 된다는 것을 의미한다. 따라서 창조목적을 완성한 세계에서는 하나님의 실체대상인 인간의 모든 개성체가 다 하나님이 운행하실 수 있는 기대를 조성하게 되어 있기 때문에 하나님은 인간 가운데 편재하시게 된다. 따라서 본래의 인간은 하나님을 떠나서도 하나님과 함께하지 않을 수 없는 존재라고 할 수 있다. 이러한 인간은 하나님의 미의 대상이 되고, 하나님의 창조목적 대로 선의 중심이 된다. 여기에서 비로소 부모 되신 하나님은 자녀로 완성된 인간에게 임재하시어 영원히 안식하게 되며 이 때 인간은 하나님의 영원한 사랑의 대상이 되고 하나님은 영원히 자극적인 기쁨을 느끼시게 된다.

3. 하나님이 인간을 창조하신 첫 번째 목적

창세기에 하나님은 창조가 끝날 때마다 하나님이 보시기에 선하다고 하신 것으로 기록되어 있다. 이로써 하나님은 스스로 창조하신 인간이 선의 대상이 되기를 원하셨다는 것을 알 수 있다. 이처럼 인간이 선의 대상이 되기를 원하신 것은 하나님이 그것을 보시고 기뻐하시기 위함이었다. 그러면 인간이 어떻게 되어야만 하나님이 가장 기뻐할 수 있을 것인가? 하나님이 아담과 해와를 창조하시고 나서, 생육하고 번식하여 만물세계를 주관하라고 하신 3대축복의 말씀에 따라 인간이 하나님의 나라 곧 천국을 이루고 기뻐할 때

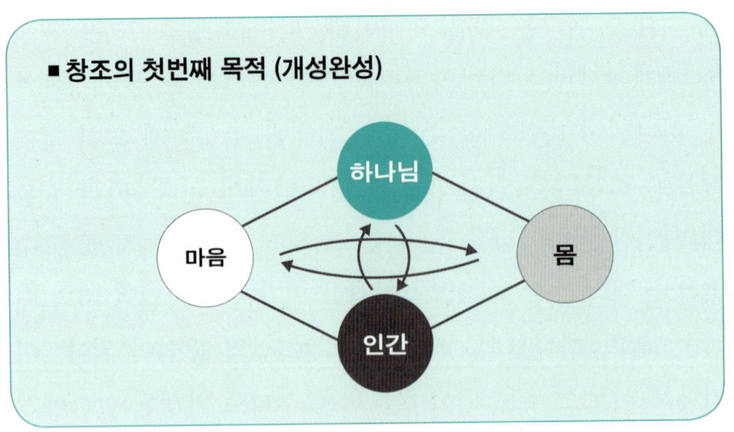

에, 하나님도 그것을 보시고 가장 기뻐하실 것은 두말할 필요가 없다.

그러면 인간완성 곧 인간의 생육을 통한 개성완성은 어떻게 하여서 이루어지는 것인가? 그것은 창조의 근본 기대인 사위기대의 터전 위에서만 이루어질 수 있다. 다시 말하면 인간은 하나님을 중심하고 마음과 몸을 수수작용하여 개성을 완성하는 것이다. 인간이 개성을 완성하려면, 하나님의 이성성상의 대상으로 분립된 마음과 몸이 수수작용을 하여 합성일체화함으로써 그 자체에서 하나님을 중심한 사위기대를 이루어야 한다. 하나님을 중심하고 마음과 몸이 창조본연의 사위기대를 이룬 인간은 하나님의 성전이 되어 그와 일체를 이루기 때문에 신성(神性)을 가지게 되어 하나님의 심정을 체휼함으로써 그의 뜻을 알고 그대로 생활하게 된다.

이에 하나님은 이러한 실체대상으로부터 오는 자극으로

말미암아 그 자체의 성상과 형상을 상대적으로 느낄 수 있기 때문에 기쁨을 누리게 된다. 그러므로 인간이 하나님의 제1축복을 이루면 그것은 하나님의 기쁨을 위한 선의 대상이 되는 것이다. 그리고 개성을 완성한 인간은 하나님의 희로애락을 곧 그 차제의 것으로 느끼게 되어 하나님이 서러워하시는 범죄행위를 할 수 없기 때문에 절대로 타락할 수 없는 것이다. 이와 같이 하나님의 창조목적이 이루어진 인간이 되었더라면 죄의 그림자조차도 찾아 볼 수 없는 이상세계가 지상에 이루어졌을 것이니 이러한 세계를 말하여 우리는 지상천국이라고 하는 것이다. 본래 인간은 지상천국에서 생활을 하다가 육신을 벗으면 그와 동시에 영계에 가서 자동적으로 천상천국의 생활을 하도록 창조된 것이었다.

개성을 완성하여 하나님의 성전을 이룸으로써, 성령이 그 안에 거하게 되어 하나님과 일체를 이룬 인간은 신성을 갖게 되므로 죄를 지으려야 지을 수 없게 되고, 따라서 타락할 수도 없게 된다. 개성을 완성한 사람은 곧 하나님의 창조목적을 이룬 선의 완성체인데, 선의 완성체가 타락된다면 선 그 자체가 파멸될 가능성을 내포하고 있다는 불합리한 결과에 이르기 때문이다. 뿐만 아니라 전능하신 하나님이 창조하신 인간이 완성된 입장에서 타락되었다면 하나님의 전능성마저 부정될 수밖에 없다. 영원한 주체로 계시는 절대자 하나님의 기쁨의 대상도 영원성과 절대성을 가져야 하므로 개성을 완성한 인간은 절대로 타락될 수 없는 것이다.

그렇기 때문에 인간은 미완성기에 타락되었다고 보아야

하며 이러한 인간의 성장기간은 하나님의 창조이상을 실현하기 위한 기간이라고 할 수 있다. 이는 피조세계에서 일어나는 모든 현상이 반드시 어느 만큼의 시간이 경과한 후에야 그 결과를 가져오게 되는 것인바, 이것은 피조물이 일정한 성장기간을 거쳐서 완성되도록 창조되었기 때문이다. 인간은 성장기간에 타락함으로 말미암아 하나님의 성전을 이루지 못하고, 사탄이 우거(寓居)하는 전(殿)이 되어 그와 일체를 이룸으로써 신성을 갖지 못하고 악성을 갖게 되었다. 이와 같이 악성을 가진 인간의 현실은 동일한 개체에서 선과 악이 싸우는 모순적 존재가 되었다.

타락은 물론 인간 자신의 과오로 말미암아 되어진 결과이다. 그러나 어디까지나 하나님이 인간을 창조하셨기 때문에 인간의 타락이란 결과도 있을 수 있었으므로, 하나님은 이 결과에 대하여 창조주로서의 책임을 지시지 않을 수 없는 것이다. 그러므로 하나님은 이 잘못된 결과를 창조본연의 것으로 복귀하시려는 섭리 곧 구원섭리를 하지 않을 수 없는 것이다. 이러한 구원섭리에는 인간의 책임도 뒤따라야 한다. 인간은 자신의 책임분담을 완수하여서만 완성되도록 창조되었다. 하나님이 인간에게 책임분담을 주신 것은 인간이 책임분담을 완수함으로써 인간으로 하여금 하나님의 창조성까지도 닮게 하여 하나님의 창조의 위업에 가담케 함으로써 창조주 하나님이 인간을 주관하시듯이 인간도 창조주의 입장에서 만물을 주관할 수 있는 주인의 권한을 가지도록 하시기 위함이었다. 따라서 타락한 인간으로서 개성완성을 위한 마음과 몸에 대한 인간의 책임분담을 알기 위해서는 인간의 마음이 무엇인가를 분명히 알아야 할 것이다.

4. 인간의 마음과 이상적 인간

앞서 말한 것처럼 인간은 하나님의 이성성상을 닮은 마음이 주체이며 몸이 대상인 존재라고 할 수 있다. 그러나 인간의 마음과 몸의 구성을 좀 더 자세히 살펴보자. 인간은 무형실체인 영인체와 유형실체인 육신으로 구성되어 있으며, 영인체는 주체인 생심과 대상인 영체로 구성되어 있고, 육신은 주체인 육심과 대상인 육체의 이성성상으로 되어 있다. 인간의 마음을 구성과 그의 기능으로 살펴보면 생심과 육심의 관계에서 말할 수 있고 이는 성상과 형상과의 관계로 말할 수 있다. 생심과 육심이 하나님을 중심하고 수수작용을 하여 합성일체화하면, 영인체와 육신을 합성일체화하게 하여 창조목적을 지향하게 하는 하나의 작용체를 이루는 것이니, 이것이 바로 인간의 마음이다.

이러한 마음에는 양심이라고 일컫는 마음이 있다. 인간은 타락되어 하나님을 모르게 됨에 따라 선의 절대적인 기준도 알지 못하게 되었으나, 위와 같이 창조된 본성에 의하여 인간의 마음은 항상 자기가 선이라고 생각하는 것을 지향하는 것이니, 이를 양심이라고 한다. 그런데 타락인간은 선의 절대적인 기준을 알지 못하여 양심에 절대적인 기준도 세울 수 없기 때문에, 선의 기준을 달리함에 따라서 양심의 기준도 달라지게 되어, 양심을 주장하는 사람들 사이에도 흔히 투쟁이 일어나게 된다. 선을 지향하는 마음의 성상적인 부분을 본심이라 하고, 그 형상적인 부분을 양심이라고 한다.

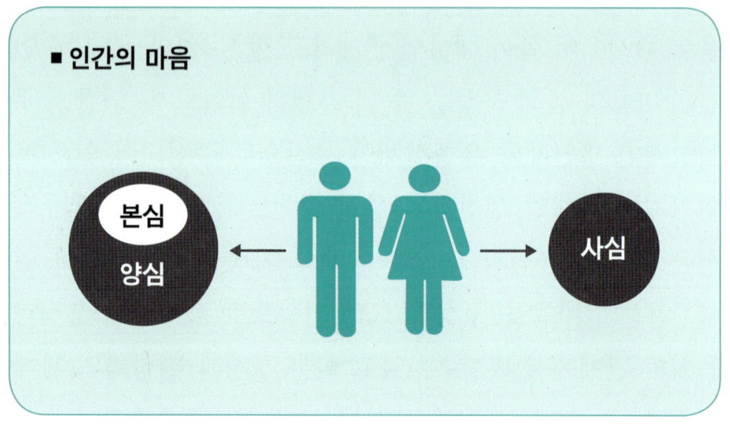

따라서 본심을 중심한 양심의 수수작용으로 양심의 상대적 선을 극복할 수 있을 것이다. 인간이 그 무지에 의하여 창조본연의 것과 그 기준을 달리한 선을 세우게 될 때에도 양심은 그 선을 지향하지만, 본심은 이에 반발하여 양심을 그 본심이 지향하는 곳으로 돌아가도록 작용한다. 사탄의 지배를 당하고 있는 생심과 육심이 수수작용을 하여 합성일체화하면, 인간으로 하여금 악을 지향하게 하는 또 하나의 작용체를 이루는 것이니, 이것을 사심이라고 한다. 그러므로 인간의 본심이나 양심은 이 사심에 반발하여, 인간으로 하여금 사탄을 분립하고 하나님을 상대하게 함으로써, 악을 물리치고 선을 지향하게 하는 것이다.

타락한 인간이 이상적 인간이 되려면 본심을 회복하여 하나님을 중심한 몸과 마음이 수수작용을 하여 심신일체가 되어 하나님과 합성일체화함으로써 창조본연의 개성을 완성하여야 한다. 그래야 하나님 앞에 선한 실체대상으로 기쁨을 돌려드리는 인간이 되는 것이다. 이는 타락한 인간의 책임이자, 타락한 인간이 참인간이 될 수 있는 하나님의 축복이 아닐 수 없다. 그렇게 하기 위해 인간은 본심과 양심의 소리 앞에 절대복종해야 하는 내적 혁명을 서슴지 말아야 한다. 선을 지향하는 본심이나 양심과 악을 지향하는 사심이 갈등을 계속해서는 안 된다. 그런 부끄러운 내면의 싸움을 종식시키기 위해서는 자신의 사심을 누르고 본심과 양심의 안내를 받아 티 없이 맑고 깨끗한 영혼을 간직해야 한다.

생각과 지혜 나누기

1. 인간이 모순적인 존재라면 왜 파멸하지 않나요?
2. 인간은 마음이 있어 완전한 존재라는 말은 무엇을 의미하나요?
3. 심신일체의 삶을 위한 구체적이며 현실적인 길은 무엇입니까?

제7장
이상적 가정

1. 남성과 여성으로서의 부부

인간은 가정을 기초로 한 남성과 여성의 사랑에 의하여 탄생된다. 근본적으로 인간은 지식이나 권력 때문에 태어난 것이 아니라 바로 부모의 사랑 때문에 태어나서 존재하게 되었다. 부부의 인연을 맺게 되는 남성과 여성은 어떻게 살아야 하며, 가정은 어떻게 존재해야 하는가에 대한 문제는 동서고금을 막론하고 중요한 문제가 되어 왔다.

동물, 식물, 광물도 양과 음의 결합에 의해서 존재하고 번식한다. 그러나 남성과 여성의 결합 곧 부부의 결합은 단순히 남녀의 육체적 결합으로만 볼 수는 없다. 그렇게 부부를 생물학적인 관점에서만 보는 것은 한계가 있다. 인간의 결혼은 부부 상호간의 육체적 결합의 차원을 넘는 신성한 가치가 있다.

첫째, 창조본연의 부부는 각각 하나님의 양성과 음성을 대표하는 존재이다. 남성은 하나님의 양성을 여성은 하나님의 음성을 대표한다. 따라서 부부의 결합은 양성과 음성을 지닌 하나님의 현현(顯現)을 의미한다고 볼 수 있다. 부부가 하나님을 중심으로 횡적으로 서로 사랑하면 하나님의 종적인 참사랑이 그곳에 임하게 되어서 여기에 사랑의 상승작용에 의한 생명의 창조가 이루어지게 된다.

창조본연의 부부
하나님의 양성과 음성 대표이며 인류의 남성과 여성 대표이고 가정의 남성과 여성 대표로서 상대를 위하는 존재이다.

둘째, 창조본연의 부부는 각각 인류의 절반을 대표하는 존재이다. 따라서 부부의 결합은 인류의 화합을 의미한다고 볼 수 있다. 곧 부부에 있어서 남편은 전 인류의 남성을 대표하고, 아내는 전 인류의 여성을 대표하고 있다. 남편은 인류의 절반인 남성을 대표하는 가치를 지니며 아내는 인류의 절반인 여성을 대표하는 가치를 지닌다.

셋째, 창조본연의 부부는 각각 가정의 절반을 대표하는 존재이다. 따라서 부부의 결합은 가정의 완성을 의미한다고 볼 수 있다. 가정에서 남편은 모든 남성을 대표하고 아내는 모든 여성을 대표하는 입장이기 때문이다.

이와 같이 창조본연의 부부간에 남편이 아내를 사랑하고 아내가 남편을 사랑한다는 것은 그 가정에서 하나님의 현현을 의미하며 인류의 화합과 가정의 완성을 의미한다. 이처럼 부부의 결합은 육체적 결합을 넘어 신성하고도 존귀한 의미를 지닌다고 볼 수 있다.

따라서 남성과 여성은 본래 자기중심적으로 살도록 창조된 것이 아니다. 가정을 통하여 남성은 여성을 위하여, 여성은 남성을 위하여 살아가도록 창조되었다. 다시 말하자면 남성과 여성은 서로 상대를 위해서 창조된 것이다. 그러므로 이상적 가정에서 참된 부부의 사랑은 각각 상대를 위해서 태어났다는 것을 인식할 때 가능하다.

2. 우주의 축소체로서의 가정

인격적으로 성숙한 부부가 하나님의 창조목적을 중심으로 서로 사랑을 주고받게 되면 하나님의 사랑이 그곳에 임재하게 된다. 가정은 부부의 횡적 사랑과 하나님의 종적 사랑이 맞닿는 곳이다. 이와 같이 하나님의 사랑을 중심하고 완성된 가정이 모여 사회를 이루고 더 나아가서 국가, 세계를 이 지상에 세우게 되면 그것이 곧 지상천국이며 하나님의 창조이상을 완성한 세계가 된다고 볼 수 있다. 하나님의 창조이상을 완성한 세계란 본연의 질서를 통하여 실현되는 사랑의 세계를 말한다.

인간은 우주의 축소체이지만 가정도 우주의 축소체이다. 이때 인간은 구성요소로 본 우주의 축소체이며, 가정은 질서로 본 우주의 축소체라고 볼 수 있다. 우주는 가정의 확대

형에 해당된다. 은하계 안에는 태양계와 같은 혹성계가 무수히 있다고 하며, 대우주에는 은하계가 또한 무수히 있다고 한다. 따라서 우주는 무수한 천체가정(天體家庭)의 집합체라고 볼 수 있다. 그런데 우주는 원만한 수수작용에 의해서 그 질서가 유지되고 있다. 태양계는 태양을 중심으로 아홉 개의 혹성이 태양과의 수수작용에 의해서 각각 일정한 궤도를 돌면서 원반형(圓盤形)을 유지하고 있다. 은하계는 약 2천억 개로 추산되는 항성(恒星)들로 이루어져 있다고 하며, 이 항성들은 그 중심인 핵항성계(核恒星系)와의 수수작용에 의해서 각각 일정한 궤도를 따라 돌면서 전체가 볼록렌즈의 모양을 이루고 있다. 또 우주에는 약 2천억 개의 은하계가 있으며, 각각의 은하계는 역시 우주의 중심과 수수작용을 하면서 일정한 궤도를 따라 돎으로써 우주 전체의 통일을 이루고 있다.

이러한 우주의 질서가 가정에도 적용됨으로, 가정도 본래는 각 구성원의 원만한 수수작용에 의해서 질서가 유지되어야 한다. 그 뿐만 아니라 천체 상호간의 원만하고 조화로운 수수작용이라는 천도(天道)에 의해서 우주의 질서와 평화가 유지되듯이 가정에 있어서도 조화로운 사랑의 수수작용의 법칙에 의해서 가정의 평화가 유지되어야 한다. 이 사랑의 도리가 바로 윤리이며 천도에 대응하는 가정의 규범이라고 볼 수 있다. 그런데 가정윤리가 파탄됨으로써 불화가 일어나게 되는 경우도 있으며, 가정의 연장이자 확대형인 사회에도 혼란이 상존하고 있다.

가정이 질서로 본 우주의 축소체라는 말은 우주의 종적 질서와 횡적 질서를 닮아서 가정에도 축소된 형태로서의 종적 질서와 횡적 질서가 있다는 것을 뜻한다. 가정에서의 종적 질서란 조부모, 부모, 자녀, 손자녀로 이어지는 질서를 말하며, 횡적 질서는 부부간 및 부모중심의 형제자매간의 질서를 말한다. 사랑은 이러한 질서를 통해서 실현된다. 따라서 사랑에는 종적 사랑과 횡적 사랑이 있게 된다. 종적 사랑이란 부모의 자녀에 대한 내리사랑(下向愛)과 자녀의 부모에 대한 올리사랑(上向愛)이며, 횡적 사랑이란 부부간의 사랑, 자녀상호간의 사랑 등이다.

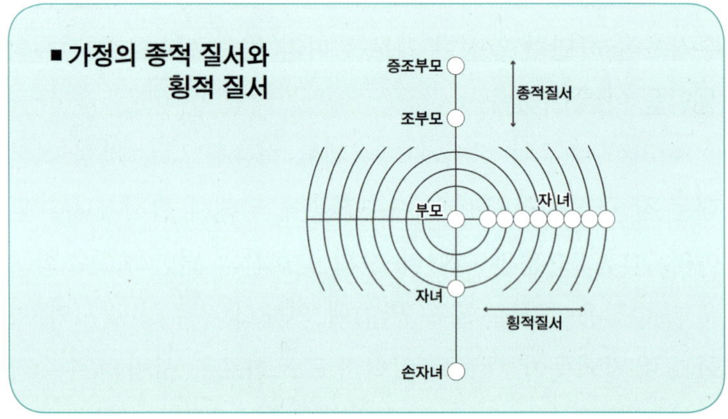

이러한 사랑의 기본형을 토대로 하여 가정윤리가 성립된다. 부모의 자녀에 대한 사랑인 자애(慈愛), 자녀의 부모에 대한 사랑인 효성(孝誠)이 있다. 또한 부부간의 사랑인 화애

(和愛), 자녀 상호간의 사랑인 우애(友愛)가 있다.

3. 가정의 중요성

하나님의 창조이상은 막연한 관념 속에서 이루어지는 것이 아니라 인간이 살고 있는 현실적인 생활의 기점에서 이루어진다. 다시 말하면 가정적인 생활기반을 표준으로 하여 하나님의 이상실현이 계획되었다고 볼 수 있다. 그 이상실현이 완성될 때 그 곳에서 참다운 이상적 자녀가 형성되고, 그 자녀의 형성을 중심삼고 종족이 편성되고, 민족과 국가와 세계가 이루어져서 하나님의 이상세계가 이루어진다. 하나님의 뜻은 바로 이 이상세계를 실현하는 것이며 그 출발점은 어디까지나 개인이 아니고 가정이다.

인간의 가장 기본적인 심성과 인격은 어디에서 형성되는가? 그곳은 바로 가정이다. 가정은 사랑과 인격 그리고 삶의 근본 바탕이 형성되는 곳이다. 인생은 가정 기반 위에서 부모의 사랑에 의하여 태어난 아들딸의 단계로부터 성장하여 부부의 자리, 부모의 자리, 조부모의 자리로 위상을 달리하면서 사랑의 인격체로 완성해 나가게 된다. 따라서 가정은 귀한 인간의 사랑과 생명의 본거지가 된다.

부모의 참사랑, 부부의 참사랑, 자녀의 참사랑, 형제자매의 참사랑을 완성하고 그 심정을 체휼할 수 있는 최소 단위가 참된 가정 곧 이상적 가정이다. 따라서 참가정은 인간의 참사랑과 참행복의 터전이며 참생명과 참혈통이 싹트는 곳이라고 할 수 있다. 참가정은 인간이 창조본연의 참사랑과 참인격을 길러내는 수련소이며, 참사랑의 학교에 비유될 수 있다. 이와 같은 가정은 인류의 소원인 동시에 남성과 여성을 창조한 하나님의 창조목적의 근본이 된다.

부모가 자식을 사랑하는 데에는 희생이 동반된다. 부모는 희생하고 나서 그 대가를 치러 달라고 하는 것이 아니라 잊어버린다. 무엇을 주고 대가를 받겠다고 생각하는 것은 참사랑이 아니다. 주고도 잊어버리는 사람이 참사랑의 중심이 될 수 있다.

인간의 생명은 사랑의 이상을 중심으로 잉태된 것이기 때문에 인간 생명의 본질은 사랑이라고 할 수 있다. 따라서 사랑의 본질로 태어난 생명은 위하여 살아야 하는 것이 천리원칙이다. 그러므로 인간은 참사랑을 위하여 태어난 존재라고 해도 과언이 아닐 것이다. 참사랑은 위하는 삶을 실천하는 것에서 시작된다.

창조본연의 인간은 그 마음이 하나님의 참사랑을 중심하고 하나님과 감응하며, 몸은 자동적으로 마음에 공명한다. 몸과 마음이 싸우지 않는 참된 통일의 기원은 하나님의 참사랑을 그대로 이어받아 체감하는 데에 있는 것이고, 가정이 이런 참사랑을 배울 수 있는 곳이다.

가정에서 참된 부모, 참된 부부, 참된 자녀가 사랑을 이루어 그 누구라도 그 가정을 본받고 싶어 할 정도로 평화롭게 산다면 그 가정은 행복한 가정인 것이다. 가정은 참된 평화의 기점이 된다고 해도 과언이 아니다.

오늘날 세계를 두고 볼 때에 수많은 사람들이 세계는 하나가 되어야 한다고 말한다. 평화의 세계가 오기를 바라고 있는 것이다. 이러한 평화의 세계는 종교가 말하는 지상천국 혹은 이상세계에 해당된다. 모든 인류가 바라는 행복하고 평화로운 세계의 터전은 가정이다. 그렇기 때문에 가정에서부터 평화와 사랑과 행복을 추구할 수 있는 터전을 갖추지 않는 한 아무리 지상천국 혹은 이상세계를 꿈꾸어도 그 세계는 도래할 수 없을 것이다.

서로 위해 주는 가정의 구성원이 없으면 가정의 평화는 상실될 수밖에 없다. 가정의 평화를 형성하지 못하면 민족의 평화, 국가의 평화, 세계의 평화가 없다고 해도 지나치지 않다. 이처럼 가정을 중심한 참된 사랑의 삶은 사회와 국가와 세계를 위해서 확대되고 실천되어 나가야 한다.

4. 행복한 이상적 가정

하나님의 창조이상은 하나님을 중심으로 남성과 여성이 하나님의 사랑권내에서 벗어나려고 해도 벗어날 수 없는 완전 일체의 경지를 이루는 것이다. 하나님과 일체를 이룬다는 것은 남성과 여성이 서로 하나가 되어 이상적인 부부를 이루고 이상적인 자녀를 양육함으로써 하나님을 중심한 가정을 이루는 것이다. 이것이 바로 하나님이 소망하신 창조이상의 가정이라고 볼 수 있다.

일반적으로 가정은 부모와 자녀 그리고 부부의 결합으로 이루어진 하나의 공동체인데 그 중심에 하나님의 참된 사랑이 있어야 한다. 우리가 가정을 그리워하는 것은 그곳에는 서로 위해 주는 사랑이 있기 때문이다. 곧 조부모의 사랑, 부모의 사랑, 형제자매의 사랑, 남편과 아내의 사랑, 자녀의 사랑이 있는 곳이기 때문이다. 이상적 가정은 이 모든 관계와 인연이 서로 위해 주는 사랑으로 맺어져 있고 하나같이 품고 싶은 정다운 곳이다.

이상적 가정
조부모의 사랑, 부모의 사랑, 부부의 사랑, 자녀의 사랑, 형제자매의 사랑을 고루 갖춘 가정을 말한다.

더불어 사는 삶의 전형은 가정이다. 부모와 자식은 사랑과 존경으로, 부부는 상호 신뢰와 사랑을 바탕으로, 형제자매는 서로서로 의지하며 하나가 되어 사는 보금자리가 바로 행복한 이상적 가정이라고 볼 수 있다. 가정 안에서 참사랑을 중심으로 해결하지 못할 일이 없을 것이다. 부모와 자녀, 남편과 아내, 형제자매 간에 서로서로 위해 주는 삶의 모범을 보일 때 용서하지 못할 잘못이 없으며, 범죄를 저지를 수 있는 틈이 없을 것이다.

부모가 자식을 효도하라고 가르쳐 주어서 효자로 만드는 것이 아니다. 스스로 효도하겠다는 마음이 우러나오게 할 수 있어야 한다. 이러한 것이 물론 하루아침에 되는 것은 결코 아니다. 오랜 기간을 두고 부모가 조부모에게 하는 효도의 삶을 자식이 보고 배우면서 따라 올 수 있도록 생활로 자식에게 본을 보여주어야 한다. 부모가 자기만을 위주로 하여 자식을 사랑하면 그것은 부모의 참된 사랑이 아니다. 또한 자식이 자기만을 위주로 하여 부모를 사랑하면 그것도 자녀의 참된 사랑이 아니다. 자기를 희생하더라도 부모를 사랑해야 효자이고, 자기를 희생하더라고 자식을 사랑해야 참된 부모이다. 그리고 이것이 사랑의 법도를 세우는 길이다.

인간은 사랑으로 태어나서 사랑 가운데서 자라다가 그 다음에 다시 다른 차원의 사랑으로 연결된다. 누구나 부모의 사랑을 떠나 이성의 사랑을 찾아간다. 부모의 사랑을 소생적 사랑이라고 할 수 있고, 부부의 사랑을 장성적 사랑이라고 할 수 있다. 부부끼리 아무리 사랑을 하더라도 자녀가 없으면 사랑의 완성을 볼 수 없기 때문에 자녀를 원한다. 이것이 완성적 사랑이다. 그러므로 부모의 사랑, 부부의 사랑, 자녀의 사랑을 거치는 과정이 인생살이의 근본이요, 하나님의 창조적 사랑 이상의 근본 길이다.

인간은 사랑에 대한 책임을 져야 한다. 우선 상대에 대한 사랑의 책임이다. 인간은 본성적으로 배우자인 남편 혹은 아내에 대한 사랑이 나누어지기를 원치 않는다. 부부간의 횡적인 사랑의 관계는 부모와 자식 간의 종적인 사랑의 관계와는 다르다. 곧 나누어지면 그 온전성이 파괴된다. 이는 부부간에 절대적인 사랑의 일체를 이루게 되어 있는 창조원리 때문이다. 사람은 자신의 상대를 절대로 위해야 할 사랑의 책임을 지니고 실천해야 한다.

또한 인간은 자녀에 대한 사랑의 책임을 져야 한다. 자녀에게 행복의 기지는 부모의 사랑이다. 자녀는 참사랑으로 화합하고 일체된 부모를 통해서 생명이 태어나고 그러한 사랑 속에서 양육되기를 바란다. 부모의 자녀에 대한 책임은 양육만이 아니라 참사랑의 생명적인 요소를 제공해 주는 것이다. 참된 자녀의 심정, 형제자매의 심정, 부부의 심정, 부모의 심정은 참된 가정을 통해서 체험할 수 있다.

참사랑은 경험을 통해서 얻고 체휼을 통해서 알게 되어 있다. 참사랑은 말이나 글을 통해서 터득할 수 있는 것이 아니다. 생활을 통해서만 완전히 체득할 수 있다. 어린아이는 행복한 이상적 가정에서 성장하면서 참된 자녀의 심정, 참된 형제자매의 심정, 참된 부부의 심정, 참된 부모의 심정을 단계적으로 생활을 통해 경험하고 체휼함으로써 완성하게 되어 있다.

생각과 지혜 나누기

1. 가화만사성(家和萬事成)이 우리에게 주는 교훈은 무엇입니까?
2. 부모님께 효도하는 삶은 어떻게 실천될 수 있는지 생각해 봅시다.
2. 형제자매간에 우애 있는 삶은 어떻게 실천될 수 있는지 생각해 봅시다.

제8장

사랑과 미, 선과 악, 의와 불의

제8장

사랑과 미, 선과 악, 의와 불의

1. 가치관의 붕괴

테러, 파괴, 납치, 살인, 마약중독, 퇴폐적인 성문화, 부정부패 등 이루 헤아릴 수 없는 비도덕적이며 비윤리적인 일들이 끊임없이 발생하고 있다. 이와 같은 와중에 인격 존엄성의 상실, 생명 존귀성의 상실, 인간 상호간 신뢰성의 상실, 부모 및 교사의 권위상실 등 우리는 혼란과 상실의 시대를 맞이하게 되었다. 이러한 혼란과 상실이 오게 된 원인 가운데 하나는 가치관의 붕괴 때문이다. 곧 진(眞) · 미(美) · 선(善)에 대한 관념이 사라져버린 것이다. 그 중에서도 특히 선에 대한 관념이 사라지면서 윤리 · 도덕관이 급속히 붕괴되기 시작했다. 그러면 이와 같은 가치관의 붕괴 원인은 어디에서 찾을 수 있는가?

첫째, 정치, 경제, 사회, 교육, 예술 등 모든 분야에서 궁극적 원인자인 하나님을 배제하고 종교를 경시해 왔기 때문이다. 전통적 가치관의 대부분은 종교적 기반 위에서 성립된 것인데, 이 기반이 무너지게 됨으로써 가치관은 필연적으로 붕괴될 수밖에 없었다.

둘째, 유물론(唯物論)이나 무신론(無神論) 특히 공산주의 이론의 침투에 의한 가치관의 파괴 때문이다. 공산주의는 인간을 두 계급으로 구분하여 사람과 사람 사이의 대립을 선동하고 불신감을 증대시키면서 철저하게 적개심을 불러일으키곤 하였다. 공산주의는 전통적인 가치관을 봉건적이라든가 체제유지를 위한 도구라고 비판하면서 가치관을 붕괴시키려고 했다.

셋째, 종교 상호간의 대립이나 사상 상호간의 상충 때문이다. 이러한 대립이나 상충이 가치관의 붕괴를 가속화시켰다. 가치관은 종교나 사상의 기반 위에 세워지기 때문에 종교나 사상에 대립과 상충이 있게 되면 사람들은 가치를 상대적인 것으로 보게 된다. 따라서 일정한 가치관을 반드시 따르지 않아도 된다는 사고방식이 팽배하기에 이른 것이다.

넷째, 중세 이후 전해 내려온 전통적인 종교의 덕목들이 과학적인 사고방식을 가진 현대인을 설득하는데 실패했기 때문이다. 전통적인 종교의 가르침 속에는 비과학적인 내용들이 적지 않았으므로 과학에 대하여 절대적인 신뢰를 갖고 있는 현대인들에게 있어서 이러한 종교적 가치관은 수용되기 어려웠다.

전통적 가치관이 붕괴된 원인을 이와 같이 분석할 때, 여기에 필연적으로 새로운 가치관의 정립이 요구된다. 왜냐하면 새로운 가치관을 정립해야 인간의 비도덕적이며 비윤리적인 행위를 해결할 수 있기 때문이다. 그러면 새로운 가치관은 어떤 것이어야 하는가? 그것은 먼저 모든 종교의 근본적인 가르침과 모든 사상의 가치관을 함께 포괄할 수 있어야 할 것이다. 그리고 유물론이나 무신론을 극복할 수 있는 가치관이어야 하며, 과학을 포용하고 지도할 수 있는 가치관이어야 한다. 이러한 가치관이란 궁극적 원인자인 하나님의 참사랑을 중심한 가치관이라고 말할 수 있다.

2. 창조본연의 가치 결정과 가치 기준

가치는 주체인 인간과 대상인 만물의 상대적 관계에 의하여 결정되고 평가되는 것이다. 가치 결정을 좌우하는 요소는 주관적 요인이다. 곧 주체가 가지고 있는 사상, 취미, 개성, 교양, 인생관, 역사관, 세계관 등이 대상에 반영되어서 결정된다. 이와 같이 주관이 대상에 반영됨으로써 가치의 차이가 생기는데 주체의 주관이 대상에 반영되는 작용이 주관작용(主觀作用)이다.

주관작용으로 인하여 가치 결정의 결과는 사람에 따라 다르게 나타난다. 그러나 주체적 조건에 공통성이 많을 때에는 가치 평가에도 일치점이 많아질 수밖에 없다. 따라서 같은 종교나 같은 사상을 가진 사람들 사이에서의 가치 평가의 결과는 거의 일치한다. 예를 들자면, 유교의 덕목인 부모님께 효도하는 것은 유교사회에서는 언제나 일치되게 평가되는 보편적인 선이다. 이것은 종교나 사상을 같이 하는 사회에서 가치관의 통일이 가능함을 시사한다.

따라서 가치의 상대적 기준으로 인류의 가치관의 보편성을 추구할 수 없다. 가치관의 차이에 의한 대립이나 투쟁을 무마시킬 수 없기 때문이다. 따라서 전 인류의 진정한 평화가 정착되기 위해서는 종교적인 차이, 문화적인 차이, 사상적인 차이, 민족적인 차이 등을 극복할 수 있는 평가 기준, 곧 전 인류에 공통되는 가치 평가의 기준이 세워질 필요성이 있는 것이다.

이와 같은 가치 평가의 기준은 절대적 기준이라고 이해할 수 있다. 그러면 이와 같은 절대적 기준은 어떻게 해서 세워질 수 있을 것인가? 그것을 위해서는 모든 종교, 모든 문화, 모든 사상, 모든 민족 등을 있게 한 근원자가 하나임을 밝히고 그 근원자로부터 유래된 여러 공통성들을 발견하면 가능할 수 있다.

우리는 일반적으로 어떤 대상이 지니고 있는 가치는 그 대상이 존재하는 목적과 그것을 대하는 인간 주체의 욕구의 상대적 관계에 의하여 결정된다고 생각하였다. 창조본연의 가치는 어떻게 결정되는 것인가? 어떤 개성체의 창조본연의 가치는 그 자체 내에 절대적인 것으로 내재하고 있는 것이 아니라, 그 개성체가 하나님의 창조이상을 중심하고 어떠한 대상으로 존재하는 목적과 그것을 대하는 인간 주체의 창조본연의 가치 추구욕이 상대적 관계를 맺음으로써 결정된다고 볼 수 있다.

창조본연의 가치 기준은 어디에 있는가? 그것은 어떤 대상과 인간 주체가 하나님을 중심하고 창조본연의 사위기대를 이룰 때 결정되는데, 이 사위기대의 중심이 하나님이므로 이 가치의 기준도 절대자 하나님인 것이다. 그러므로 하나님을 기준으로 하여 그에 상대적으로 결정되는 어떤 대상의 창조본연의 가치도 절대적인 것이 아닐 수 없다.

그렇다면 하나의 예를 들어보자. 꽃의 미는 어떻게 결정되는가? 그것은 하나님이 그 꽃을 창조하신 목적과 그 꽃의 미를 찾는 인간의 미에 대한 창조본연의 가치 추구욕이 합치될 때 결정된다. 다시 말하면 하나님의 창조이상에 입각한 인간의 미에 대한 추구욕이 그 꽃으로부터 오는 정적인 자극으로 인하여 충당되어 인간이 완전한 기쁨을 느낄 때 그 창조본연의 미가 결정된다고 볼 수 있다. 이와 같이 창조목적을 중심하고 그 꽃으로부터 느끼는 기쁨이 완전할 때 그 꽃의 미는 절대적이다. 여기에 그 미의 추구욕이란 인간 자신이 그의 대상을 통하여 아름다움을 느끼려 하는 욕망을 말한다. 그리고 그 꽃의 창조목적과 그 꽃을 대하는 인간의 가치 추구욕이 합치되는 순간 그 대상과 주체는 혼연일체의 상태를 이루게 된다.

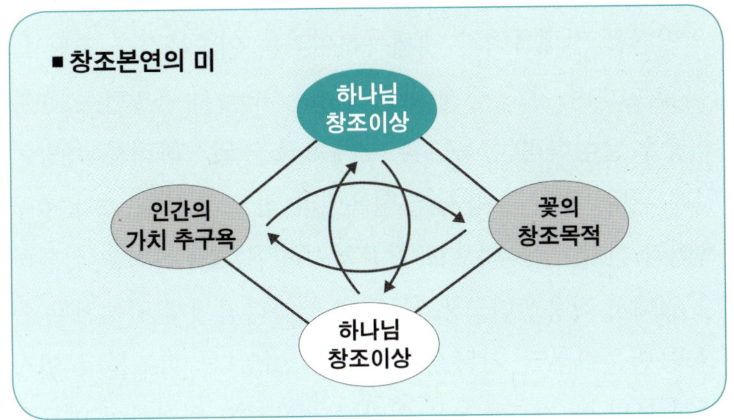

그러므로 어떠한 존재가 창조본연의 가치를 가지기 위해서는 하나님을 중심하고 그와 그를 대하는 인간 주체가 혼연일체의 상태를 이루어야 한다. 그러면 절대적인 가치의 기준인 하나님과 상대적으로 결정된 만물의 창조본연의 가치도 절대적인 것이 될 수 있다. 지금까지 어떤 대상의 가치가 절대적인 것이 되지 못하고 상대적이었던 것은 그 대상과 그것을 대하는 타락인간과의 사이에 이루어지는 수수관계가 하나님의 창조이상을 중심한 것이 아니었기 때문이다.

3. 창조본연의 지 · 정 · 의와 창조본연의 진 · 미 · 선

연체(聯體)
개체들이 서로 연관되어 있음

인간은 전체목적과 개체목적이라는 이중목적을 지닌 연체(聯體)로서 상호 관계적 존재이다. 따라서 욕망에는 전체목적을 달성하려는 욕망과 개체목적을 달성하려는 욕망이 있게 된다. 전자를 가치 실현욕이라 하고 후자를 가치 추구욕이라 한다. 궁극적으로 인간의 욕망은 창조목적을 실현하기 위해서 작용한다. 창조목적이란 하나님에게 있어서는 인간과 만물로부터 기쁨을 얻고자 함이었다. 피조물의 입장에서 보면 이 창조목적은 인간이 생육하고 번성하여 만물을 주관하라는 3대 축복을 성취함으로써 달성된다. 따라서 인간의 창조목적이란 곧 3대 축복의 완성인 개성완성, 가정완성, 주관성완성을 뜻한다. 그런데 하나님이 인간을 창조하실 때 인간에게 목적만을 주고 욕망을 주시지 않았다면, 인간은 창조목적이 있다는 것을 알고 있을 뿐 실천의 당위성을 느낄 수 없었을 것이다. 그러므로 하나님은 인간에게 그 목적을 실현할 수 있도록 욕망을 지니게 하셨다.

인간의 욕망이 작용하는 마음은 그 작용에 있어서 지 · 정 · 의의 3기능을 발휘한다. 그리고 인간의 육신은 그 마음의 명령에 감응되어 행동한다. 이것을 보면 육신은 마음 곧 지 · 정 · 의의 감응체로서, 그의 행동은 진 · 미 · 선의 가치를 추구하는 것으로 나타나게 된다. 또 하나님은 어디까지나 인간의 마음의 주체이기 때문에 지 · 정 · 의의 주체이기

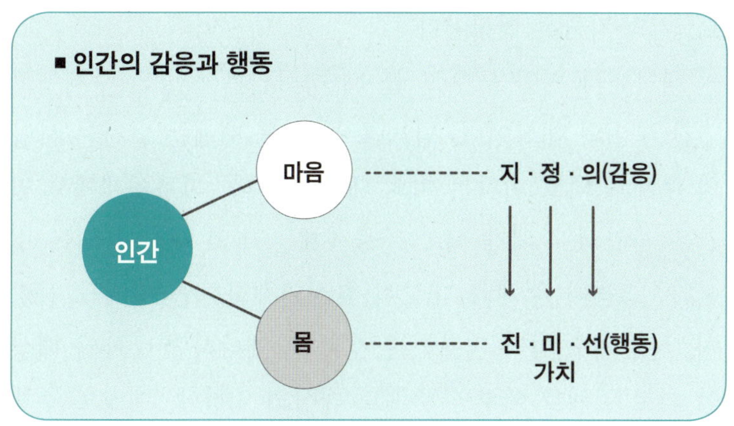

도 하다. 따라서 인간은 창조본연의 가치 실현욕에 의해 마음으로 하나님의 그 본연의 지 · 정 · 의에 감응하고, 몸으로 이것을 행동함으로써 비로소 그 행동은 창조본연의 진 · 미 · 선의 가치를 나타내게 된다고 볼 수 있다.

4. 사랑과 미, 선과 악, 의와 불의

1) 사랑과 미

하나님을 중심으로 주체와 대상이 상대기준을 조성하여 수수작용을 함으로써 사위기대를 이루려 할 때, 그들이 하나님의 제3대상으로 합성일체화하기 위하여 주체가 대상에게 주는 정적인 힘을 사랑이라 하고, 대상이 주체에게 돌리는 정적인 힘을 미라고 한다. 그러므로 사랑의 힘은 동적이요, 미의 자극은 정적이다.

하나님과 인간을 두고 볼 때 하나님은 사랑의 주체이고 인간은 미의 대상이며, 남녀를 놓고 볼 때에는 남자는 사랑의 주체가 되고 여자는 미의 대상이 된다. 피조세계에서 인간은 사랑의 주체가 되고 만물세계는 미의 대상이 되는 것이다. 그러나 주체와 대상이 합성일체화하면 미에도 사랑이, 사랑에도 미가 내포되는 것이다. 왜냐하면 주체와 대상이 서로 일체를 이루면 주체도 대상의 입장에, 대상도 주체의 입장에 설 수 있기 때문이다. 대인관계에 있어서 윗사람의 사랑에 대하여 아랫사람이 돌리는 미를 충(忠)이라 하고, 부모의 사랑에 대하여 자녀가 돌리는 미를 효(孝)라고 하며, 남편의 사랑에 대하여 아내가 돌리는 미를 열(烈)이라고 한다. 사랑과 미의 목적은 하나님의 창조목적을 이루려는 데 있다.

하나님을 중심하고 그의 양성과 음성의 실체대상으로 완성된 아담과 해와가 일체를 이루어 자녀를 번식함으로써 부모의 사랑(제1대상의 사랑), 부부의 사랑(제2대상의 사랑), 자녀의 사랑(제3대상의 사랑) 등 창조본연의 사랑을 체휼함으로써 인간 창조의 목적을 완성하게 되는 것이다. 이러한 부모의 사랑, 부부의 사랑, 자녀의 사랑에 있어서 그 주체적인 사랑이 바로 하나님의 사랑이다.

하나님의 사랑은 진 · 미 · 선의 가치의 기반이 된다. 주체가 대상을 사랑하면 할수록, 또 대상이 주체를 사랑하면 할수록, 그 주체에 있어서 그 대상은 한층 참되고 아름답게 보인다. 예를 들면, 부모가 자식을 사랑할수록 또 자식이 부모를 사랑할수록 부모에 있어서 자식은 아름답게 보인다. 그리고 자식이 아름답게 보이면 부모는 자식을 더 사랑하고 싶어 진다. 이와 같이 사랑은 가치의 원천이며 기반이 된다. 사랑이 없으면 참된 가치는 나타나지 않기 때문이다. 따라서 우리들이 하나님의 심정을 체휼하고 사랑의 생활을 하게 되면 오늘날까지 경험한 것보다 훨씬 더 빛나는 가치를 체험하거나 실현할 수가 있게 된다.

2) 선과 악

주체와 대상이 사랑과 미를 잘 주고 잘 받아 하나님의 제3대상이 되어 사위기대를 조성함으로써 하나님의 창조목적을 성취하는 행위나 그 행위의 결과를 선이라 하고, 사탄을 중심하고 사위기대를 조성함으로써 하나님의 창조목적에

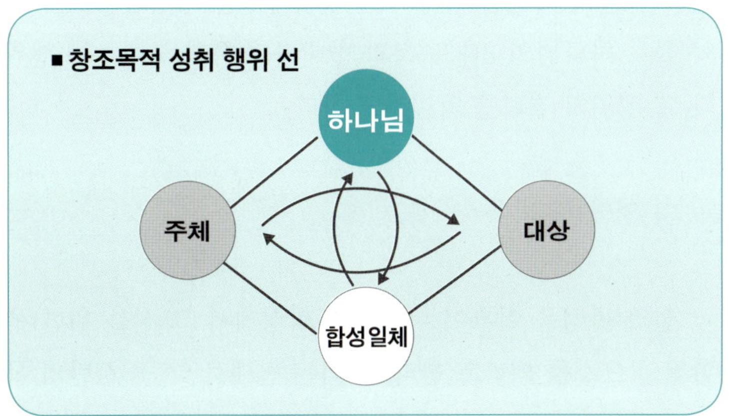

배치되는 행위나 그 행위의 결과를 악이라고 한다.

예를 들면, 하나님을 중심하고 마음과 몸이 주체와 대상의 입장에서 사랑과 미를 잘 주고 잘 받아 합성일체화하여 개인적인 사위기대를 조성함으로써 창조목적을 완성한 개성체가 되어 하나님의 제1축복을 완성하게 될 때, 그 개성체나 그러한 개성체를 이루기 위한 행위를 선이라고 한다.

그리고 하나님을 중심하고 아담과 해와가 주체와 대상의 입장에서 사랑과 미를 잘 주고 잘 받아 부부를 이루고 자녀를 번식하여 가정적인 사위기대를 조성함으로써 창조목적을 완성한 가정을 이루어 하나님의 제2축복을 완성하게 될 때, 그 가정이나 그러한 가정을 이루기 위한 행위를 선이라고 한다. 또한 개성을 완성한 인간이 어떠한 사물을 제2의 자아로서 그 대상의 입장에 세워 놓고 그것과 합성일체화하여 하나님의 제3대상을 이루어 주관적인 사위기대를 조성함으로써 하나님의 제3축복을 완성하게 될 때, 그 사물이나 또는 그 사물을 이루기 위한 행위를 선이라고 한다. 그러나 이와는 달리 사탄을 중심하고 사위기대를 조성함으로써 위와 같은 하나님의 3대 축복과 반대되는 목적을 이루는 행위나 그 행위의 결과를 악이라고 한다.

3) 의와 불의

선의 목적을 이루어 나아가는 과정에서 그 선을 위한 생활적인 요소를 의라고 한다. 이와는 반대로 악 곧 사탄의 목적을 이루어 나아가는 과정에서 그 악을 위한 생활적인 요소를 불의라고 한다. 그러므로 선의 목적을 이루기 위해서는 필연적으로 의의 생활을 요청받게 되는 것이며 의가 선의 목적을 추구하게 되는 것이다.

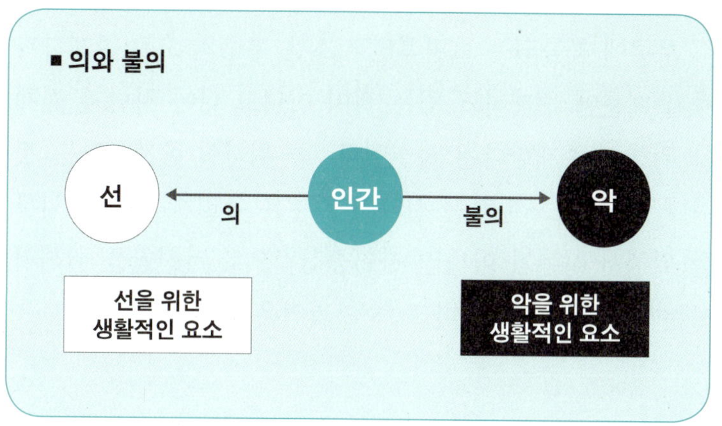

모든 종교, 모든 문화, 모든 사상, 모든 민족 등을 있게 한 근원자가 하나임을 밝히고 그 근원자로부터 유래된 여러 공통성들을 찾아 가치 평가의 절대적 기준으로 설정한다면 그것을 우리는 하나님의 참사랑과 하나님의 참진리라고 말할 수 있을 것이다. 하나님은 사랑을 통해서 기쁨을 얻기 위해 인간을 창조하셨다. 이러한 하나님의 사랑은 기독교의 아가페, 불교의 자비, 유교의 인, 이슬람교의 자애 등으로 표현되고 있다. 이러한 모든 종교의 사랑은 표현이 다를 뿐이지 그 궁극적인 가치는 공통성을 지닌다고 볼 수 있다.

하나님의 사랑은 인간의 가정생활을 통하여 부모의 사랑, 부부의 사랑, 자녀의 사랑, 형제자매의 사랑 등으로 나타난다. 기독교의 이웃사랑의 실천, 불교의 자비의 실천, 유교의 인의 실천, 이슬람교의 자애의 실천 등은 가정에서 나타난 하나님의 사랑이 사회적으로 확장되어 실천된 것과 무관치 않다.

우주에 공통되는 보편적인 사실은 우주의 모든 존재자가 자기 때문에 존재하고 있는 것이 아니고 다른 사람과 전체를 위해서 존재한다는 사실이다. 곧 위하여 존재한다는 것이다. 따라서 보편적인 선악의 기준은 우리가 타인과 인류를 위해서 사는가 아니면 자기중심적으로 자신만을 위해서 사는가에 따라 좌우된다고 해도 과언은 아닐 것이다.

생각과 지혜 나누기

1. 가치관의 붕괴로 초래되는 문제의 사례에는 어떤 것이 있는지 생각해 봅시다.
2. 역사 속에서 기억되는 위인들의 공통점은 무엇인지 생각해 봅시다.
3. 우리 주변에서 의와 불의의 사례는 어떤 것이 있는지 생각해 봅시다.

제9장
두 세계에 사는 인간

1. 무형실체세계와 유형실체세계

인간은 마음이란 내성(內性)과 몸이란 외형(外形)으로 되어 있다. 마음은 무형(無形)이기 때문에 눈에 보이지 않는다. 그러나 그 누구도 마음이 보이지 않는다는 이유로 마음의 실존을 부정하지는 않는다. 왜냐하면 마음이 무형으로 존재하여 비록 보이지는 않지만 분명하게 작용하고 있는 것을 우리는 인식할 수 있기 때문이다. 이처럼 인간이 크게 무형의 마음과 유형의 몸으로 구성되어 있듯이 이러한 인간을 기본형으로 하여 창조된 피조세계도 마음과 같은 무형 차원의 세계와 몸과 같은 유형 차원의 세계가 있다. 마음처럼 현재 보이지는 않지만 인간이 육신의 죽음 이후 영원히 살아가게 될 세계를 무형실체세계(無形實體世界)라고 일컫는다.

이 무형실체세계는 사후세계(死後世界)를 일컫는 개념이다. 우리의 생리적인 육신의 오관(五官)으로는 그 세계를 감지할 수는 없지만 인간의 영적인 오관에 의하여 감각할 수 있는 세계이다. 영적 체험을 경험한 사람들에 의하면 이 세계는 유형실체세계(有形實體世界)와 똑같이 실감할 수 있는 실재의 세계이다. 영적 체험을 경험한 사람들을 통해서 우리에게는 무형실체세계의 존재를 인식할 수 있는 영적인 오관이 있다는 것을 알 수 있다.

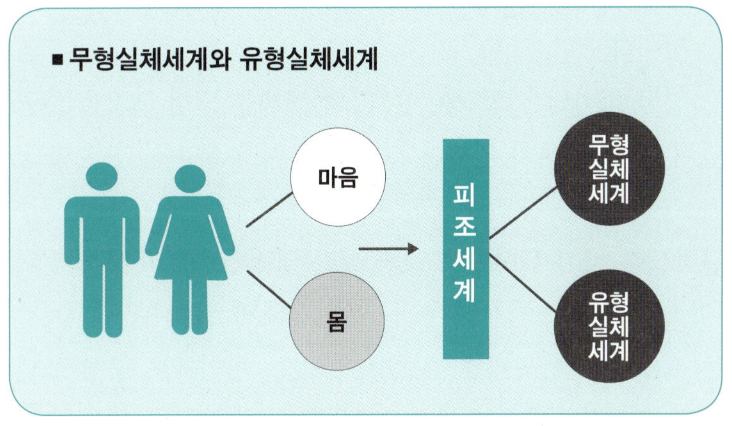

유형실체세계는 인간의 몸을 기본형으로 하여 창조된 세계로서 인간의 육신의 오관으로 인식하고 경험하며 살아가

고 있는 이 지상의 현실세계를 일컫는다. 바로 오늘 우리가 살아가고 있는 삶의 터전과 환경들을 의미한다. 우리는 무형실체세계에 비하여 유형실체세계를 분명하게 감각하고 있기 때문에 유형실체세계의 존재를 부정하는 사람은 없다. 유형실체세계는 인간이 육신을 갖고 살아가면서 경험하는 우주를 내포한다.

천주(天宙)
유형무형의 두실체 세계를 포함한 것을 말한다.

위에서 언급한 유형과 무형의 두 실체세계를 합하여 천주(天宙)라고 일컫는다. 우리 인간은 유형실체세계에서의 삶을 마감하는 육신의 죽음에 이르게 되면 그 후 인간의 마음처럼 보이지는 않지만 실존하는 무형실체세계인 영적인 세계 곧 영계(靈界)에서 영원한 삶을 살아가게 된다. 따라서 인간은 유형실체세계와 무형실체세계를 살아가도록 되어 있기 때문에 육신의 죽음은 궁극적으로 인생의 끝이 아닌 것이다.

영인체(靈人體)
영적으로 실존하는 자신의 인격적 실체

결국 하나님은 인간이 유형실체세계를 느껴 그것을 주관할 수 있도록 하기 위하여 그것과 같은 요소인 물과 흙과 공기로써 육신을 창조하시고, 무형실체세계를 느껴 그것을 주관하도록 하기 위하여 그것과 같은 영적인 요소로써 영인체(靈人體)를 창조하시었다. 곧 유형실체세계를 주관할 수 있는 육신과 무형세계를 주관할 수 있는 영인체로 구성된 인간은 유형실체세계와 무형실체세계를 매개할 수 있는 요소를 지니며, 이 두 실체세계를 주관하며 살아가는 존재로서 천주적인 삶을 살도록 되어 있다. 마음과 몸이 불가분의 관계인 것처럼 유형실체세계와 무형실체세계는 상호 밀접하게 연관되어 있다.

무형실체세계 곧 영계는 망상의 세계도 아니며 상상의 세계도 아니다. 무형실체세계는 인간의 선택권 밖에 있다. 인간이 좋다고 해서 가고, 싫다고 해서 가지 않아도 되는 그런 세계가 아니다. 하나님이 영원하신 분인 것처럼 그가 창조하신 영계도 영원하다. 우리가 육신을 쓰고 유형실체세계의 모든 현상과 관계를 맺어 가며 사는 것과 마찬가지로 무형실체세계인 영계에서도 인간은 영인체를 갖고 영계의 모든 현상과 밀접한 관계를 유지하며 살아가야 하는 숙명적 존재이다.

따라서 인간은 지상세계에서 한 백년쯤 살다가 육신의 기능이 다하면 자연스럽게 자동적으로 무형실체세계인 사후세계 곧 영계로 가게 되어 있다. 영계는 하나님께서 창조해 주신 인간의 영원한 본향으로 인간은 그 곳에서 영원한 삶을 살게 된다.

2. 육신과 영인체의 구성

육신(肉身)은 육심(肉心)과 육체(肉體)로 구성되어 있다. 육심은 육체로 하여금 육체의 생존과 번식과 보호 등을 위한 생리적인 기능을 유지할 수 있도록 이끌어 주는 작용부분을 말한다. 곧 육신의 몸인 육체를 유지하고 보호할 수 있도록 작용하는 육신의 마음에 해당하는 것이 육심이다. 동물에게도 작용하는 본능이 있는데 이러한 작용을 일으키는 부분이 육심에 해당한다고 보면 된다. 이러한 육신이 원만히 성장하려면 무형의 공기와 햇빛을 흡수하고 음식과 같은 유형의 물질을 만물로부터 섭취함으로써 이것들이 혈액을 중심으로 원활히 순환하는 과정을 거쳐 힘을 발생케 하는 수수작용을 하여야 한다. 육신은 동맥과 정맥, 들숨과 날숨, 교감신경과 부교감신경 등의 수수작용을 통하여 육신의 생명을 유지할 수 있다.

영인체는 영적으로 실존하는 자신의 인격적 실체라고 볼 수 있다. 영적 체험자들이 경험한 무형실체세계 곧 영계, 사후세계는 바로 그들의 영인체가 경험한 세계라고 보는 것이다. 영인체는 그의 육신과 동일한 모습으로 되어 있으며, 육신의 죽음을 맞이하게 되면 무형실체세계인 영적 세계에서 영원히 생존한다. 인간이 죽음의 한계를 극복하고 영원한 삶을 꿈꾸는 것은 이와 같은 영존성(永存性)을 지니고 있는 영인체가 육신과 함께 공존하고 있기 때문이다.

육신이 마음에 해당하는 육심과 몸에 해당하는 육체로 구성되어 있듯이 영인체도 영인체의 마음에 해당하는 생심(生心)과 영인체의 몸에 해당하는 영체(靈體)로 구성되어 있다. 영인체의 마음에 해당하는 생심에 대한 이해를 위해 예를 하나 든다면, 양심의 작용을 통하여 생심의 실존을 감지할 수 있다는 것이다. 우리가 생심을 좀 더 바람직한 인간이 될 수 있도록 작용하고 있는 인간의 선한 마음의 부분이라고 이해하면 동물적 본능인 육심과의 차이를 이해할 수 있다. 이러한 생심은 인간을 창조한 진리의 근원이자 참사랑의 원천인 하나님과 소통할 수 있는 영인체의 중심부분에 해당된다.

3. 육신과 영인체의 관계

육신과 영인체는 서로 영향을 주고받는 수수작용을 하면서 우리가 유형실체세계에서 살아가는 동안 밀접한 관계를 맺고 있다. 육신은 자신의 영인체가 성장해가는 터전이 된다. 곧 영인체는 육신의 생활을 터로 하여서만 성숙해진다. 영인체는 하나님에게 근원을 두고 있는 진리와 참사랑을 뜻하는 요소인 생소(生素)와 육신으로부터 오는 생력요소(生力要素)가 수수작용함으로써 성숙해진다. 영인체가 육신으로부터 생력요소를 받는 반면 영인체가 육신에게 돌려보내는 요소가 있는데 이를 생령요소(生靈要素)라고 일컫는다.

육신과 영인체가 생력요소와 생령요소를 서로 주고받으며 상대적 관계를 맺고 있다는 구체적인 사례를 들어 보자. 우리가 육신의 선한 생활을 하게 되면 이는 생력요소가 되어 영인체에 전달되고, 영인체는 생령요소를 통하여 반응하게 됨으로써 기쁨과 보람 등을 느낄 수 있는 것이다. 이와는 반대로 우리가 육신의 악한 생활을 하게 되면 이는 생력요소가 되어 영인체에 전달되고, 영인체는 생령요소를 통하여 반응하게 됨으로써 양심의 가책을 느끼고 불안과 공포심을 느끼게 된다. 만약 영인체가 육신의 생활을 하는 동안 영인체의 성숙에 영향을 주는 중요한 요소인 진리와 참사랑으로 성숙하지 못하게 되면 악한 행동을 하고도 인간의 선한 본심의 마음에서 기인하고 있는 양심의 가책을 느끼지 못하게 된다고 볼 수 있다. 따라서 육심에 사로잡힌 육신의 쾌락만을 추구하는 삶은 결국 참다운 인간의 생심이 온전하게 작용하지 못하는 결과를 초래할 수 있다.

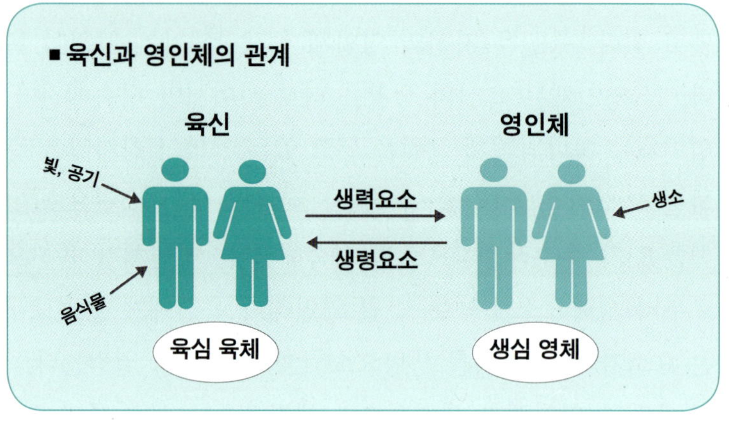

육신이 없으면 영인체는 성숙이 불가능하다. 영인체는 육신을 터로 하여서만 성숙해지기 때문이다. 따라서 육신과 영인체의 관계는 마치 나무와 그 열매와의 관계로 비유될 수 있다. 나무를 통해서 열매가 맺듯이 열매 자체가 나무를 떠나서는 그 결실을 맺을 수 없는 것과 같다. 생심의 요구대로 육심이 호응하여 생심이 지향하는 선의 목적에 따라 육신이 움직이게 되면 육신은 영인체로부터 생령요소를 받아 선화(善化)된다. 한편 육신은 좋은 생력요소를 영인체에 다시 돌려주어서 영인체는 선한 영인체로 성숙해지는 것이다. 따라서 육신이 선행을 하면 영인체도 선한 영인체가 되고, 육신이 악행을 하면 영인체는 악한 영인체가 되어 온전한 영인체로 성숙해질 수 없게 된다.

육신이 소생기(蘇生期)-장성기(長成期)-완성기(完成期)의 성장 과정을 거쳐서 어린이, 청소년, 성인으로 성숙해지는 단계를 거치는 동안에 영인체는 육신을 터로 하여 소생기에 해당되는 영형체(靈形體), 장성기에 해당되는 생명체(生命體), 완성기에 해당되는 생령체(生靈體)의 모습으로 성숙하게 된다. 영인체가 온전하게 생령체로 성숙해지는 것은 하나님의 신성을 닮은 거룩한 자녀의 모습으로 완성해 가는 것이라고 볼 수 있다.

하나님을 중심하고 육신과 영인체가 완전한 수수작용을 하여 합성일체화함으로써 그 영인체는 생령체가 되며, 이러한 영인체는 무형실체세계의 모든 사실들을 그대로 느낄 수 있게 된다. 영인체가 생령체를 이룬 인간들이 지상천국을 이루고 살다가 육신을 벗고 영계에 가서 사는 곳이 천상천국이다.

인간의 영인체와 육신의 관계를 놓고 볼 때 지상에서 육신을 지니고 살아가는 것은 영인체를 성숙시켜나가며 영생을 준비하는 기간이 된다. 육신은 한 백년쯤 살게 된다고 하지만 영인체는 시간과 공간권을 초월하여 영원히 살아가게 된다. 제아무리 지상에서 호의호식하며 잘사는 사람이라도 결국은 누구나 육신의 죽음을 피할 수 없다. 따라서 우리에게는 생심과 육심을 잘 조화시켜 인격적으로 완성한 인간의 삶을 이루어 살다가 영계에 가야 한다. 다시 말하자면 우리는 지상의 삶에서 육신을 터로 하여 영인체를 성숙시켜야 하는 책임이 있다고 볼 수 있다. 이러한 영인체의 완성은 자동적으로 오는 것이 결코 아니다. 반드시 참사랑의 실천을 통해서 몸과 마음이 완전 일체가 된 삶의 터 위에서라야 완숙한 영인체의 모습이 된다.

진리는 영인체의 생심이 요구하는 것이 무엇인지를 가르쳐주는 것이라고 볼 수 있다. 그러므로 우리는 진리를 깨달음으로써 육신과 영인체가 서로 선의 목적을 위한 수수작용을 하여 영인체가 선하게 성숙해지도록 추구하는 노력이 필요하다. 한편 육신을 터로 한 유형실체세계의 생활은 육신의 죽음 이후 무형실체세계에서 영원히 살아갈 영인체의 모습을 결정짓는 것이기 때문에 육신 또한 지극히 소중하다는 것을 간과해서는 안 될 것이다.

4. 3단계의 삶

인간의 육신은 세월이 지나면서 노쇠하여 죽음에 이르는 것은 그야말로 자연스러운 이치에 해당된다. 우리가 지상에 탄생할 때 어머니의 태(胎) 안에서 10개월간 성장을 한 뒤에 태를 벗어나지 못하면 영원히 이 유형실체세계를 경험할 수 없게 된다. 인간은 때가 되면 누구나 어머니 태내에서의 복중생활을 마치고 지상에서의 생을 시작하게 된다. 곧 복중의 수중생활 한평생이 끝나고 지상생활 한평생이 전개된다. 복중생활 10개월이 지상생활 100년으로 변화하고 발전하는 것이다. 이러한 지상에서의 각양각색의 변화무쌍한 삶을 살아가면서 마지막 단계인 영계 곧 사후세계를 준비하는 삶을 살게 된다. 육신을 기반으로 하여 성숙해진 영인체는 노쇠해진 육신을 벗은 후에야 비로소 무형실체세계인 영계에서의 영원한 삶을 출발할 수 있기 때문에 육신의 죽음은 불가피하다. 따라서 노쇠한 육신의 죽음은 하나님의 창조에 의한 법칙이기 때문에 결코 슬픈 것이 아니다. 인간은 이처럼 복중생활 10개월, 지상생활 약 100년, 영계에서의 영원한 영생생활이라는 3단계의 삶을 살게 되어 있다.

3단계의 삶
1단계는 모태 복중이며, 2단계는 지상세계(유형실체세계), 3단계는 사후세계(무형실체세계)의 삶이다.

따라서 육신의 죽음은 영인체의 새로운 세계로의 비약이며 인간에게 있어서는 또 하나의 탄생의 순간으로 비유된다. 유형실체세계에서 하나님의 거룩한 자녀로서의 삶을 실천함으로써 영인체가 온전한 성숙의 결실을 이루게 된다. 차원에서 육신의 죽음을 성화(聖和)라고 일컫는다. 육신의 죽음이 성화라고 표현되는 것은 우리로 하여금 앞으로 어떠한 마음가짐이나 태도로 살아가야 하는지에 대한 신선한 자극을 불러일으킨다.

과일 나무가 가을이 되어 잘 익은 과실을 맺기 위해서는 봄과 여름이라는 과정을 거치면서 자연계가 제공해 주는 영양소와 주인의 자상한 보살핌이 절대로 필요하다. 성실하지 못한 게으른 과수원의 주인이 자신의 과일나무를 잘 돌보지 않으면 그 나무를 통하여 열매 맺게 되는 과일들은 각종 질병과 악천후에 시달려 익지도 못한 채 낙과하거나 환영받지 못하는 상품성을 잃은 과일로 분류되고 말 것이다. 반면 나무 위에서 완숙된 과일은 자동적으로 주인의 창고에 들어간다.

그렇다면 나무와 열매로 비유되고 있는 육신과 영인체의 관계 인식을 통하여 영원한 삶을 살게 될 우리에게 남는 과제가 무엇인지 숙고해 볼 필요가 있다. 과수원의 주인인 우리는 나무되는 자신의 육신의 생활을 성실하게 잘 관리함으로써 알찬 열매를 맺는 것처럼 자신의 영인체가 환영받는 성숙한 모습이 되도록 지금 이 순간을 놓치지 말고 자신의 삶을 들여다보아야 할 때다.

지상에 사는 동안 우리의 일거수일투족은 하나도 빠짐없이 우리의 영인체에 기록된다고 볼 수 있다. 따라서 영계에 들어가는 우리는 지상에서의 삶을 백 퍼센트 수록한 영인체의 모습이라고 할 수 있다. 잘 익은 선한 삶이었는지 벌레먹고 썩은 악한 삶이었는지는 우리의 영인체에 적나라하게 나타난다는 것이다. 영계에서 하나님이 심판관이기 보다는 인간 스스로가 자신의 심판관이 된다고 볼 수 있다. 자신이 어떠한 삶을 살아왔는지는 바로 자신이 아주 잘 알고 있기 때문이다. 이러한 하늘의 이치를 안다면 인간은 감히 지상의 삶을 온갖 사악한 유혹에 빠져 이기적이고 쾌락만을 좇는 패덕의 삶으로 끝낼 수 없을 것이다. 자신의 영인체에 상처를 입히고 흠집을 내는 일은 삼가도록 해야 할 것이다. 지상에서 사는 동안 자신의 생각과 언행이 얼마나 중요한 것인지를 확실히 인식할 필요가 있다.

죽음을 체험한 사람들에 의하면 자신이 지상에서 살아온 삶이 한 순간에 적나라하게 파노라마처럼 펼쳐진다고 한다. 이러한 그들의 경험은 영인체에 육신의 삶이 반영되도록 상호 간에 수수작용을 통한 상대적인 관계를 맺고 있었기 때문에 가능하다고 볼 수 있다. 죽음을 체험한 사람들이 무형실체세계를 경험한 후 선하고 도덕적으로 변화된 삶을 추구하게 된 것은 자신의 부끄러운 모습을 견딜 수가 없었기 때문이다.

육신의 죽음 이후 새로운 삶을 맞이하게 될 인간의 영인체는 육신의 삶을 통해 진리와 참사랑으로 선하게 성숙하여야만 올곧게 무형실체세계에서 생활할 수 있을 것이다. 이러한 삶은 그 어느 누가 대신해 줄 수 있는 것이 아니다. 지금 여기에 있는 자기 자신 스스로의 선택과 결단에 의하여 완성해 나가야 할 몫이다. 이와 같은 선택과 결단 그리고 그 결과는 오롯이 자신의 책임이다.

선을 지향하는 양심은 우리의 모든 언행은 물론 생각까지도 감지하여 알고 있다. 스승보다 먼저 알고 부모보다 먼저 알며 하나님보다도 먼저 아는 것이다. 따라서 영원한 스승인 양심의 명령에 절대복종하며 살아갈 필요가 있다. 우리가 진정 인간의 이러한 천주적 가치를 깨닫게 된다면 우리에게 주어진 오늘의 삶을 어떻게 살아가야 할 것인지가 명확해질 것이다.

생각과 지혜 나누기

1. 자신의 삶에서 후회되는 것이 있나요? 만약 그렇다면 앞으로는 후회되지 않도록 자신이 어떻게 살아가야 할까요?
2. 육신의 죽음을 맞이하기 전에 꼭 해야 할 일이나 하고 싶은 일에 대한 자신의 버킷 리스트(Bucket List) 3가지를 작성해 봅시다.
3. 죽음을 체험한 사람들의 사례를 통해서 얻을 수 있는 교훈은 무엇입니까?

제10장

인류 최초의 부부 이야기

제10장

인류 최초의 부부 이야기

1. 인류 죄악의 근원

인간은 악을 버리고 선을 따르려는 본심(本心)의 지향성을 가지고 있으나 자기도 모르게 본심이 원하는 선을 버리고 원치 않는 악을 자행하기도 한다. 이러한 인류의 죄악의 역사는 연면히 계속되고 있다. 따라서 인간은 죄의 뿌리를 이해하고 이를 없애 버림으로써 인류가 그 동안 자행해 온 죄악의 역사를 근원적으로 청산하고 선을 지향하는 인류의 역사를 이루기 위한 노력이 필요하다.

이제까지 인간의 문화 속에 깊이 그 뿌리를 박고 인간을 죄악의 길로 몰아내고 있는 죄의 근원은 과연 무엇인가? 성서를 기반으로 하여 신앙을 하고 있는 이들은 인간 조상 아담과 해와가 선악과(善惡果)를 따먹은 것이 죄의 뿌리 곧 죄의 근원이 된 것이라고 믿어 왔다. 그렇다면 성서에 나타난 선악과는 도대체 무엇을 뜻하는가? 선악과는 문자 그대로 나무의 과실이라고 믿고 있는 신앙인들도 있으나, 그 어떠한 것에 대한 상징이나 비유일 것이라고 믿고 있는 신앙인들도 있다. 그렇기 때문에 이들은 서로 의견을 달리하여 선악과에 대한 다양한 해석을 하고 있다.

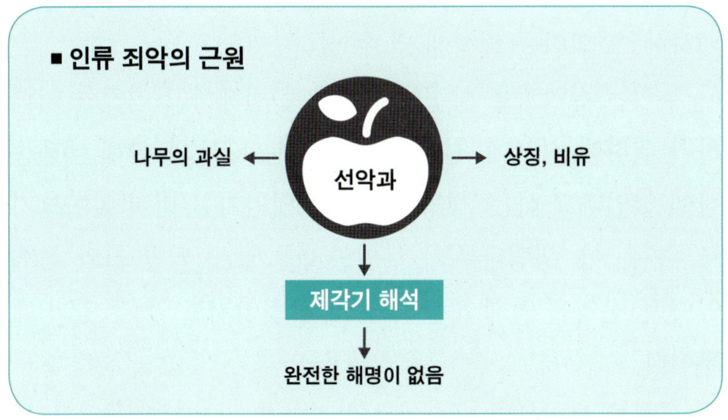

인간의 원죄로 이해되고 있는 선악과를 따먹은 사건의 이야기 속에서 선악과가 문자 그대로 나무의 과실이 아니라면 어떻게 해석될 수 있는지 살펴보고자 한다.

2. 생명나무와 선악을 알게 하는 나무

아담과 해와는 그들이 선악과를 따먹으면 정녕코 죽으리라 하신 하나님의 계명을 알고 있음에도 불구하고 이를 지키지 않았다. 성서를 통해서 볼 때 기아에 허덕였을 리가 없는 아담과 해와가 과연 먹을 것을 위하여 죽음을 무릅쓰면서까지 하나님의 말씀을 어겼을 것인가? 선악과가 문자 그대로 과실이 아니라면 선악과는 적어도 생명에 대한 애착까지도 문제되지 않을 만큼 그들에게 강력한 자극을 주는 다른 무엇을 비유한 것으로 볼 수 있다. 성서의 주요한 부분이 상징이나 비유로 기록되어 있는 것처럼 선악과도 그러한 전제하에 그 의미를 해석해 낼 수 있다.

우리는 선악과를 상징이나 비유로 전제하고 이것을 이해하기 위하여 성서에 '선악을 알게 하는 나무'와 함께 에덴동산에 있었다고 하는 '생명나무'가 무엇인가를 먼저 알아보기로 하자. 이 '생명나무'가 무엇인지를 알게 되면 그와 함께 있었던 '선악을 알게 하는 나무'가 무엇인지도 알 수 있기 때문이다.

성서를 살펴보면 타락인간의 소망은 '생명나무'를 이루는데 있다. 아담이 범죄하였기 때문에 하나님이 '생명나무'로 나아가는 그의 길을 막아 버렸다고 기록되어 있다. 이 사실로 보아 타락 전 아담의 소망이 '생명나무'였을 것이라고 볼 수 있다. 아담은 타락으로 인하여 그의 소망이었던 '생명나무'를 이루지 못하고 에덴동산에서 쫓겨났기 때문에 '생명나무'는 그 후 타락인간의 소망으로 남겨져 내려왔다.

그렇다면 '생명나무'로 비유되고 있는 성장하고 있던 미완성한 아담의 소망이란 무엇이었을까? 그것은 그가 타락하지 않고 하나님의 자녀로서 온전하게 성장하여 하나님의 창조이상을 완성한 남성이 되는 것이라고 볼 수 있다. 따라서 '생명나무'는 바로 '창조이상을 완성한 남성', 곧 완성한 아담을 비유한 것이다.

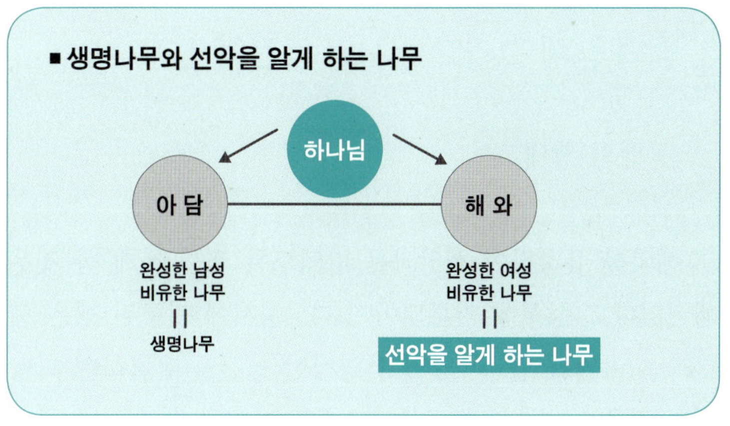

하나님은 남성인 아담만을 창조하신 것이 아니라 그의 배필로서 여성인 해와를 창조하셨다. 그러므로 에덴동산 가운데에 창조이상을 완성한 남성을 비유하는 나무가 있으면 창조이상을 완성한 여성을 비유하는 또 하나의 나무도 있어야 한다고 전제될 수밖에 없다. 성서에 '생명나무'와 같이 서 있었다고 기록되어 있는 '선악을 알게 하는 나무'가 바로 그것에 해당된다. 따라서 '선악을 알게 하는 나무'는 '창조이상을 완성한 여성'을 비유하는 것이므로 그것은 결국 완성한 해와를 뜻한다. 성서에서는 인간을 나무에 비유하는 경우가 있다. 예수가 포도나무 혹은 감람나무로 비유되는 것을 통해서 이를 확인해 볼 수 있다. 이와 마찬가지로 완성한 아담과 완성한 해와는 각각 생명나무와 선악을 알게 하는 나무로 비유되고 있는 것이다.

3. 뱀의 정체 그리고 천사와 인간의 범죄

1) 뱀의 정체

해와를 유혹하여 선악과를 따먹도록 죄를 짓게 한 것은 뱀이었다고 성서에 기록되어 있다. 성서에 기록된 뱀은 인간과 이야기를 할 수 있었고 영적인 인간을 유혹하여 타락시킨 것을 보면 단순히 문자 그대로 이해될 수 있는 동물은 아니다. 더구나 그 뱀이 인간으로 하여금 선악과를 따먹지 못하도록 한 하나님의 뜻을 알았던 것으로 보아, 그것은 더욱 영적인 존재라고 볼 수밖에 없다. 그런데 성서를 보면 그 뱀의 정체가 하늘로부터 내쫓김을 당하여 인간이 타락된 이후 인간의 마음을 악의 방향으로 이끌어 나온 마귀 혹은 사탄이라고 칭해지고 있다.

성서에서 뱀으로 비유되고 있는 영적인 존재가 만일 피

조세계가 창조되기 전부터 하나님과 대립된 목적을 가지고 있었던 존재라면, 피조세계에서 벌어지고 있는 선악의 투쟁은 불가피한 것으로서 영원히 지속될 수밖에 없다. 따라서 뱀으로 비유된 이 영적인 존재는 원래 선을 목적으로 창조되었던 어떠한 존재가 타락되어 사탄이 되었다고 보지 않을 수 없다는 결론에 이르게 된다.

그렇다면 성서에서 하나님이 창조하신 영적인 존재로서 인간과 이야기를 하고, 하나님의 뜻을 알 수 있는 능력의 조건을 갖추고 있는 존재는 과연 무엇인가? 그 뱀은 천사를 비유한 것이라고 보지 않을 수 없다. 성서를 살펴보면 하나님이 범죄를 저지른 천사를 용서치 아니하시고 어두운 지옥에 던져두셨다는 기록이 있다. 이러한 내용은 천사가 바로 인간을 유혹하여 죄를 짓게 한 뱀의 정체라는 사실을 입증하여 주고 있는 것이다.

그렇다면 왜 많은 동물들 가운데 죄를 지은 천사가 뱀으로 비유되었는가? 뱀은 혀끝이 둘로 갈라져 있으며 그것은 한 혀로 두 말을 하고, 한 마음으로 이중생활을 하는 자의 표상이 될 수 있다. 또 뱀은 자기의 먹을 것을 몸으로 꼬아서 먹기 때문에 자기 이익을 위하여 남을 유혹하는 자의 표상이 되기도 한다. 그러므로 성서는 인간을 유혹하여 죄를 짓게 한 천사를 뱀으로 비유하였다고 볼 수 있다.

2) 천사와 인간의 범죄

성서에는 천사가 죄를 지었다는 기록뿐만 아니라, 그 죄가 무엇인지도 명확하게 나타나 있다. 천사가 저지른 죄는 바로 간음(姦淫)이다. 따라서 우리는 천사가 간음으로 타락되었다는 것을 알 수 있다. 간음이란 혼자서는 행할 수 없는 성적인 범죄다. 따라서 에덴동산에서 행하여진 천사의 간음에 있어서 그 대상이 되었던 존재를 알아볼 필요가 있다. 이것을 알기 위하여 우리는 먼저 인간은 어떠한 죄를 짓게 되었는가를 알아보기로 하자.

성서에서 선악과를 따먹는 범죄 이전에 아담과 해와는 몸을 가리지 않은 채로도 부끄러워하지 않았다. 그러나 그들이 타락한 후, 곧 선악과를 따먹은 후에는 벗은 것을 부끄럽게 생각하여 무화과나무의 잎으로 하체를 가리었다. 만일 선악과라고 하는 어떠한 과실이 있어서 그들이 그것을 따먹고 범죄하였다면 그들은 손이나 입을 가리는 것이 상식적인 행위일 것이다. 왜냐하면 인간은 허물을 가리는 것이 그 본성이기 때문이다. 그런데 그들은 손이나 입을 가리지 않고 하체를 가리었다. 이러한 사실은 그들의 하체가 허물이 되었기 때문에 아담과 해와가 부끄럽게 생각하였다는 것을 드러내는 것으로 이해될 수밖에 없다. 따라서 우리는 그들이 하체로 범죄하였다는 사실을 짐작할 수 있다.

하나님의 창조목적을 두고 볼 때에 사랑은 귀하고 거룩한 것이 아닐 수 없다. 그럼에도 불구하고 인간들이 역사적으로 사랑의 행동을 천시하여 온 것, 그것이 바로 타락의 원인이 되었기 때문이다. 여기에서 우리는 인간도 또한 음란으로 타락되었다고 이해할 수 있다. 우리는 인간이나 천사가 모두 부정한 성관계로 타락되었다는 성서의 내용을 통해서 인간과 천사 사이에 행음 관계가 성립되었으리라는 것을 알 수 있다.

3) 선악과

우리는 위에서 '선악을 알게 하는 나무'가 완성한 해와를 비유한 것이라는 사실을 밝힌 바 있다. 그렇다면 선악과는 무엇을 말하는 것인가? 그것은 해와의 사랑을 의미한다. 과목(果木)이 과실에 의하여 번식되는 것과 같이, 해와는 하나님을 중심한 사랑으로써 선의 자녀를 번식해야 할 것이었는데, 사탄을 중심한 사랑으로써 악의 자녀를 번식하였다. 해와는 이와 같이 그의 사랑으로써 선의 열매도 맺을 수 있고 또한 악의 열매도 맺을 수 있었던 성장기간을 통하여서 완성되도록 창조되었다. 따라서 그 사랑을 선악과라고 하였던 것이다. 해와가 선악과를 따먹었다고 하는 것은 무엇을 의미하는가? 이는 해와가 악의 근원이 된 타락한 천사장인 사탄을 중심한 사랑에 의하여 서로 혈연관계를 맺었다는 것을 뜻한다고 볼 수 있다.

4. 타락의 동기와 경로

하나님은 피조세계의 창조와 그 세계의 경륜(經綸)을 위하여 먼저 천사를 심부름하는 자로 창조하셨다. 성서를 살펴보면 천사는 자기 자신을 '종'이라고 하는 부분을 찾아볼 수 있다. 하나님은 인간을 자녀로 창조하시고 피조세계에 대한 주관권을 부여하셨기 때문에 인간은 천사도 주관하게 되어 있다.

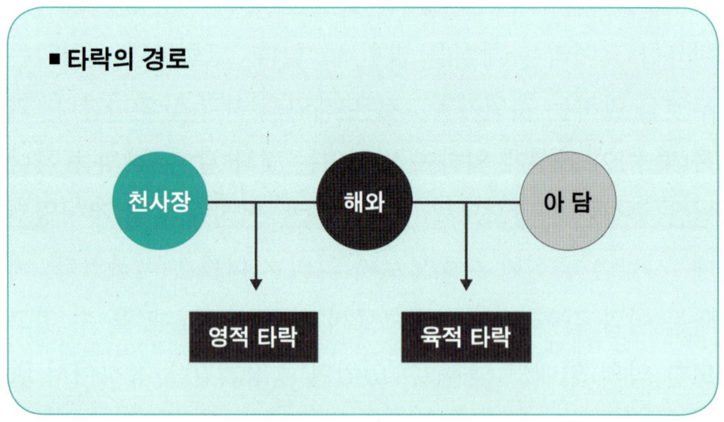

하나님은 영적인 부분과 육적인 부분으로써 인간을 창조하셨기 때문에, 인간의 타락에 있어서도 영육(靈肉) 양면의 타락이 성립된 것이다. 천사장과 해와의 혈연관계에 의한 타락이 영적 타락이고, 해와와 아담과의 혈연관계에 의한 타락이 육적 타락이다.

천사장 누시엘은 인간이 창조되기 전이나 후나 조금도 다름없는 사랑을 하나님으로부터 받고 있었다. 그러나 누시엘은 하나님이 자기보다도 아담과 해와를 더 사랑하시는 것을 볼 때에 그는 사랑에 대한 일종의 감소감을 느끼게 되었다. 사랑의 감소감을 느끼게 된 누시엘은 자기가 천사세계에서 가졌던 사랑의 위치와 동일한 것을 인간세계에 대하여서도 그대로 가져 보고자 해와를 유인하게 되었다. 이것이 곧 영적 타락의 동기가 되었다.

아담과 해와는 성장기간 동안 완성하여서 하나님을 중심하고 영원한 부부를 이루어야 할 것이었다. 그런데 해와가 미완성기에 천사장과 불륜한 혈연관계를 맺은 후, 다시 아담과 부부의 관계를 맺었기 때문에 아담도 역시 미완성기에서 타락되었다. 미완성인 때에 사탄을 중심하고 아담과 해와 사이에 이루어진 부부관계는 그대로 육적 타락이 되고 말았던 것이다.

해와는 천사장과의 영적인 타락을 통하여 양심의 가책으로부터 온 공포심과 자기의 원리적인 상대가 천사장이 아니고 아담이라는 것을 깨닫게 되었다. 여기에서 해와는 그제서나마 자기의 원리적 상대인 아담과 일체를 이룸으로써 하나님 앞에 다시 서고, 또 타락으로 인하여 오게 된 공포심을 면할 수 있기를 바라는 마음에서 아담을 유인하게 되었다. 이것이 육적 타락의 동기가 되었다.

5. 성적 범죄

죄의 근원은 인간 조상이 과실을 따먹은 데 있는 것이 아니라 뱀으로 표시된 천사장 누시엘과 불륜한 혈연관계를 맺은 것에 있다. 따라서 아담과 해와는 하나님의 선의 혈통을 번식하지 못하고 사탄의 악의 혈통을 번식하게 되었다. 성서에서 "입에 들어가는 것이 사람을 더럽게 하는 것이 아니라"고 하였다. 죄의 뿌리가 불륜한 혈연적인 관계로 이루어졌기 때문에 이 원죄는 자자손손에게 유전되어 왔다. 죄를 짓지 않으려고 하는 종교마다 간음을 큰 죄로 규정하여 왔으며, 이것을 막기 위하여 금욕생활을 강조하여 왔다. 이러한 종교적 실천은 죄의 뿌리가 음란에 있음을 의미하는 것과 무관치 않다.

이스라엘 유대민족은 하나님의 선택받은 민족이 되기 위한 속죄의 조건으로서 할례를 행하였다. 이러한 행위는 죄의 뿌리가 음란에 의하여 악의 피를 받아들인 데 있었기 때문에 타락한 인간의 몸으로부터 그 악의 피를 뽑는다는 조건을 세워서 성별하기 위함이었다고 볼 수 있다.

역사 속에서 수많은 영웅 열사의 몰락과 국가들이 쇠망하게 된 주요한 원인 가운데 하나가 음란에 있었다. 이는 음란이란 죄의 뿌리가 인간의 마음 가운데서 자기도 모르게 발동하였기 때문이다. 문명이 발달되면서 증대되어 가고 있는 성관련 범죄는 해결해야 할 난제가 되고 있는 것이 오늘날의 실정이다. 그러므로 현대 사회에서 이 범죄를 발본색

원할 수 없는 한 결코 이상세계는 기약할 수 없다고 해도 과언이 아니다. 이러한 사실들은 죄의 뿌리가 어디까지나 음란에 있다는 것을 입증하는 것이라고 이해된다.

생각과 지혜 나누기

1. 현대사회에서 잘못된 성문화에 대해 어떻게 생각하나요?
2. 청소년들에게 왜곡된 성가치관을 제공하는 대중매체는 어떤 것이 있나요?
3. 현대 사회의 성문화가 건전하게 정착되려면 우리에게 요청되는 것은 무엇입니까?

제11장
사랑의 힘

제11장

사랑의 힘

1. 원리의 길

인류 최초의 부부이야기를 통해서 죄의 뿌리와 그 죄가 있게 된 동기와 과정에 대해 살펴보았다. 그런데 여기서 제기되는 의문은 선의 창조목적을 가지고 창조된 인간에게 어떻게 죄의 뿌리가 되는 성적 타락이 있게 되었는가 하는 것과 언제 그런 사건이 일어나게 되었는가 하는 것이다.

모든 존재세계의 존재물들은 일정한 성장기간을 거쳐서 완성되도록 창조되었기 때문에, 인간도 그 개성체가 완성되기 위해서는 어느 만큼의 성장기간이 요구된다. 인간이 완성하기 위해서는 소생기, 장성기, 완성기의 질서적 3단계를 거쳐서 완성하게 되어 있다. 왜냐하면 하나님의 창조목적인 사위기대는 하나님, 아담과 해와, 그리고 자녀번식의 3단계의 과정을 거쳐서야 완성되기 때문이고, 사위기대를 조성하여 원형운동을 하려면 반드시 정분합 3단계의 작용을 하여 삼대상목적을 이루어야 하기 때문이다.

존재물이 3단계의 성장기에 있을 때에는 원리 자체의 주관성 또는 자율성에 의하여 성장하게 되어 있다. 따라서 만물은 원리자체의 주관성 또는 자율성에 의하여 성장기간을 경과함으로써 완성한다. 그러나 인간은 원리자체의 주관성이나 자율성뿐만 아니라 그 자신의 책임분담을 다하면서 이 기간을 경과하여야 완성하도록 창조되었다. 곧 성서에 "먹는 날에는 정녕 죽으리라"고 하신 하나님의 말씀을 두고 보면, 인간시조가 하나님의 이 말씀을 믿어 따먹지 않고 완성되는 것이나, 그 말씀을 불신하여 따먹고 타락되는 것은, 하나님에게 달려 있는 것이 아니라, 인간 자신에게 달려 있었던 것이다. 따라서 인간의 완성 여부는 하나님의 창조 능력에만 달려 있었던 것이 아니라 인간 자신의 책임수행 여하에 따라서 결정되도록 되어 있었던 것이다. 이와 같이 하나님은 인간이 그 자신의 책임분담을 다하면서 이 성장기간을 다 경과함으로써 완성되도록 창조하셨기 때문에 그 책임분담에 대하여는 하나님이 간섭하셔서는 안 되는 것이다. 왜냐하면 성장기간에 있는 인간에 대하여 하나님은 원리의 주관자로 계시면서 원리에 의하여 성장하는 결과만을 보아서 간접적인 주관을 하시기 때문이다. 그러므로 이 성장기간을 하나님의 간접주관권 또는 원리결과주관권이라고 한다.

이와 같이 인간이 그 자신의 책임분담을 완수하여서만 완성되도록 창조하신 것은, 인간이 하나님도 간섭할 수 없는 그의 책임분담을 완수함으로써, 인간으로 하여금 하나님의 창조성까지도 닮게 하여 하나님의 창조의 위업에 가담케 하심으로써, 창조주 하나님이 인간을 주관하시듯이, 인간도 창조주의 입장에서 만물을 주관할 수 있는 주인의 권한을 가지도록 하시기 위함이었다. 인간이 만물과 다른 점은 바로 여기에 있는 것이다.

이와 같이 인간이 자신의 책임분담을 완수하여 하나님의 창조성을 이어받음으로써 천사를 비롯한 만물에 대한 주관성을 가지게 될 때 비로소 완성되도록 하시기 위하여, 하나님은 간접주관권을 두시고 인간을 창조하신 것이다.

인간이 성장기간인 간접주관권을 지나면 하나님의 직접주관권에 이르게 된다. 하나님을 중심하고 아담과 해와가 완성되어 가지고 합성일체화하여 가정적인 사위기대를 조성함으로써 하나님과 심정의 일체를 이루어 하나님을 중심한 아담의 뜻대로 서로 사랑과 미를 완전히 주고받는 선의 생활을 하게 될 때 이것을 하나님의 직접주관이라고 한다. 이러한 인간은 하나님의 심정을 체휼하고 그의 뜻을 완전히 알고 실천하게 되므로 마치 두뇌가 명령 아닌 명령으로 몸 전체를 움직이는 것과 같이, 인간도 하나님의 명령 아닌 명령에 의하여 그의 뜻대로 움직여서 창조목적을 이루어 나아가게 되는 것이다. 따라서 직접주관권은 곧 완성권을 의미한다.

그렇다면 여기서 의문시되는 것은 인간시조의 타락은 언제 있었는가하는 것이다. 그들은 성장기간, 곧 미완성기에서 타락했다. 인간이 만일 완성된 후에 타락하였다면, 우리는 하나님의 전능성을 믿을 수 없을 것이다. 만일 인간이 선의 완성체가 된 이후에 타락하였다면 선 자체도 불완전한 것이 되는 것이요, 선의 주체이신 하나님도 불완전한 분이시라는 결론에 이르고 만다. 성서에 의하면 하나님이 아담과 해와에게 선악과를 따먹는 날에는 정녕 죽으리라고 경고하신 말씀이 있다. 그들은 하나님의 경고를 듣지 않고 죽을 수도 있었고 혹은 그 경고를 받아들여 죽지 않을 수도 있었던 것으로 미루어 보아 그들은 아직 미완성기에 있었음이 분명하다. 아담 해와는 성장기간 가운데 장성기의 완성급에서 타락하였던 것이다.

2. 사랑의 힘과 원리의 힘

인간은 원리로써 창조되어 원리궤도에 의하여 원리의 길을 걸으며 생존하도록 창조되었다. 그렇기 때문에 원리의 길을 걷게 하는 원리의 힘 그 자체가 인간을 원리궤도에서 탈선케 하여 타락시킬 수는 없다. 이것은 마치 철길이나 기차에 고장이 없는 한, 기차가 스스로 철길을 탈선할 수 없는 것과 마찬가지다. 그러나 그 기차도 철길 위를 달리는 힘보다도 더욱 강한 외부의 힘이 방향을 달리해서 부딪쳐 오면 탈선될 수밖에 없다. 이와 마찬가지로 인간도 그 자신을 성장케 하는 원리의 힘보다도 더욱 강한 그 어떠한 힘이, 그와 목적을 달리해서 부딪쳐 올 때는 타락될 수밖에 없는 것이다. 그런데 이 원리의 힘보다도 더욱 강한 힘이 사랑의 힘이다. 그러므로 미완성기인 성장기간에 있는 인간은 비원리적인 사랑의 힘으로 인하여 타락될 가능성이 있었던 것이다.

■ **믿음을 위한 계명을 주신 목적**

사랑이 사랑답기 위하여

사랑의 힘 〉 원리의 힘

- **비원리적 사랑의 힘 → 타락될 가능성**
- **인간의 완성 = 하나님의 창조성**
  (책임분담) (만물주관성)

계명 : 미완성 기간

그렇다면 왜 하나님은 원리의 힘보다 사랑의 힘을 강하게 하여서 미완성기인 성장기간에 있는 인간이 사랑의 힘에 의하여 타락될 수도 있도록 하였는가?

창조원리에 의하면 하나님의 사랑은 삼대상목적을 완성한 모든 사위기대의 주체적인 사랑을 말한다. 따라서 하나님의 사랑이 없이는 인간창조의 목적인 사위기대가 이루어지지 않는 것이므로, 사랑은 인간의 행복과 생명의 근원이 된다. 하나님은 사랑의 뿌리가 되는 심정을 동기로 하여 원리로써 인간을 창조하셨다. 하나님은 원리로써 창조된 인간을 사랑으로 주관하셔야 한다. 그러므로 그 사랑이 사랑답기 위해서는, 사랑의 힘은 원리의 길을 가는 그 힘보다도 더 강하지 않으면 안 되는 것이다. 만일 사랑의 힘이 원리의 힘보다 약하다면 하나님은 원리로써 창조된 인간을 사랑으로 주관할 수 없으며, 인간도 하나님의 사랑보다도 원리를 더 추구하게 될 것이다.

이처럼 사랑의 힘이 원리의 힘보다 강하므로 아직 미완성기에서 하나님의 직접적인 사랑의 주관을 받을 수 없는 아담과 해와가 천사장의 상대적인 입장에 서서, 목적을 달리하는 비원리적인 사랑의 힘에 의하여 타락될 가능성이 있었기 때문에, 하나님은 아담과 해와에게 '따먹지 말라'는 믿음을 위한 계명을 주신 것이다. 천사장의 비원리적인 사랑의 힘이 아무리 강하다 하더라도 그들이 하나님의 계명을 따라 천사를 상대하지 않고, 하나님하고만 상대기준을 조성하여 수수작용을 하였더라면 그 비원리적인 사랑의 힘은 작용할 수 없었을 것이고 타락되지도 않았을 것이다. 그러나 그들이 그 계명을 지키지 않고 천사장과 상대기준을 조성하여 그와 수수작용을 하였기 때문에 그 불륜한 사랑의 힘이 그들을 탈선케 하였던 것이다.

3. 자유와 타락

그렇다면 인간은 자유 때문에 타락했는가? 하나님이 인간에게 선악과를 따먹을 수 있는 자유를 주어서 타락했는가 하는 문제이다. 그러나 인간은 자유 때문에 타락한 것이 아니다.

자유에 대한 원리적인 성격은 다음과 같다. 첫째, 원리를 벗어난 자유는 없다. 자유라고 하는 것은 자유의지와 그에 따르는 자유행동을 일괄하여 표현한 말이다. 자유의지와 자유행동은 성상과 형상과의 관계와 같아서 이것이 합해져야만 완전한 자유가 성립된다. 그러므로 자유의지가 없는 자유행동은 있을 수 없는 것이며, 자유행동이 따르지 않는 자유의지도 완전한 것이 될 수 없는 것이다. 자유행동은 자유의지로 인하여 나타나며 자유의지는 곧 마음에서 비롯되어진다. 그런데 창조본연의 인간은 하나님의 말씀 곧 원리를 벗어나서 그 마음이 움직일 수 없기 때문에 원리를 벗어난 자유의지나 그로 인한 자유행동은 할 수 없다. 그러므로 창조본연의 인간에게는 원리를 벗어난 자유가 있을 수 없다.

둘째, 책임이 없는 자유는 없다. 원리에 의하여 창조된 인간은 그 자신의 자유의지로써 그의 책임분담을 완수함으로써만 완성된다. 따라서 창조목적을 추구하여 나아가는 인간은 항상 자유의지로서 자기의 책임을 행하려 하기 때문에 책임 없는 자유는 있을 수 없는 것이다.

셋째, 실적이 없는 자유는 없다. 인간이 자유로써 자신의 책임분담을 완수하려는 목적은 창조목적을 완성하여서 하나님을 기쁘시게 해 드릴 수 있는 실적을 세우려는 데 있는 것이다. 따라서 항상 실적을 추구하게 되는 것이므로 실적 없는 자유는 있을 수 없다.

이처럼 자유는 원리를 벗어나서는 있을 수 없다. 따라서 자유는 스스로의 창조원리적인 책임을 지게 되며, 또 하나님을 기쁘시게 해 드리는 실적을 추구하는 것이므로, 자유의지에 의한 자유행동은 선의 결과만을 가져오게 되는 것이다. 그렇기 때문에 인간은 이러한 본심의 자유로 인해서는 타락될 수 없는 것이다.

■ 자유의 원리적 의의

① 원리를 벗어난 자유는 없다.

② 책임 없는 자유는 없다.

③ 실적 없는 자유는 없다.

- **인간은 자유로 인하여서 타락될 수는 없다.**

천사는 인간을 모시고 받들도록 창조되었다. 따라서 인간이 천사를 대하는 것은 어디까지나 인간의 자유에 속한 문제인 것이다. 그런데 천사에게 유혹을 당하던 때의 해와는 아직도 지적으로나 심정적으로나 미완성기에 있었다. 따라서 해와가 천사의 유혹에 의하여, 지적으로 미혹되고 심정적으로 혼돈되어 유혹을 받게 되었을 때에, 원리적인 책임과 실적을 추구하는 본심의 자유는 그녀에게 불안과 공포심을 일으키게 하여 원리를 탈선하지 못하도록 작용하였다. 그러나 그녀는 보다 더 큰 천사와의 사랑의 힘에 의하여 타락선을 넘고 말았다. 해와가 아무리 천사를 자유로이 대하였다 하더라도, 따먹지 말라 하신 하나님의 계명만을 믿고 천사의 유혹의 말에 상대하지 않았더라면, 천사와의 비원리적인 사랑의 힘은 발동할 수 없었을 것이기 때문에 타락하지 않았을 것이다. 그러므로 자유가 해와로 하여금 천사를 상대하게 하여 타락선까지 끌고 나갔던 것은 사실이지만, 타락선을 넘게 한 것은 어디까지나 자유가 아니고 비원리적인 사랑의 힘이었던 것이다. 인간은 천사에 대해서도 자유로써 대하도록 창조되었기 때문에 해와가 누시엘을 대하게 되어 그와 상대기준을 조성함으로써 수수작용을 하게 되었을 때, 그 비원리적인 사랑의 힘으로 말미암아 그들은 타락하였던 것이다.

따라서 인간은 이러한 작용을 하는 본심의 자유로 인해서는 타락될 수 없는 것이다. 인간의 타락은 어디까지나 그의 본심의 자유가 지향하는 힘보다도 더 강한 비원리적인 사랑의 힘으로 말미암아 그 자유가 구속되었던 데 기인한다.

4. 순결한 성과 나

인간은 원리의 궤도 속에서 본심의 자유에 의해서가 아닌 비원리적인 성적 사랑에 의해서 타락하고 말았다. 비원리적인 성적 사랑은 거짓사랑, 불륜한 사랑이다. 거짓사랑은 참사랑의 상대어이다. 참사랑은 절대적인 사랑, 유일한 사랑, 불변의 사랑, 영원한 사랑을 말한다. 이 참사랑을 실천궁행할 때 하나님과 동거동락하게 되며 동참권, 상속권까지 누리게 되는 것이다. 이런 참사랑인 순결한 성을 성장기간 속에서 지키는 것이 하나님이 부여한 인간책임분담이다. 하늘이 허락하는 때가 되기 전에는 서로의 성(性)을 절대적 기준에서 지키라는 계명이자 축복이었다.

축복
순결한 남녀가 결혼하여 참부부가 되고 참자녀를 낳아 참부모가 되는 것이다.

선악과를 따먹으면 반드시 죽고, 따먹지 않고 하늘의 계명을 지키면 인격완성은 물론 창조주이신 하나님과 대등한 공동 창조주의 대열에 서게 되며 더 나아가서 만물을 주관하여 영원하고 이상적인 행복을 구가하는 우주의 주인이 될 것이라는 축복이었다. 혼전순결을 지켜 참된 자녀로서 하늘의 축복 하에 결혼을 하고 참된 부부가 되어 참된 자녀를 생산하여 참된 부모가 되라는 축복이었다.

인간은 누구나 태어나서 성장과정을 거치게 된다. 부모의 사랑과 보호아래 유소년 시절을 거친 후 주위의 모든 사람들은 물론 자연만물과 더불어 새로운 차원의 관계를 맺으며 역동적인 청소년기로 들어가게 된다. 외적으로 성인이 되는 것만이 아니라 내적으로 인격완성을 통한 길로 들어가는 기간이다. 그런데 여기 인간이라면 누구나 예외 없이 지켜야 할 절대 필요조건이 바로 순결이다. 하나님께서 창조이상을 이루기 위해 당신의 자식에게 주신 숙명적 책임이요, 의무이며 천도의 길이기 때문이다.

인체에서 남자 여자의 성을 구분하는 것은 생식기이다. 생식기는 남자와 여자, 둘이서 하나 됨을 위한 두 사람의 것이다. 생식기의 주인은 서로 엇바뀌어서 자신의 배우자가 주인이 되는 것이다. 주인의 의미는 참사랑의 주인이란 뜻이다. 남편 몸의 주인은 아내이고 아내 몸의 주인은 남편이다. 남편 사랑의 열쇠는 아내에게 달려 있고, 아내 사랑의 열쇠는 남편에게 달려 있다. 남자와 여자의 생식기를 두 사람만의 것으로 만들어주는 주체이자 중심핵은 참사랑이다. 이를 통해서 하나 되어 서로 불변의 영원한 성과 사랑의 파트너가 되는 것이다. 생식기는 사랑의 왕궁, 영생의 생명이 탄생하는 왕궁, 영원히 변치 않는 하늘의 전통을 이어받을 혈통을 이어받는 왕궁이다. 가장 귀하고 거룩한 곳이다.

만일 생식기의 주인인 배우자를 무시하고 배우자 모르게 생식기를 다른 사람과 사용하게 되면 주인의 허락 없이 사용한 성과 사랑의 도둑이 되는 것이다. 배우자외의 다른 사람과 성관계를 하는 경우는 모두 도둑질을 하는 행위이므로 양심의 큰 가책을 느끼게 되어 있다. 그것은 창조주에 대한 배신과 배역이요, 스스로 파멸의 무덤을 파는 길이다. 그것은 우주의 공법을 어기는 행위이기 때문이다. 우주의 공법을 어기는 행위는 스스로 불행을 자초하는 행위이다.

인간은 불륜한 성적관계로 타락을 하였다. 자유가 아닌 원리의 궤도 가운데 미완성한 입장에서 거짓된 사랑의 힘에 구속되어 타락하고 만 것이다. 성장기간 가운데 있던 미완성기에 인간책임분담으로 부여된 것은 하늘의 축복 속에 허락된 결혼을 하기 전에 순결한 몸과 마음을 지키라는 것이었다. 그리고 결혼한 후에는 오직 배우자와의 관계에서만 성관계를 하라는 것이었다. 이것이 순결한 성, 순결한 나를 지키는 길이요, 프리섹스가 아닌 절대성(絕對性)의 길이다.

아담과 해와가 불륜의 관계를 맺은 것이 타락의 원인이 되었기 때문에 종교는 음란을 가장 큰 죄악으로 생각하고 금욕 생활을 강조하였다. 또한 선민인 유대 민족도 죄를 분별한다는 의미에서 사내아이가 태어나면 할례를 하였던 것이다. 역사상 영웅 열사들의 몰락과 국가 쇠망의 주요 원인이 음란에 있었다는 사실은 음란이 큰 죄악이 되었음을 의미한다.

인류의 결혼과 성행위의 양태를 역사적으로 살펴보면 오욕과 수치의 역사라고 할 수 있다. 거기에는 억압, 폭력, 범죄가 난무했다. 특히 여성에 대한 차별과 억압, 폭력은 어느 사회에서나 나타난 보편적 현상이었다. 억압, 폭력, 범죄가 난무하는 역사는 거짓된 사랑에서 시작된다. 남녀 간의 사랑은 진실과 순결을 전제로 한다. 진실하지 못하고 순결하지 못한 성적 관계는 탈선이고 범죄이다. 현대 사회는 성윤리의 붕괴로 심각한 위기에 직면해 있다. 현대 사회에 온갖 불륜과 음란과 성범죄가 만연함은 죄의 뿌리가 음란에 있음을 모르기 때문이다. 이러한 순결 가치관이 확립될 때에 건강한 사회, 범죄가 없는 인류 공동체가 될 것이다.

생각과 지혜 나누기

1. 인간에게 책임분담을 주신 이유는 무엇인가요?
2. 자유와 책임의 관계에 대해 이야기해 봅시다.
3. 성추행과 성폭력의 사례를 이야기해 봅시다.

제12장

인간의 타락성과 자유로운 인간

제12장

인간의 타락성과 자유로운 인간

1. 죄와 타락성

성서의 타락 이야기는 인간들에 대한 하나님의 소망과 그분의 기대에 부응하지 못한 인간의 실패에 대한 설명이다. 본래 하나님의 의도는 아담과 해와가 성숙하여 하나님의 사랑을 충분히 깨달아 알 때, 그들을 축복하여 결혼시키려는 것이었다. 그런데 그 에덴동산에서 천사장 누시엘이 해와를 유혹하여 영적 타락을 유발하였고, 그런 다음 해와가 아담을 유혹하여 육적 타락에 이르렀다. 그들이 때 아닌 때에 때의 것을 바라는 '자기중심적 사랑'을 함으로 인해 하나님의 창조계획은 무시되고 좌절되었다.

이와 같이 그들은 하나님의 명령에 불복하여 하나님을 배반하였다. 누시엘은 하나님과 대적하여 사탄이 되었고, 인간의 시조이며 최초의 부부인 아담과 해와는 사탄의 종, 사탄의 자녀 입장으로 전락하여 인류의 악의 부모가 되었다. 또 그들의 타락은 하나님으로부터 그들을 소외시켰고 창조의 목적을 좌절시켰으며 부모이신 하나님의 심정에 깊은 한(恨)의 상처를 남겼다.

1) 죄

죄라는 것은 사탄과 상대기준을 조성하여 수수작용을 할 수 있는 조건을 성립시킴으로써, 천법을 위반하게 되는 것을 말한다. 그 죄는 다음과 같이 분류된다. 첫째, 원죄이다. 이것은 모든 죄의 근원으로 인간조상이 저지른 영적 타락과 육적 타락에 의한 혈통적인 죄를 말한다. 죄의 뿌리가 혈연적인 관계로 이루어졌기 때문에, 원죄는 인류의 역사와 더불어 자자손손 유전되어 오고 있으며 인류의 번식과 더불어 확장되고 있다.

둘째, 유전적 죄다. 이것은 혈통적인 인연으로 그 후손들이 물려받은 조상의 죄를 말한다. 조상이 죄를 많이 짓게 되면 후손의 삶이 괴로워진다. 그러므로 인간에게는 원죄뿐만 아니라 혈통을 타고 내려온 모든 조상들의 죄도 유전되어진다. 조상들의 자범죄로 인해 후손은 가중된 죄책과 죄의 오염 속에 머물게 된다. 이는 부모가 지은 죄가 수대에 이른다고 한 성서의 말씀과 같다.

셋째, 연대적 죄다. 자신이 죄를 짓지도 않았고 또 조상이 지은 죄도 아니지만 연대적으로 책임을 져야 하는 죄다. 이것은 동시대의 어느 단체, 민족, 국가의 일부 사람들이 지은 죄가 전체에 파급되는 죄로서 공동으로 죄의 값을 치러야 하는 죄이다.

넷째, 자범죄다. 이것은 육신을 쓰고 있는 동안 자신이 직접 범한 죄다. 이 죄들을 나무에 비유한다면 원죄는 나무의 뿌리, 유전적 죄는 나무의 줄기, 연대적 죄는 나무의 가지, 자범죄는 나무의 잎에 해당한다. 잘라버린 나무라도 그 뿌리가 살아있으면 또 싹이 나온다. 이처럼 모든 죄는 그의 뿌리 되는 원죄로 말미암아서 생긴다. 그러므로 원죄를 청산하지 않고는 다른 죄를 근본적으로 청산할 수 없다. 그러나 숨어 있는 이 죄의 뿌리는 그 누구도 알 수 없는 것이어서, 인간의 뿌리로써 오시는 메시아만이 이것을 알고 청산하실 수 있는 것이다. 그러므로 이 원죄를 청산하기 위해서는 메시아를 만나야만 한다. 그리하여 하나님과의 관계를 다시 회복해야 한다.

2) 타락성

원죄는 음란, 자기중심, 교만, 반역, 혈기, 불순종, 욕심, 시기, 질투, 미움, 미성숙, 그리고 무지와 관계가 있다. 천사장이 하나님을 배반하고 해와와 혈연관계를 맺을 때에 우발적으로 일어났던 모든 성품을 해와가 계승하였고, 천사장의 입장에 서게 된 해와와 다시 혈연관계를 맺은 아담도 그 성품을 계승하게 되었다. 그리하여 이 성품이 타락인간의 모든 악한 성품을 유발하는 근본된 성품이 되었다. 이것이 타락성이다.

이와 같이 타락성이 생기게 된 근본 동기는 천사장이 아담에 대하여 질투심을 갖게 된 데 있었다. 그런데 어떻게 되어 선의 목적을 위하여 창조된 천사장에게 사랑에 대한 질투심이 일어날 수 있었을까? 본래 하나님과 아담 해와, 그리고 천사장은 부모와 자녀, 그리고 종의 관계였다. 하나님은 부모이고 아담 해와는 자녀이며 천사장은 종이었다.

하나님은 아담 해와가 성장해서 완성하기 전까지는 직접 대할 수 없기 때문에 그들에게 '따먹지 말라'는 말씀을 주셨던 것이다. 아담 해와를 사랑하시지만 직접 대할 수 없었던 하나님은 종인 천사장에게 당신을 대신한 입장에서 기르도록 아담 해와를 맡겼던 것이다. 따라서 천사장은 종의 신분이지만, 하나님의 입장에서 아담과 해와를 사랑해야 한다. 그런데 천사장은 아담과 해와를 사랑하기는커녕 사랑의 감소감을 느껴서 시기하고 질투했기 때문에 결국 자기의 존재위치를 떠나 사탄이 되었다.

원래 천사장에게도 그의 창조목적으로 욕망과 지능이 부여되어 있었다. 이와 같이 천사장은 지능을 가지고 있었기 때문에 인간에게 가는 하나님의 사랑이 자기에게 오는 그것보다 크다는 것을 비교하여 식별할 수 있었던 것이다. 또 그에게는 욕망이 있었기 때문에, 하나님의 더 큰 사랑을 받고자 하는 마음이 있었을 것은 당연하다. 자기중심적 비교와 자기중심적 욕망은 사랑의 감소감, 사랑의 소외감을 느낄 수 있게 하였고, 이러한 마음이 자동적으로 질투심을 일으킬 수 있게 한 것이다.

타락성을 대별하면 다음과 같이 넷으로 가를 수 있다. 첫째, 하나님과 같은 입장을 취하지 못하는 것이다. 천사장이 타락하게 된 동기는 하나님이 사랑하시는 아담을 하나님과 같은 입장에서 사랑하지 못하고, 그를 도리어 시기하고 질투하여 해와의 사랑을 유린한 데 있었다. 왕이 사랑하는 신하를 그의 동료가 그 왕과 같은 입장에서 같이 사랑하지 못하고 시기하는 성품은 바로 이런 타락성에서 나오는 것이다.

둘째, 자기의 위치를 떠나는 것이다. 천사장의 존재위치는 아담을 중보로 삼아 하나님께 나아가야 하는 종의 자리이다. 그런데 자기의 존재위치를 떠나서 교만과 혈기를 가지게 되었다. 하나님의 사랑을 더 받기 위하여 천사세계에서 가졌던 것과 동일한 사랑의 위치를 인간세계에 있어서도 가지려 하였던 불의한 욕망으로 인하여 자기의 위치를 떠나 타락하게 되었다. 불의한 감정으로 자기의 분수와 위치를 떠나 행동하는 것은 모두 이러한 타락성의 발로인 것이다.

셋째, 주관성을 전도하는 것이다. 종된 입장에서 인간의 주관을 받아야 할 천사장이 거꾸로 해와를 주관하였고,

또 아담의 주관을 받아야 할 해와가 거꾸로 아담을 주관하게 된 데서 타락의 결과가 생겼던 것이다. 이와 같이 자기의 위치를 떠나서 주관성을 전도하는 데서부터 인간사회의 질서가 교란되는데, 이것은 모두 이러한 타락성에서 일어나는 것이다.

넷째, 범죄행위를 번식하는 것이다. 천사장은 아담을 통해서 하나님 앞에 나아감과 동시에 하나님의 선한 뜻을 이어받아 선을 번식해야 한다. 그런데 천사장은 종의 자리에서 오히려 사탄이 되어 악을 아담과 해와에게 전수했다. 그래서 악을 번식하고 악을 이루도록 유혹했다. 또한 사탄에게 유혹당한 해와가 자기의 죄를 아담에게도 번식시켜 그를 타락케 하였다. 악인들이 동료를 번식시키려는 성품은 이와 같은 타락성에서부터 일어나는 것이다.

천사장은 아담을 사랑하고, 아담을 중보로 세우고, 아담 앞에 순종 굴복하고, 아담 앞에 희생 봉사함으로써 아담

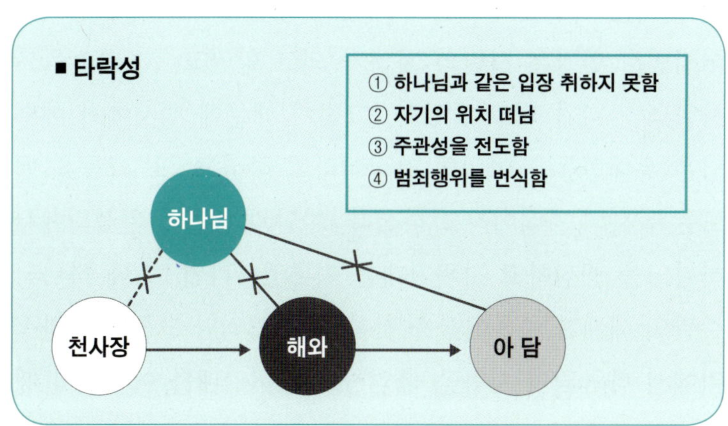

을 통해 하나님 앞으로 나아가야 했다. 이러한 삶을 살지 못해서 타락했으니 복귀하기 위해서는 사랑하고, 중보로 세우고, 순종 굴복하고, 희생 봉사하는 삶의 길을 가야 한다.

2. 타락의 결과

1) 사탄과 타락인간

타락한 천사장 누시엘이 곧 사탄이다. 사탄은 악과 악의 세력의 주체, 죄의 주인, 타락한 세계의 주인이다. 이 사탄은 가상의 존재가 아니라 영적 실체로서 시간과 공간을 초월하여 인간의 마음과 영혼을 지배하여 항상 인간의 마음을 악의 방향으로 이끄는 존재이다. 이 사탄은 하나님의 사랑의 원수, 음란의 신이기도 하다.

하나님의 자녀로 창조된 인간이 누시엘과 혈연관계를 맺어 일체를 이루었기 때문에 사탄을 중심한 사위기대가 이루어지면서 인간은 사탄의 자녀가 되고 말았고, 그 후손들도 사탄의 자녀가 되고 말았다. 그렇기 때문에 성서에서 예수님은 유대인들을 마귀의 자식이라고 하셨고, 또 그들을 뱀 또는 독사의 자식이라고 하셨다. 아담과 해와가 완성되어서 하나님을 중심하고 사위기대를 이루었더라면 그 때 하나님 주관의 세계가 이루어졌을 것이었다. 그러나 그들이 미완성기에서 타락되어 사탄을 중심하고 사위기대를 이루었기 때문에 이 세계는 사탄이 주관하는 세계가 되고 만 것이다.

혈연관계를 맺은 사탄은 이 세계의 모든 소유권을 주장하게 되었다. 성서에는 사탄을 세상의 통치자, 세상의 신이라고 하였다. 이렇게 되어 사탄은 피조세계의 주관주로 창조된 인간을 주관하게 되었으므로, 그는 피조세계까지도 주관하게 된 것이다. 그래서 세상은 서로가 속이고 미워하고, 죽이고 죽는 죄악의 세계가 되었다. 이런 현상은 세상이 악의 주권에 속해있기 때문이다.

2) 타락 이후의 인간

하나님의 자녀로 창조 되었던 아담 해와가 타락함으로 말미암아 하나님께서 주신 참사랑 · 참생명 · 참혈통을 상실하고 사탄의 거짓사랑 · 거짓생명 · 거짓혈통을 받아 사탄의 자녀로 전락하여 인류가 타락의 후예가 되었다. 그로 인하여 인간은 사탄주권의 세계를 이루어 지상지옥에서 살다가 육신을 벗은 후에는 천상지옥으로 가게 되었다. 결국 아담과 해와가 타락함으로 말미암아 하나님은 아담과 해와만을 잃어버린 것이 아니라, 세계를 전부 다 사탄한테 빼앗겨 지상천국과 천상천국의 기반을 잃어 버렸다. 하늘과 땅이 지옥으로 변한 것이다. 그리하여 인간은 하나님을 잃고 참부모를 잃고, 참된 부부, 참된 자녀, 참된 가정, 참된 국가, 참된 세계, 참된 천주 이 모두를 잃어버리게 되었다.

타락 이후의 인간의 위상을 정리하면 다음과 같다. 첫째,

하나님과의 관계에 있어서 인간은 타락함으로써 하나님의 자녀로서의 자격과 특권을 상실하게 되었다. 하나님의 온전하고도 절대적인 사랑의 대상체가 되지 못하는 입장으로 떨어지게 된 것이다. 그리고 사탄과의 관계에 있어서 인간은 사탄된 천사장 누시엘의 주인 입장에서 오히려 종이 되고, 더 나아가 사탄된 천사장의 자녀가 되었다. '종의 종'의 자리에 떨어진 것이다. 또한 하나님과 사탄과의 관계적 입장에서 인간은 하나님만의 대상체가 아닌 사탄과 하나님 사이의 중간존재로서 양자(兩者)의 대상체가 되었다.

둘째, 인간은 타락으로 인하여 하나님의 성전을 이루지 못하고 사탄이 머무는 집이 되어 그와 일체를 이룸으로써, 신성을 갖지 못하고 악성을 갖게 되었다. 타락한 인간은 선을 지향하는 본심과 이 본심의 명령을 배반하고 악을 지향하는 사심, 이 두 마음을 가진 존재가 되어 이 두 마음이 항상 싸우고 있는 존재가 되었다. 그리고 아담과 해와가 원수가 되었으며 아담의 아들딸들 간에 살육전이 벌어지게 되었다.

셋째, 가치적인 면에서 타락이후 인간은 본연의 가치를 상실하게 되었다. 인간은 타락된 상태에 머물러 있는 한 아무 가치도 없는 존재가 된 것이다. 인간은 자기 본연의 참다운 인간의 가치를 잃어버리고, 타락으로 원리결과주관권의 장성기 완성급에서 원리와 관계없는 무원리권(無原理圈)으로 떨어지게 되었다.

넷째, 타락으로 인해 인간은 지적인 면에서도 영적 · 육적으로 무지에 떨어지게 되었다. 자연계에 대한 무지 뿐만 아니라 영성에도 결함이 생겨서 영인체가 존재하는 것, 사후 세계가 있는 것, 하나님의 존재 등을 모르게 되었다.

다섯째, 타락으로 인간은 원죄를 갖게 되었고 타락성을 갖게 되었다. 더 나아가 조상들로부터의 유전적 죄와 연대적 죄 그리고 자범죄를 갖게 되었다. 악성을 가진 인간이 악의 자녀를 번식하여 악의 가정과 사회와 세계를 이루어서 지상지옥의 환경, 사탄 주권의 세계를 이루게 되었고, 이런 지상지옥에서 살다가 육신을 벗은 후에는 천상지옥으로 가게 된 것이다.

3. 자유로운 인간

사탄은 혈연관계를 통해 인간을 지배할 수 있게 되어 인간에게 악한 일을 하도록 유혹하고 있다. 사탄은 그의 하수인인 악한 영인들을 동원하여 지상에 사는 악한 사람들과 짝이 되고 악한 사람에게 더욱 많은 죄를 짓도록 부추기고 있다. 그러나 사탄도 그의 대상을 취하여서 상대기준을 조성함으로써 수수작용을 하지 않고서는 사탄적인 활동을 할 수 없다. 사탄의 대상은 영계에 있는 악령인들이다. 그리고 이 악령인들의 대상은 지상에 있는 악인들의 영인체이며, 지상에 있는 악인들의 영인체의 활동대상은 바로 그들의 육신이다. 따라서 사탄의 세력은 악령인을 통하여서 지상인간의 육신의 활동으로 나타나는 것이다.

지상천국을 복귀한다는 것은 전 인류가 사탄과의 상대기준을 완전히 끊고, 하늘과의 상대기준을 복귀하여 수수작용을 함으로써 사탄이 전혀 활동할 수 없게 된 세계를 이루는 것을 말한다. 인간이 사탄과의 상대기준을 끊고 더 나아가서 그들을 심판하기 위해서는 사탄이 사탄된 죄상과 그 정체를 알아서 하나님 앞에 사탄을 참소할 수 있어야 한다.

그런데 하나님은 천사와 인간을 창조하심에 있어서, 그들에게 자유를 부여하셨기 때문에 이를 복귀하시는 데 있어서도 강제로 하실 수는 없다. 그러므로 인간은 어디까지나 자기의 자유의지에 의한 책임분담으로써 말씀을 찾아 세워 사탄을 자연굴복시켜야만 창조본연의 인간으로 복귀할 수 있는 것이다. 하나님은 이러한 원칙에 의하여 섭리하시기 때문에, 복귀섭리역사는 이처럼 오랜 세월에 걸쳐 연장을 거듭해 내려오게 된 것이다.

전적 타락
완전한 타락을 말한다. 그런 인간의 마음에서는 선한 마음을 찾아 볼 수 없어서 항상 악만을 행하는 존재이다.

그러나 인간의 타락은 '전적 타락'이 아니다. 인간은 원래 하나님에 의해 지어졌기 때문에 타락으로 사탄의 지배를 받게 되었어도 선악의 판단기준인 양심이 있고, 선을 추구하는 본성이 남아있기 때문에 하나님이 부여한 선한 심성을 통해 선한 일을 하고자 한다. 따라서 인간은 악한 일을 하게 되면 양심의 가책을 받게 된다. 아무리 악한 사람이라도 악한 일을 하게 되면 양심의 가책 때문에 괴로워한다.

본성과 양심을 바탕으로 원리를 배우고 익혀서 원리의 궤도 속에서 믿음을 위한 계명을 지키는 삶, 곧 인간책임분담을 다하여야 한다. 인간책임분담을 수행하기 위해서는 우선적으로 사탄과 수수작용을 하지 않도록 해야 한다. 이를 위해서는 사탄과 상대기준을 조성하지 않아야 한다. 이것이 사탄분립노정이다. 만약 우리가 오염되고 독소를 품은 공기나 음식물을 섭취한다면 육신이 병드는 것처럼, 영인체에 악의 요소가 들어오고 비양심적인 말과 행동으로 말미암아 나쁜 생력요소가 들어온다면 그 영인체는 제대로 성장하지 못하고 병들고 말 것이다. 사탄의 유혹에 넘어간 사심에 따른 행동은 계속 자신을 죄의 굴레 속에 가두게 한다.

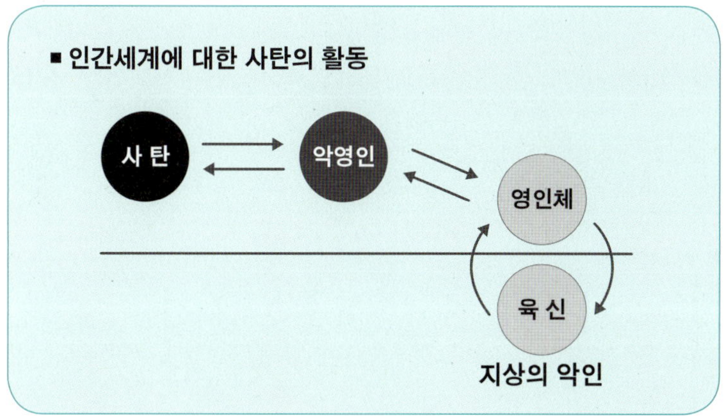

영인체를 성장시키기 위해서는 악한 생소, 나쁜 생력요소가 들어오지 않도록 해야 한다. 그리고 진리탐구를 통해 많은 하늘의 생소를 받도록 하고, 양심을 바탕으로 한 윤리도덕적 삶과 진선미의 가치를 추구하는 삶을 통해서 좋은

생력요소를 얻을 수 있도록 하는 것이 중요하다. 한편 죄의 뿌리만큼은 인간 개인의 노력으로 뽑아낼 수 없기 때문에, 이를 뿌리 뽑기 위해서는 메시아와의 만남을 통해 중생되어야 한다. 이것이 사탄으로부터 해방 되고 죄와 타락성으로부터 해방 되는 지름길이다.

생각과 지혜 나누기

1. 타락성에 대해서 이야기해 봅시다.
2. 어떻게 하면 자유로운 존재가 될까요?.
3. 천사에 대한 이미지를 서로 말해 봅시다.

제13장

죽음과 다시 삶

제13장 죽음과 다시 삶

1. 삶과 죽음의 의미

부활 곧 다시 삶에 대해서 생각할 때 우리는 흔히 육체적 부활을 생각한다. 만약 성서의 예언을 문자 그대로 받아들인다면, 예수님이 다시 오실 때에는 이미 흙 속에 파묻혀 삭아져 버린 모든 성도들의 육신이 다시 본래의 모양 그대로의 모습으로 살아나올 것으로 보아야 한다. 그런데 이것은 현대인의 이성으로는 도저히 납득할 수 없는 내용이기 때문에 결국 현대인의 신앙생활에 커다란 혼란을 가져오게 된다. 이러한 혼란을 막기 위해서 우리는 성서에서 보는 삶과 죽음에 대한 의미를 제대로 파악해 보아야 한다.

다시 산다는 것은 죽었기 때문이므로, 부활을 알기 위해서는 먼저 성서에서 말하는 삶과 죽음에 대해 알아보아야 한다. 성서를 보면 부친을 장사(葬事)하기 위하여 자기 집에 가려고 하는 제자에게 예수님은 "죽은 자는 죽은 자들로 하여금 장사하게 하라"고 말씀한 대목이 나온다. 우리는 예수님의 이 말씀 가운데서 죽음과 삶에 각각 서로 뜻을 달리하는 두 가지의 개념이 있다는 것을 알 수 있다. 첫째는 장사를 치러야 할 그 제자의 부친과 같이, 육신의 목숨이 끊어지는 '죽음'에 대한 생사의 개념이다. 이런 '죽음'에 대한 '삶'은 그 육신이 생리적인 기능을 유지하고 있는 상태를 의미한다. 둘째는 그 죽은 부친을 장사하기 위하여 모여서 활동하고 있는 사람들을 죽은 자라고 말하는 것에서 '죽음'에 대한 새로운 생사의 개념이다.

첫째로 육신의 목숨이 끊어진 사람을 죽은 자, 육신의 목숨이 붙어 있는 사람을 산 자로 한다는 것은 일반적 죽음과 삶에 대한 의미이기 때문에 우리는 쉽게 이해가 된다. 문제는 둘째의 내용이다. 어찌하여 예수님은 육신이 현재 움직이고 있는 사람들을 지적하여 죽은 자라고 말씀하셨을까? 성서에 비신앙적인 사데교회 사람들에게 "내가 네 행위를 아노니 네가 살았다 하는 이름은 가졌으나 죽은 자라"고 하는 표현이 나온다. 여기서 '죽은 자'란 바로 예수님을 배반하고 하나님의 사랑을 떠나버린 자리, 곧 사탄의 주관권내에 머물러 있는 사람을 가리켜 부른 말이다. 따라서 죽음은 육신의 목숨이 끊어지는 것을 뜻할 뿐만 아니라, 하나님의 사랑의 품을 떠나서 사탄 주관권내에 떨어진 것을 의미하는 죽음도 있다. 아무리 그 육신이 활동을 하고 있다 하더라도 그것이 하나님의 주관권을 벗어나서 사탄의 주관권내에 머물러 있으면, 그는 창조본연의 가치기준으로 보아 죽은 자가 아닐 수 없는 것이다. 그러므로 이러한 죽음에 대한 삶의 뜻은 하나님의 사랑의 주관권내에서 그의 뜻대로 활동하고 있는 상태를 말하는 것이다. 그러므로 '산 자'란 예수님이 나를 믿는 자는 죽어도 살겠고 하신 것처럼 하나님의 사랑의 주관권내에서 그의 뜻대로 활동하고 있는 사람을 말하는 것이다.

그렇다면 인간 시조의 타락으로 초래된 죽음은 어떤 의미의 죽음이었을까? 하나님은 인간이 타락되지 않았어도 노쇠하면 그 육신이 흙으로 돌아가도록 창조하셨다. 그러므로 아담이 930세에 죽어 그의 육신이 흙으로 돌아갔지만 이것은 어디까지나 타락 때문에 온 죽음은 아니었다. 창조원리에 의하면 육신은 영인체의 옷이라고도 할 수 있는 부분이어서, 옷이 더러워지면 벗는 것같이 육신도 노쇠하면 벗어버리고 그 영인체 만이 영계에 가서 영원히 살게 되어 있기 때문이다.

두 가지의 죽음 중에서 육신의 목숨이 끊어지는 것을 의미하는 죽음이 타락으로 인한 죽음이 아니라면, 사탄 주관권 내에 떨어지는 것을 의미하는 죽음이 곧 타락으로 인한 죽음이라는 결론에 이르지 않을 수 없다. 성서에 의하면 하나님이 아담 해와를 창조하신 후에 그들에게 선악과를 따먹는 날에는 정녕 죽으리라고 말씀하셨다. 그러므로 하나님의 말씀대로 그들은 선악과를 따먹은 그날 죽었던 것이다. 그런데 그들의 육신은 살아 있었다. 그 죽은 아담과 해와는 오늘날의 우리들과 마찬가지로 지상에서 육신생활을 계속하면서 자손을 번식하여 오늘의 타락한 인류사회를 이루어 놓는 기원이 되었다. 이러한 사실로 볼 때, 타락으로 인하여 초래된 그 죽음은 육신의 목숨이 끊어지는 것을 의미하는 죽음이 아니라, 하나님의 선주관권으로부터 사탄의 악주관권으로 떨어지는 것을 의미하는 것임을 알 수 있다.

그래서 성서에서 "사랑하지 아니하는 자는 사망에 머문다."고 한 것이다. 하나님의 사랑 가운데서 이웃을 사랑할 줄 모르는 사람은 아무리 지상에서 생활을 하고 있다 하더라도 그는 어디까지나 죽은 사람이라는 뜻이다. 이와 동일한 뜻으로 성서에는 "죄의 삯은 사망이요, 하나님의 은사는 영생이라."고 하였고, 또 "육신의 생각은 사망이요, 영의 생각은 생명과 평안이라."고 하였다.

반면에 이미 육신의 목숨이 끊어진 인간이라 할지라도 그의 영인체가 영계의 천상천국에서 하나님의 사랑의 주관권 내에 있다면 그는 어디까지나 살아있는 사람인 것이다. 예수님께서 나를 믿는 자는 죽어도 산다고 하신 것은 예수님을 믿고 하나님의 주관권내에서 사는 사람은 목숨이 끊어지고 그 육신이 흙으로 돌아간다 하더라도, 그 영인체는 여전히 하나님의 주관권내에 있는 것이기 때문에 그는 살아 있는 사람이라는 말씀이다.

2. 다시 삶의 의의

그러므로 부활은 이미 타계한 성도들이 다시 육신을 갖는 것이 아니다. 흙으로 분해되었던 시체가 다시 육신을 가진 본래의 상태로 살아나는 것을 의미하지 않는다. 부활이란 인간이 그의 타락으로 초래된 죽음, 곧 사탄 주관권내에 떨어진 입장으로부터 복귀섭리에 의하여 하나님의 직접주관권내로 복귀되어 나아가는 과정적 현상을 의미하는 것이다. 그러므로 죄를 회개하고 어제의 나보다 오늘의 내가 조금 더 선하게 되었다면 우리는 그만큼 부활한 것이다. "내 말을 듣고 또 나를 보내신 이를 믿는 자는 영생을 얻었고 심판에 이르지 아니하나니 사망에서 생명으로 옮겼다"고 한 성서의 말씀은, 바로 예수님을 믿음으로 말미암아 사탄의 품속을 떠나 하나님의 사랑의 품 안으로 돌아가는 것이 곧 부활이라는 것을 의미한 것이다.

이제까지 우리는 인간의 목숨이 끊어져서 그 육신이 흙으로 돌아가는 것을 타락으로 인한 죽음인 것으로 알고 있었다. 따라서 이러한 죽음으로부터 다시 살아나는 것을 성서가 의미하는 부활이라고 해석하여 왔기 때문에, 이미 타계한 성도들의 부활은, 곧 흙으로 분해되었던 그 육신이 다시 본래 모양대로 살아나는 것으로 믿고 있었던 것이다. 그

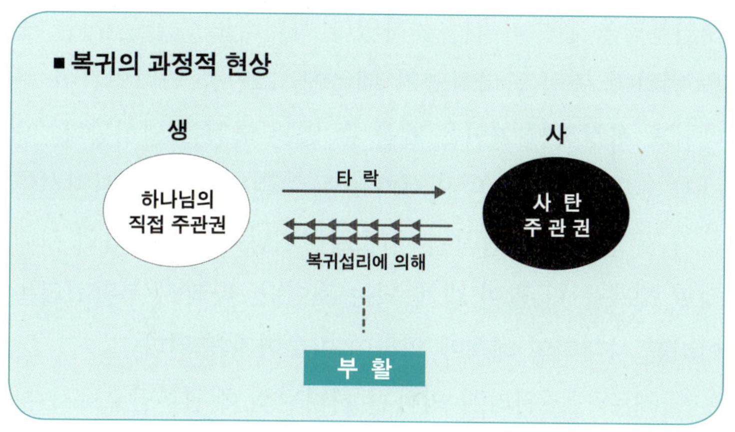

러나 이상에서 밝힌 것처럼, 부활은 곧 사탄의 주관권에 속한 사탄의 자녀에게서 하나님의 주관권에 속한 하나님의 자녀로 태어나는 것을 의미한다. 그리고 부활이 과정적인 현상이라고 하는 것은 하나님의 자녀로 태어난 영인체를 계속 완성시켜 나가는 노력이 필요한 것을 의미한다.

3. 다시 삶의 과정

부활은 타락인간이 창조본연의 자체로 복귀하는 과정적인 현상을 의미하는 것이므로 부활섭리는 곧 복귀섭리이다. 그리고 복귀섭리는 곧 재창조섭리이므로 부활섭리는 또한 재창조섭리가 되기도 한다. 따라서 부활섭리도 창조원리에 의하여 다음과 같이 섭리하게 되는 것이다. 첫째로 부활섭리역사에 있어서 그 사명적인 책임을 맡았던 인물들이 비록 책임분담을 완수하지는 못하였다 하더라도 그들은 하늘 뜻을 위하여 충성을 다하였기 때문에, 그만큼 타락인간이 하나님과 심정적인 인연을 맺을 수 있는 터전을 넓혀왔다. 따라서 후대의 인간들은 역사가 흐를수록 그 이전의 선지선열들이 쌓아 올린 심정적인 기대로 말미암아 복귀섭리의 시대적인 혜택을 더 많이 받게 되는 것이다. 따라서 부활섭리는 이러한 시대적인 혜택에 의하여 이루어지게 된다.

둘째로 창조원리에 의하면 하나님의 책임분담으로서 창조된 인간은 그 자신의 책임분담으로서 하나님이 주신 말씀을 믿고 실천하게 될 때 비로소 완성하도록 창조되어 있는 것이다. 그러므로 부활섭리를 하는 데 있어서도 하나님의 책임분담으로서의 섭리를 위한 말씀이 있어야 하고, 거기에 타락인간이 그 자신의 책임분담으로서 그 말씀을 믿고 실천해야만 그 뜻이 이루어지게 되어 있다.

셋째로 창조원리에 비추어 볼 때, 인간의 영인체는 육신을 터로 하여서만 성장하여 완성되도록 창조되었다. 따라서 복귀섭리에 의한 영인체의 부활도 역시 지상의 육신생활을 중심하고서만 이루어지게 되어 있다. 넷째로 인간은 창조원리를 따라 성장기간의 질서적인 3단계를 거쳐서 완성하도록 창조되었다. 그렇기 때문에 타락인간에 대한 부활섭리도 그 섭리기간의 질서적인 3단계를 거쳐서야 완성하게 되어 있다. 그런 영인체는 3단계, 곧 영형체(靈形體), 생명체(生命體), 생령체(生靈體)로 부활되어 간다.

하나님은 이러한 영인체의 부활섭리를 성서의 역사를 통

해서 섭리해 나오셨다. 구약시대는 율법의 말씀을 인간이 행하여 책임분담을 완수하여 의롭다함을 받았다. 그러므로 이 시대를 행의시대(行義時代)라고도 한다. 이 시대에 있어서 인간들은 율법을 행함으로 말미암아, 그의 영인체가 육신을 터로 하여 소생부활을 함으로써 영형체를 이룰 수 있었다. 그리고 지상에서 영형체를 이룬 인간들이 육신을 벗으면 그 영인체는 영형체급 영계에 가서 살게 되어 있었다.

신약시대는 예수님이 주신 복음의 말씀을 인간이 믿고 책임분담을 완수하여 의롭다함을 받도록 섭리하였다. 그러므로 이 시대를 신의시대(信義時代)라고도 하는 것이다. 이 시대의 인간들은 복음을 믿음으로 말미암아 그의 영인체가 육신을 터로 하여서 장성부활을 하여 생명체를 이루게 된다. 이와 같이 지상에서 생명체급 영인체를 이룬 인간들은 육신을 벗은 후에 생명체급 영계인 낙원으로 가서 살게 된다.

재림주님 이후의 시대는 성약시대(成約時代)로서 이때는 신구약을 이루시기 위하여 주시는 새 말씀을 인간들이 믿고 또 주님을 직접 모심으로써 그 책임분담을 완수하게 되어 의롭다함을 받는다. 그러므로 이 시대를 시의시대(侍義時代)라고 한다. 이 시대의 인간들은 재림주님을 믿고 모심으로 말미암아 영육 아울러 부활되어 그 영인체는 생령체를 이루게 된다. 이와 같이 지상에서 생령체를 완성한 인간들이 생활하는 곳을 지상천국이라 하고, 이들이 육신을 벗고 영계에 가면 생령체급 영계인 천상천국으로 가서 살게 되는 것이다. 지금의 시대는 행의시대인 구약시대도 아니고, 신의시대인 신약시대도 아니며, 신 · 구약을 이루기 위해 주는 새 말씀 곧 성약을 인간들이 믿고 또 주님을 직접 모심으로써, 그 책임분담을 완수하여 의로움을 받도록 섭리하는 시의시대, 성약시대이다.

이 시대는 성약시대이기 때문에 이 시대를 살아가는 사람들은 율법의 지킴도 아니고, 신약의 믿음도 아닌 모심의 생활을 통하여 부활을 하게 된다. 시의시대인 성약시대를 살아가는 인간에게는 구약시대의 행함도 필요하고, 신약시대의 믿음도 필요하며, 성약시대의 모심도 다 필요하다. 모시는 자는 주체인 하나님 앞에 대상으로서 대상격위(對象格位)를 갖는다. 대상격위는 주체의 주관을 받는 입장인 동시에 주체에게 기쁨을 돌려줌으로써 존재 의의를 갖는다. 그러므로 인간은 주체인 하나님 앞에 기쁨을 돌려드리는 대상의식(對象意識)을 가져야 한다. 그 대상의식은 하나님을 모시는 마음, 곧 시봉심(侍奉心) 혹은 충성심과 참부모, 참스승, 참주인이신 하나님에 대한 효성심, 존경심, 복종심, 위타심(爲他心) 등이다. 이러한 대상의식을 가지고 주체이신 하나님과 연합된 삶을 살아야 한다.

이처럼 부활은 모시는 생활을 통한 부활이기 때문에 행함과 믿음을 통한 부활을 포괄하는 개념을 넘어서 하루 24시간 하나님과 함께 연합하며 동사(同思) · 동행(同行) · 동역(同役)하는 것을 말한다. 이는 모든 생활감정을 하나님과 같이하는 것이며, 무엇을 먹을 때도 더불어 먹고, 어디를 갈 때도 함께 가고, 마음으로나 생활로나 심정으로나 재림주님과 불가분리의 관계를 맺는 것이다.

또한 부활은 '과정적인 현상'이기 때문에 일회적이거나 즉각적인 것이 아니고 점진성과 연속성을 갖는다. 부활은 하나님의 은혜를 바탕으로 하여 철저히 자기책임으로 이루어 나가는 것이다. 부활은 육신의 삶을 통하여 그리고 죄의 회개를 바탕으로 진행된다. 인간에게는 인간조상이 저지른 영적 타락과 육적 타락에 의한 혈통적인 죄인 원죄, 유전적 죄, 연대적 죄, 자범죄와 죄의 오염인 타락성본성이 있기 때문에 부활의 과정을 통해서 이러한 죄들과 죄책을 청산하고 타락성을 제거하며 성장한다. 그 죄의 회개는 육신의 삶 속에서 이루어지므로 부활은 육신의 삶의 자리에서 이루어진다. 부활은 타락인간이 지상의 육신생활을 중심하고 그 자신의 책임분담으로서 하나님의 말씀을 믿고 실천해야만 이루어지게 되어 있다.

이는 항상 하나님의 뜻을 중심하고 자신을 제물로 바치는 것이다. 자신을 쪼개지 않을 때에는 거기에 사탄이 침범할 수 있는 조건이 성립됨으로 자신을 제물의 입장에 세워놓고, 선과 악으로 쪼개어 하나님이 기뻐하시는 생축의 제물로 바치는 생활을 해야 한다. 특히 생령체를 이루어 천국에서 영생하려면 선한 삶, 참된 사랑의 삶을 살아서 좋은 생력(生力)요소를 영인체에게 돌려서 성장시켜나가야 한다. 이와 더불어 사탄의 본성인 '음란, 시기, 질투, 혈기, 욕심, 자기중심, 교만' 등의 타락성을 제거해 나가고 양심의 가책을 받지 않도록 참사랑으로 삶을 살아야 영인체가 성령체로 되어 간다.

4. 인간이면 누구나 가야할 길

인간은 부활의 과정을 통하여 외형상으로는 아무런 변화가 생기지 않지만 내적인 영인체는 성장해 간다. 인간은 지상에서의 삶을 살면서 성장시킨 영인체의 성숙 정도에 따라서 육신을 벗고 가는 영계의 장소가 결정된다. 영계라는 곳은 지상생활에서 자기가 살던 그 모양 결실을 그대로 거둬 가는 곳이다. 영형체는 영형체급의 영계에 가고, 생명체는 낙원에 가며, 생령체가 되어야 천국에 간다. 천국에서 영생하기 위해서는 부활의 과정을 통하여 영인체를 생령체로 완성해야 한다.

만약 인간이 육신을 쓴 삶의 노정에서 부활의 과정을 거쳐 온전히 영인체를 생령체로 완성하지 못하면, 영계로 간 이후에 그 영인체는 지상에 재림하여 타인의 삶을 통하여 다시 부활해 나가야 한다. 왜냐하면 부활은 오직 지상에서 육신의 삶을 통해서만 이루어지기 때문이다. 이처럼 지상생활 속에서 영인체를 생령체로 완성시키지 못하고 영계에 간 영인들은 각각 자기들이 지상에서 맡았던 것과 같은 사명을 맡은 동형의 지상인에게 재림하여 그 뜻이 이루어지도록 협조함으로써 영인체의 성장을 이루어가는 것이 '재림부활'이다.

이와 같이 생령체를 이루지 못하고 영계에 간 모든 영인들은 지상을 통해서 완성해야 되기 때문에, 다시 지상에 재림부활하여 협조 기반을 닦아야 한다. 이것은 원리이기 때문에 예외가 있을 수 없다. 죽고 나서도 다 못가면 재림부활해서라도 가야 하는 것이다.

그렇다면 이미 영계에 간 미완성한 영인체는 어떻게 부활섭리를 하는가? 창조원리에 의하면, 인간의 영인체는 하나님으로부터 받아들이는 생소와 육신으로부터 공급되어지는 생력요소의 수수작용에 의해서만 성장하도록 창조되었다. 그렇기 때문에 영인체는 육신을 떠나서는 성장할 수 없으며, 또한 부활할 수도 없는 것이다. 따라서 이미 지상의 육신생활에서 완성하지 못하고 타계해 버린 영인들이 부활하기 위해서는 지상에 재림하여서 자기들이 지상의 육신생활에서 이루지 못하였던 그 사명부분을 육신생활을 하고 있는 지상의 성도들을 협조하여 그것을 이루게 함으로써 지상인들의 육신을 통하여 대신 이루어 맞추어야 하는 것이다. 성서에 "끝날에 주님과 함께 수만 성도가 임하리라."고 말씀하신 이유가 여기에 있는 것이다.

그러면 영인들은 어떤 방법으로 지상인으로 하여금 뜻을 이루도록 협조하는가? 지상의 성도들이 기도 및 기타 영적인 활동을 하는 가운데 영인들의 상대가 되면, 그 영인들은 재림하여서 그 지상인들의 영인체와 상대기준을 조성하여 역사하게 된다. 그리하여 그 영인들은 지상인들로 하여금 불을 받게 하고 병을 고치게 하는 등 여러 가지의 능력을 행하게 한다. 그뿐 아니라 입신상태에 들어가서 영계의 사실을 보고 듣게도 하고, 혹은 계시와 묵시에 의하여 예언을 하게도 하며 그 심령에 감명을 주는 등 여러 면에 걸쳐 성신을 대신 역사(役事)를 함으로써, 지상인으로 하여금 뜻을 이루어 나아가도록 협조하는 것이다.

생각과 지혜 나누기

1. 사후의 세계에 대해 이야기해 봅시다.
2. 웰빙과 웰다잉은 무엇이라고 생각합니까?
3. 내가 알고 있는 죽음과 관련한 사건(자연사, 자살) 등을 이야기해 봅시다.

제14장
인간과 역사

제14장 인간과 역사

1. 역사이해

큰 천재지변이 일어나거나 테러와 전쟁의 위협이 있을 때마다 단골로 떠오르는 것은 '종말론'이다. 사람들은 특정 종교 단체나 교파에서 줄곧 제기하는 종말론에 현혹되기도 하고, 그 예언이 빈번이 빗나갔음에도 불구하고 이러한 종말론은 끊임없이 이어지며 득세하고 있다.

이러한 모든 혼란과 야기되는 불상사는 올바른 역사관을 제대로 정립하지 못했기 때문이다. 역사관이란 역사의 발전 법칙에 대한 체계 있는 견해를 말한다. 역사의 다양성과 혼돈 속에서 질서를 발견하며 특정한 도식과 법칙에 따라 역사를 보편적으로 파악하는 것이다. 인류역사 전체 속에서 '지금 여기'와 '미래 그곳'을 어떤 보편적 도식과 법칙을 통해 파악하는 역사 해석이다.

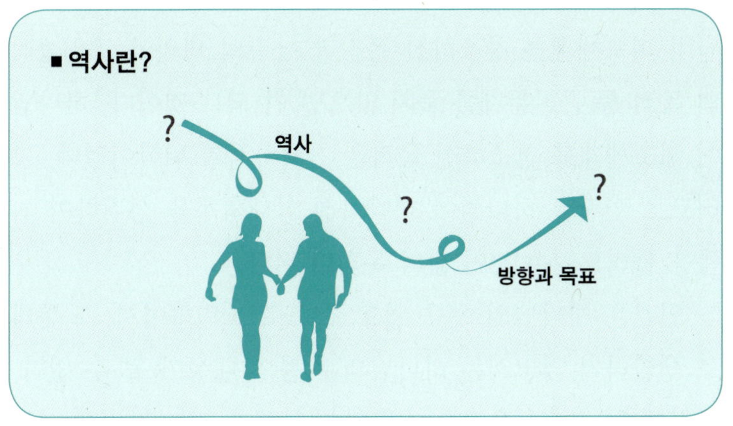

우리가 올바른 역사관을 갖는 것은 대단히 중요하다. 올바른 역사관을 통해서 인류의 미래상을 확립하게 된다. 역사의 올바른 방향성을 제시함으로써 그것을 바탕으로 현실문제의 해결 방안을 찾을 수 있다. 또한 올바른 역사관 정립은 곧 나의 인생관과 직결되기 때문에 대단히 중요하다. 역사관이 뚜렷해야 인생관이 뚜렷해진다. 올바른 역사관을 가져야 올바른 인생관을 갖게 되어 행복한 인생을 살 수 있다.

2. 타락세계와 창조이상세계

우리는 인류역사가 어떻게 시작되었으며 또 어디를 향하여 흘러가고 있는가 하는 것을 제대로 모른 채 살고 있다. 그렇기 때문에 인류역사의 종말에 대해서도 정확히 알지 못하는 것이다. 이러한 문제들을 제대로 알기 위해서는 하나님이 피조세계를 창조하신 목적과 타락의 의의와 구원섭리의 목적 등 근본문제를 풀지 않으면 안 되는 것이다. 하나님이 피조세계를 창조하신 목적은 기뻐하시기 위함이었다. 그러므로 인간은 하나님이 허락하신 삼대축복을 성취하여 기쁨을 돌려드리는 것이 삶의 목적이 된다.

인간은 하나님의 뜻을 알고 스스로 노력하여서 그 뜻대로 생활하지 않고서는 하나님의 기쁨의 대상이 될 수 없다. 이렇게 하나님의 온전한 기쁨의 대상체가 되는 자리에 서는 것이 개성완성인 것이다. 개성을 완성한 인간의 마음에는 하나님이 머물게 되므로 결국 하나님의 성전이 되어 하나님의 뜻대로 생활하게 된다. 하나님과 일체를 이룬 인간은 신성을 갖게 되어 죄를 지으려해도 지을 수 없게 되고 따라서 타락할 수도 없게 된다.

이렇게 개인적으로 개성완성을 하고 개성을 완성하여 죄를 지을 수 없게 된 아담과 해와가 하나님이 축복하신 말씀대로 자녀를 번식하여 죄 없는 가정과 사회와 국가를 이루었다면 그것이 한 부모를 중심한 인류 대가족으로 이루어진 천국이었을 것이다. 천국은 마치 개성을 완성한 사람 하나의 모양과 같은 세계이다. 인간이 그 두뇌의 종적인 명령에 의하여 그의 사지백체가 서로 횡적인 관계를 가지고 활동하듯이, 이상적인 사회는 하나님으로부터의 종적인 명령에 의하여 서로 횡적인 유대를 맺어 생활하게 되어 있는 것이다. 이러한 사회에는 어느 한 사람이라도 고통을 당하면, 그것을 보시고 같이 서러워하시는 하나님의 심정을 사회전체가 그대로 체휼하게 되기 때문에 이웃을 해치는 행위를 할 수 없게 된다.

그리고 하나님이 "만물을 주관하라!"고 하신 말씀대로 과학을 발달시켜 자연계를 이용함으로써 안락한 사회환경을 이 지상에 이루어 놓으면 그곳이 곧 지상천국이다. 이처럼 인간은 완성되어 지상천국을 이루고 살다가 육신을 벗고 영계로 가게 되면 바로 거기가 천상천국이 되는 것이다. 그러므로 하나님의 창조목적은 어디까지나 이 지상에 먼저 천국을 건설하시려는 데 있었던 것이다.

그러나 인류시조가 타락함으로 말미암아 하나님의 성전을 이루지 못하고, 사탄이 머무는 몸이 되어 그와 일체를 이룸으로써 하나님의 성품을 갖지 못하고 악한 성격을 갖게 되고 말았다. 이러한 악한 성격을 가진 인간이 잘못된 자녀를 번식하여 잘못된 가정과 사회와 국가를 이루었으니 이것이 지상지옥이다. 이곳에서는 하나님과의 종적인 관계가 끊어졌기 때문에 인간들 사이의 횡적인 관계도 끊어져서 하나님이 계신지도 모르고 영계가 있는지도 모르고, 이웃의 고통을 나의 고통으로 느끼지도 못하고 오히려 이웃을 해치는 행위를 하게 되고 말았다. 오히려 하나님 대신 사탄을 세상의 신으로 여기는 사탄 주권의 세상을 이루고 말았다. 이러한 인간은 지상지옥에서 살다가 육신을 벗은 후에는 천상지옥으로 가게 되는 것이다.

3. 복귀섭리역사

1) 구원섭리는 곧 복귀섭리다.

이 죄악의 세계는 인간이 서러워하는 것은 말할 것도 없고 하나님도 서러워하시는 세계인 것이다. 그렇다면 하나님은 이 설움의 세계를 그대로 방관하고 내버려두실 것인가? 하나님은 심정의 하나님이시고, 부모이신 하나님이시므로 이러한 사태 속에 있는 인간과 세상을 그냥 방관하며 내버려 두시지 않으신다. 하나님은 이 죄악의 세계를 구원하시지 않을 수 없다.

물론 인간 자신의 잘못으로 말미암아 되어진 타락이지만 하나님은 이러한 결과에 대해 창조주로서의 책임을 지시지 않을 수 없는 것이다. 그러므로 하나님은 이 잘못된 결과를 창조본연의 것으로 복귀하시려는 섭리를 하시지 않을 수 없는 것이다.

그렇다면 하나님은 이 세계를 어느 정도로 구원하셔야 할 것인가? 구원은 완전한 구원이어야 하므로 하나님은 어디까지나 이 죄악의 세계에서 사탄의 악 세력을 완전히 몰아냄으로써 먼저 인간시조가 타락하기 전의 입장을 복귀하는 데까지 구원하시고, 그 위에 선의 창조목적을 완성하시어 하나님이 직접주관하시는 데까지 나아가야 한다. 병든 사람을 구원한다는 것은 병들기 전의 상태로 복귀시킨다는 뜻이요, 물에 빠진 자를 구원한다는 것은 곧 빠지기 전의 입장으로 복귀시킨다는 뜻이다. 그렇다면 죄에 빠진 자를 구원한다는 것은 곧 죄가 없는 창조본연의 입장으로 복귀시킨다는 뜻이다. 그러므로 하나님의 구원섭리는 곧 복귀섭리인 것이다. 또한 하나님은 예정에 따라 선택적 구원을 하시는 분이 아니다. 그 구원은 완전한 구원이요, 보편적 구원, 만인의 구원이다. 하나님의 구원의 역사가 곧 인류역사이다.

그러면 복귀섭리의 목적은 무엇이겠는가? 그것은 본래 하나님의 창조목적이었던 선의 대상인 천국을 이루는 것이다. 원래 하나님은 인간을 지상에 창조하시고 그들을 중심하고 먼저 지상천국을 이루시려고 하셨다. 그러나 인간시조의 타락으로 말미암아 그 뜻을 이루지 못하셨기 때문에 복귀섭리의 제1차적인 목적도 역시 지상천국을 복귀하는 것이 아닐 수 없다. 지상천국은 지상에 삼대축복을 완성시키는 것이기 때문에 먼저 삼대축복을 이루는 것이 복귀섭리의 제1차적인 목적이 된다.

2) 인류역사는 곧 복귀섭리역사다

하나님의 구원섭리는 바로 복귀섭리이다. 그러므로 인류역사는 타락한 인간을 구원하여 그들로 하여금 창조본연의 선의 세계로 복귀하게 하시려는 섭리역사이다. 인류역사는 곧 복귀섭리의 역사라는 것을 고찰해 보자.

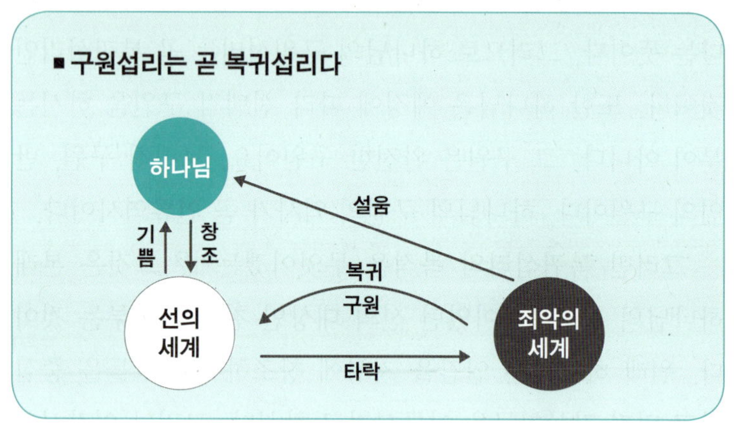

첫째, 문화권 발전사의 입장에서 고찰해 보자. 동서고금을 막론하고 아무리 악한 인간이라 하여도 악을 버리고 선을 따르려는 본심만은 누구나 공통적으로 가지고 있다. 그러므로 어떤 것이 선이며, 어떻게 해야 선을 이룰 것인가 하는 것은 지능에 속하는 것이어서 시대와 장소와 사람에 따라 각각 다르기 때문에 서로 상충되어 투쟁의 역사를 엮어 내려온 것이 사실이지만, 선을 찾아 세우려는 그들의 근본

목적만은 모두 동일하다. 그러면 어찌하여 인간의 본심은 누구도 막을 수 없는 힘을 가지고 시공을 초월하여 선을 지향하고 있는가? 그것은 선의 주체이신 하나님이 선의 목적을 이루시기 위한 선의 실체대상으로 인간을 창조하셨으므로, 비록 타락인간은 사탄의 역사로 말미암아 선의 생활은 할 수 없게 되었으나 선을 추구하는 그 본심만은 여전히 남아 있기 때문이다. 그러므로 이러한 인간들이 만드는 역사의 갈 곳은 결국 선의 세계가 아닐 수 없는 것이다.

인간의 본심이 아무리 선을 지향하여 노력한다고 하여도 이미 악주권 속에 있게 된 이 세계에서는 그 선의 실상을 찾아볼 수 없게 되었다. 그래서 인간은 시간과 공간을 초월한 세계에서 그 선의 주체를 찾으려 하지 않을 수 없게 된 것이다. 이러한 필연적인 요구에 의하여 탄생된 것이 바로 종교이다. 이와 같이 타락으로 인하여 하나님을 모르게 된 인간은 종교를 세워 부단히 선을 찾아 나아감으로써 하나님을 만나려고 한 것이었기 때문에, 설령 종교를 받들고 있었던 개인이나 민족이나 국가는 망했다 할지라도 종교 그 자체만은 오늘에 이르기까지 계속 남아 전해지고 있는 것이다.

역사상에는 많은 종교가 오고 갔다. 그 가운데서 영향력이 큰 종교는 반드시 문화권을 형성하여 왔는데 문헌에 나타나 있는 문화권만 해도 21개 내지 26개나 된다. 그러나 역사의 흐름에 따라 점차로 열등한 것은 보다 우수한 것에 흡수되었거나 또는 융화되어 왔다. 그리하여 근세에 이르러서는 수많은 국가흥망의 흐름 속에서 결국 극동문화권, 인도교문화권, 이슬람문화권, 기독교문화권 등의 4대문화권이 남겨지게 되었고, 이것들은 다시 기독교를 중심한 하나의 세계적인 문화권을 형성해 가는 추세를 보여주고 있다. 그러므로 기독교가 선을 지향해 온 모든 종교의 목적을 함께 달성해야 할 최종적인 사명을 가지고 있다는 사실은 이러한 역사적인 추세로 보아서도 알 수 있다. 이와 같이 문화권의 발전사가 수많은 종교의 소장(消長) 또는 융합에 따라 결국 하나의 종교를 중심한 세계적인 문화권을 형성해 가고 있음을 보여주고 있다는 사실은 인류역사가 바로 하나의 통일된 세계로 복귀되어가고 있다는 증거이다.

둘째, 종교와 과학의 동향으로 보아도 우리는 인류역사가 복귀섭리의 역사라는 것을 알 수 있게 된다. 타락인간의 내외 양면의 무지를 극복하기 위하여 종교와 과학이 나오게 되었다. 역사이래 서로 관련이 없이 독자적으로 발달해 온 종교와 과학이 오늘날에 이르러서는 각각 제 갈 곳을 다 가서 한 자리에서 서로 만나지 않을 수 없게 되었다. 이러한 사실은 인류역사가 이제까지 창조본연의 세계를 복귀하는 섭리노정을 걸어 나왔다는 것을 우리에게 말해 주고 있는 것이다. 만일 인간이 타락되지 않았다면 인간의 지능이 영적인 면에서 최고도까지 향상하였을 것이기 때문에, 육적인 면에서도 최고도로 발달되어 과학은 그 때 극히 단시일 내에 놀라울 정도로 향상되었을 것이다. 따라서 오늘날과 같은 과학사회는 벌써 인간시조 당시에 이루어졌을 것이다. 그러나 인간은 타락으로 인하여 무지에 빠지게 되면서 그러한 사회를 이루지 못하였기 때문에 유구한 역사의 기간을 두고 과학으로써 그 무지를 타개하면서 창조본연의 이상적 과학사회를 복귀하여 나왔다. 그런데 오늘의 과학사회는 극도로 발달되어 외적으로는 이상사회로 전환될 수 있는 그 전 단계까지 복귀되어가고 있는 것이다.

셋째, 투쟁역사의 흐름을 보아도 인류역사는 복귀섭리역사라는 사실을 알 수 있다. 재물을 빼앗고 땅을 빼앗으며 사람을 빼앗으려는 싸움이 인류사회의 발달과 더불어 벌어져 오늘에 이르기까지 유구한 역사의 기간을 두고 하루도 쉬지 않고 계속되어 왔다. 그리고 이 싸움은 가정, 종족, 민족, 국가, 세계를 중심한 싸움으로 그 범위를 넓혀 나와 오늘에 이르러서는 민주와 공산 두 세계가 마지막 싸움을 하게 되었다. 이제 인류역사의 종말을 고하는 이 마지막 때에 이르러 천륜은 드디어 재물이나 땅이나 사람을 빼앗아 행복을 누릴 수 있다고 생각해 온 역사적인 단계를 지나 민주주의라는 이름을 띠고 이 땅에 찾아왔다. 제1차 세계대전이 끝난 후에는 전쟁에서 패한 국가가 식민지를 내놓더니 제2차 세계대전이 끝나고 나서는 전쟁에서 승리한 국가들이 차례로 식민지를 내놓는 현상이 벌어졌다. 한편 오늘의 강대국들은 그들의 일개 도시만도 못한 약소국가들을 유엔에 가입시키고, 그들을 먹여 살릴 뿐 아니라 자기와 동등한 권리와 의무를 주어 모두 형제국가들로 만들고 있다. 이와 같이 투쟁역사의 귀추로 보아도 인류역사는 창조본연의 세계를 복귀하는 섭리역사임을 부인할 수 없다.

넷째, 성서를 중심하고 인류역사가 복귀섭리역사임을 알아보기로 하자. 인류역사의 목적은 '생명나무'를 중심한 에덴동산을 복귀하려는 데 있다. 그런데 에덴동산은 아담과 해와가 창조된 어떤 국한지역을 말하는 것이 아니라 지구 전체를 의미한다.

인간조상이 타락했기 때문에 하나님이 생명나무를 중심하고 세우려던 에덴동산을 사탄에게 내주게 되었다. 그래서 알파로 시작된 인류 죄악역사가 오메가로 끝날 때, 타락인간의 소망은 죄악으로 물든 옷을 깨끗이 빨아 입고 복귀된 에덴동산으로 다시 들어가 잃어버렸던 그 생명나무를 다시 찾아 나아가는 데 있다고 성서에 기록되어 있다. 그러면 이 성서의 내용은 무엇을 의미하는가?

이미 밝혀진 바이지만, 생명나무는 완성한 아담 곧 인류의 참아버지를 말하는 것이다. 부모가 타락되어 그의 후손도 원죄를 가진 자녀들이 되었으니 이 죄악의 자녀들이 창조본연의 인간으로 복귀되기 위해서는 예수님의 말씀대로 모두 거듭 나지 않으면 아니 된다. 그러므로 역사는 인류를 다시 낳아 주실 참 아버지 되시는 예수님을 찾아 나온 것이니 역사의 종말기에 들어 성도들이 소망하고 찾아 나아가는 것으로 기록되어 있는 요한계시록의 생명나무는 바로 예수님을 말하는 것이다. 우리는 이러한 성서의 기록을 보아도 역사의 목적은 생명나무로 오실 재림 예수님을 중심한 창조본연의 에덴동산을 복귀하려는 데 있다는 것을 알 수 있다. 우리는 이와 같이 여러 면으로 고찰하여 볼 때 인류역사는 창조본연의 세계로 복귀하는 섭리역사라는 것을 분명히 알 수 있는 것이다.

이상에서 보는 것처럼 인류역사는 하나님의 섭리역사이고, 창조본연의 세계를 복귀하고자 하는 복귀섭리역사이다. 우리 인간은 지상에서 먼저 천국을 이루어야 한다. 그렇기 때문에 어떠한 방법으로든 지상의 멸망이라는 것은 있을 수 없다. 그리고 하나님은 보편적 만인구원을 하신다. 예정에 의한 선택구원을 하시지 않는다. 하나님은 인류의 부모이시기 때문에 사랑의 심정을 갖고 '잃어버린 한 마리 어린 양'에 관심을 갖는 것처럼 남녀노소 빈부귀천을 떠나 민족과 국가와 인종의 벽을 넘어 모든 인류의 구원을 위해 역사를 섭리해 나오신다.

생각과 지혜 나누기

1. 우리가 알아야 할 대표적인 역사관에는 어떤 것들이 있을까요?
2. 섭리사관이란 무엇일까요?
3. 지금까지 살아 온 나의 역사를 도표로 작성하고 이야기해 봅시다.

제15장

인류역사의 종말과 우리의 자세

제15장

인류역사의 종말과 우리의 자세

1. 인류역사 종말의 의의

성서는 인류역사의 종말이 여러 번 있었음을 보여 준다. 노아 때도 종말의 때였으며 예수님 때도 종말의 때였다. 성서의 기록을 보면 노아 때가 종말의 때였음을 알 수 있다. 하나님은 인간 시조의 타락이후 사탄을 중심한 1600년의 죄악역사를 홍수심판으로 멸하셨다. 하나님은 당신만을 믿고 따르는 노아를 중심한 가정을 세우셔서 하나님의 주권의 세계를 이루려 하셨다. 그러나 노아의 둘째 아들 함의 잘못으로 그 뜻은 노아 때에 온전히 이루어지지 않았다.

노아를 중심한 복귀섭리는 이루어지지 않았으나 완전 구원을 위한 하나님의 뜻은 절대적이기 때문에 유대 민족을 세우시고 유대교를 중심한 믿음의 터를 닦으시고 그 위에 예수님을 보내셔서 사탄 중심의 죄악세계를 멸하시고 하나님 중심의 이상세계를 복귀하려 하셨다. 따라서 예수님 시대도 종말의 때였다. 그러나 준비된 유대인들이 예수님을 불신함으로써 이 뜻도 이루어지지 않고 재림의 시대로 연장되고 말았다.

십자가에 못 박혀 돌아가신 예수님은 영적인 구원만을 이루셨다. 따라서 하나님은 영적 · 육적 아우른 구원섭리를 펼치시기 위하여 예수님을 재림시키셔야 했다. 그러므로 이 예수님의 재림의 시기도 종말의 때가 되는 것이다. 그러기에 성서는 예수님이 재림하실 시기가 종말의 때가 되어 하늘이 변하고 땅에 변화가 일어날 것으로 묘사하고 있는 것이다.

그렇다면 인류역사의 종말이란 어떤 의미인가? 악으로 시작된 인류역사는 실상 하나님의 복귀섭리역사이기 때문에 사탄주권의 죄악세계는 메시아의 강림을 전환점으로 하여 하나님을 중심하고 삼대축복을 이룬 선주권의 세계로 바꾸어지게 된다. 인류역사의 종말이란 이처럼 사탄주권의 죄악세계가 하나님 주권의 창조이상세계로 교체되는 시대를 말한다. 곧 지상지옥이 지상천국으로 바꾸어지는 때가 종말의 때이다. 동양에서는 이를 **개벽(開闢)**이라고 한다. 이때는 선천(先天)시대의 불평등하고 부자유하며 부조화된 갈등

개벽
천지개벽(天地開闢)으로 하늘과 땅이 처음으로 생김, 새로운 시대가 시작되고 새로운 상황이 생김을 이르는 말이다.

축자영감설(逐字靈感說) 성서는 글자까지도 하나님의 영감으로 기록되었기 때문에 단 한 글자도 틀림이 없으며, 역사와 과학적으로도 사실이라는 기독교 근본주의적 성서해석이다.

과 투쟁의 시대, 슬픔과 고통의 시대에서 평등과 자유와 조화와 통일과 행복의 시대인 후천(後天)시대로 교차되는 시기이다. 그러므로 이때는 지금까지 기독교 신도들이 축자영감설에 입각한 문자주의에서 믿어온 대로의 천변지이가 일어나는 공포의 때가 아니고 창세 이후 유구한 역사 노정을 통하여 하나님과 인류가 소망하고 나온 기쁨의 한 날이 실현되는 때인 것이다.

성서에는 종말의 때에 나타날 징조로 하늘과 땅을 멸하고, 새 하늘과 새 땅을 이루신다는 구절들이 있다. 성서에 의하면 "하나님의 날이 임하기를 바라보고 간절히 사모하라. 그 날에 하늘이 불에 타서 풀어지고 체질이 뜨거운 불에 녹아지려니와 우리는 그의 약속대로 의(義)에 거하는 바 새 하늘과 새 땅을 바라보도다." 그러나 노아 때도 말세가 되어 땅을 멸한다고 하셨지만 사실상 멸하지는 않으셨다. 성서에 한 세대는 가고 한 세대는 오되 땅은 영원히 있다고 하신 말씀이나 그 성소를 산의 높음 같이 영원히 두신 땅 같이 지으셨다고 말씀하신 것을 보더라도 땅은 영원한 것임을 알 수 있다. 그러므로 성서의 문자 그대로 지상이 멸해진다는 것이 아님을 알 수 있다.

따라서 하늘과 땅을 멸하고 새 하늘과 새 땅을 이룬다는 의미는 비유일 수밖에 없다. 마치 한 국가를 멸한다는 것이 그의 주권을 멸한다는 것을 의미하고, 새 나라를 건설한다는 것이 새 주권 나라를 세운다는 것을 의미하는 것처럼, 하늘과 땅을 멸한다는 것은 그를 주관하고 있는 사탄주권을 멸한다는 뜻이요, 또 새 하늘과 새 땅을 세운다는 것은 예수님을 중심한 하나님 주권하의 새로운 천지를 복귀한다는 것을 말하는 것이다.

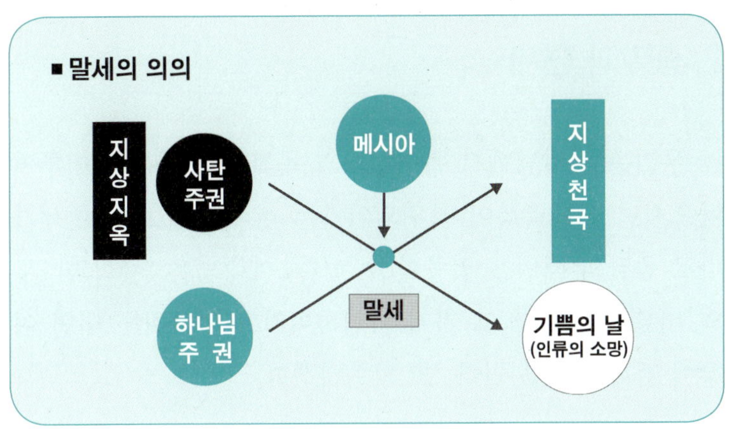

그리고 성서에 하늘과 땅을 불로써 심판한다는 내용이 있는데 종말의 때에는 정말 문자 그대로의 불심판이 있게 될 것인가? 성서를 보면 예수님 때도 그가 심판주로 오셔서 불로써 심판하신다고 예언되어 있고, 예수님이 직접 불을 땅에 던지러 오셨다고도 하셨다. 그러나 실상 성서 어디에서도 예수님이 불심판을 하신 흔적을 찾아 볼 수 없다. 이 말씀도 무엇을 비유한 것임에 틀림없다. 성서에 "혀는 곧 불이요"라는 표현이 나온다. 그리고 "내 말이 불같지 아니하냐"는 표현이 나온다. 따라서 여기서 말하는 불심판은 '혀의 심판', 곧 말씀심판을 의미하는 것이다.

따라서 종말의 때는 천변지이가 일어나는 불안과 공포의 때가 아니고 사탄주권의 세상을 멸하고 하나님 주권의 새로운 세상을 세우는 소망의 때요, 희망의 때인 것이다.

2. 종말과 현세

우리는 하나님께서 복귀섭리의 목적으로 세우고 이루어 나오시던 삼대축복이 복귀되어가는 현상으로 보아 현세가 바로 종말의 때임을 입증할 수 있다. 예수님은 "무화과나무의 비유를 배우라 그 가지가 연하여지고 잎사귀를 내면 여름이 가까운 줄을 안다."고 말씀하셨다.

1) 제1축복 복귀의 현상

하나님이 아담과 해와에게 약속하셨던 제1축복은 바로 그들이 개성을 완성하게 되는 것을 의미한다. 타락인간을 개성을 완성한 창조본연의 인간으로 복귀하기 위해 나오신 하나님의 섭리가 그 최종단계에 이르렀다는 것은, 아래와 같은 여러 현상으로 보아 알 수 있는 것이다.

첫째, 타락인간의 심령이 복귀되어가는 것으로 보아 그러하다. 인간이 완성되면 하나님과 완전히 심정적인 일체를 이루어 서로 교통할 수 있도록 창조되었다. 그러므로 아담과 해와도 불완전한 상태이기는 하였지만 하나님과 대화를 하였던 것이다. 그러나 타락되어 그의 후손은 하나님을 모르는 데까지 떨어져 버린 것이다. 이렇게 타락된 인간이 복귀섭리의 시대적인 혜택을 받게 됨에 따라 점차 그 심령이 복귀된다. 성서에 "말세에 내가 내 영으로 모든 육체에게 부어 주리니 너희 자녀들은 예언할 것이요, 너희 젊은이들은 환상을 보고 너희 늙은이들은 꿈을 꾸리라"고 하신 말씀대로 많은 성도들이 하나님과 영통하는 데까지 이르게 되는 것이다. 오늘날 영통하는 성도들이 우후죽순같이 일어나고 있다. 이로 보아 현세는 말세이기 때문에 인간이 개성을 완성하여 하나님의 제1축복을 복귀할 수 있는 시대로 들어가고 있다는 것을 알 수 있는 것이다.

둘째, 타락인간이 본심의 자유를 복귀해 가고 있는 역사적인 귀추가 더욱 그것을 보여주고 있다. 인간은 타락으로 인하여 사탄의 주관 속에 들어가게 됨으로써 본심의 자유에 구속을 받게 되어 하나님 앞으로 나아갈 수 있는 자유를 잃어버리게 되었다. 그러나 현세에 이르러서는 육신의 생명을 버리고라도 본심의 자유를 찾으려는 심정이 높아지고 있으니, 이것은 말세가 되어 개성을 완성함으로써 타락인간이 사탄에게 잃어버렸던 하나님의 제1축복을 복귀하여 하나님 앞으로 자유롭게 나아갈 수 있는 시대로 들어가고 있기 때문이다.

셋째, 타락인간의 창조본연의 가치성이 복귀되어 가는 현상으로 보아 더욱 그러하다는 것을 알 수 있다. 인간의 창조본연의 가치는 하늘을 중심하고 종적으로 보면 각 개성이 가장 존귀한 천주적인 가치를 제각기 띠고 있다. 그러나 인간은 타락으로 인하여 이러한 가치를 모두 잃어버리고 말았다. 그런데 현세에 이르러 민주주의사상이 크게 조성됨에 따라 인간이 노예해방, 흑인해방, 약소민족해방 등을 주장하며 인권옹호와 양성평등과 만민평등을 부르짖음으로써 창조본연의 개성의 가치를 최고도로 추구기에 이르렀다. 이것은 바로 종말의 때가 다 되어 타락인간이 잃어버렸던 하나님의 제1축복을 복귀할 수 있는 시대에로 들어가고 있음을 실증하는 것이다.

넷째, 타락인간의 본성의 사랑이 복귀되어가고 있다는 사실이 더욱 그것을 말해 주고 있다. 하나님의 창조이상을 완성한 세계는 완성한 사람 하나 모양의 세계로 그 세계의 인간은 모두 하나님과 종적으로 일체를 이루고 있기 때문에 인간 상호간에 있어서도 횡적으로 일체를 이루지 않을 수 없게 되는 것이다. 따라서 이 세계는 오직 하나님의 사랑으로써 종횡으로 얽히어 한 몸 같이 될 수밖에 없게 된다. 그러나 인간은 타락으로 인하여 하나님과의 종적인 사랑이 끊어졌기 때문에 인간들 사이의 횡적인 사랑도 따라서 끊어지게 되어 인류역사는 투쟁으로 엮어져 나왔던 것이다. 그러나 현세에 이르러는 박애주의 사상이 크게 조성되면서 인간이 점점 그 본성의 사랑을 찾아들어가고 있는 것으로 보아, 현세는 하나님의 제1축복을 복귀함으로써 하나님의 사랑을 중심하고 개성을 완성할 수 있는 말세로 들어가고 있다는 것을 알 수 있다.

2) 제2축복 복귀의 현상

하나님의 제2축복은 아담과 해와가 참부모로 완성되어 선의 자녀를 번식함으로써 선주권의 가정과 사회와 세계를 이루게 되는 것을 의미한다. 그런데 아담과 해와는 타락되어 악의 부모가 되었기 때문에 전인류는 악의 자녀들이 되어 악주권에 구속된 세계를 이루고 말았다. 그러나 하나님은 한편으로 종교를 세워 역사하심으로써 내적인 사탄분립에 의한 심령복귀의 섭리를 하시고 또 한편으로는 투쟁과 전쟁으로 외적인 사탄분립을 하심으로써 내외 양면에 걸친 주권복귀의 섭리를 해 내려 오셨던 것이다. 이와 같이 인류역사는 내외 양면의 사탄분립에 의한 복귀섭리로써 장차 참부모되신 예수님을 모실 수 있는 자녀를 찾아 하나님의 제2축복을 복귀해 온 것이다. 종교를 중심한 문화권의 발전사와 국가흥망사에 의해 나타난 내외 양면에 걸친 하나님의 주권복귀의 현상으로 보아 현세가 바로 말세임을 알 수 있다.

먼저 우리는 문화권 발전사가 어떻게 흘러 내려와서 현세를 말세로 이끌어 가고 있는가를 알아보자. 하나님은 타락인간에게 성현들을 보내시어 선을 지향하는 인간의 본심을 따라 종교를 세우게 하심으로써 그 종교를 중심한 문화권을 일으키셨다. 그러므로 역사상에는 많은 문화권이 일어났던 것이었으나 시대가 흘러감에 따라 이것들은 서로 융합 또는 흡수되어 현세에 이르러서는 세계가 기독교를 중심하고 하나의 문화권으로 형성되어, 인류의 참부모 되신 예수와 성신을 중심하고 모든 인간이 선의 자녀의 입장에 서게 됨으로써 하나님의 제2축복 복귀의 현상을 보여주고 있다. 이러한 사실로 미루어 보아 우리는 현세가 바로 말세라는 것을 부인할 수 없는 것이다.

다음으로 국가흥망사는 어떻게 주권복귀의 목적을 향하여 흘러 와서 현세를 말세에로 이끌어 가고 있는가를 알아보자. 인류역사는 인간시조의 타락으로 말미암아 사탄을 중심한 악주권으로 출발하여 죄악의 역사를 형성하였다. 그러나 하나님의 창조목적이 남아 있는 한 그 역사의 목적도 어디까지나 사탄을 분립하여 하나님의 선주권을 복귀하는 데 있지 않으면 안 된다. 만일 악주권의 세계에 전쟁도 분열도 없다면 그 세계는 그대로 영속할 것이다. 따라서 선주권은 영원히 복귀될 수 없을 것이다. 그러므로 하나님은 타락인간에게 성현들을 보내시어 선을 세우고 종교를 일으키심으로써 보다 선한 주권으로 하여금 보다 악한 주권을 멸하게 하시면서 점차적으로 하늘편 주권을 복귀하는 섭리를 해 오신 것이다. 따라서 복귀섭리의 목적을 이루기 위해서는 투쟁과 전쟁이라는 과정을 거치지 않을 수 없는 것이다.

인류역사는 탕감복귀의 섭리노정을 밟아 내려오는 것이기 때문에 어느 국한된 시간권내에서만 보면 악이 승세한 때도 없지 않았으나, 결국 패망하여 보다 선한 판도 내에 흡수되곤 하였다. 사탄분립을 위한 투쟁의 역사는 점차적으로 땅과 재물을 세계적으로 빼앗아 하늘편 주권으로 복귀하는

데 이르렀고, 인간에 있어서도 개인으로부터 가정과 사회와 국가로 하늘편 기대를 넓혀 오늘날에는 이것을 세계적으로 복귀하기에 이르렀다. 이렇듯 사탄분립을 위한 섭리가 씨족주의시대에서 출발하여 봉건주의시대와 군주주의시대를 거쳐 민주주의로 들어오게 된 오늘날에 와서는 이 인간세계를 하늘편 주권을 세우는 민주주의세계와 사탄편 주권을 세우는 공산주의세계의 두 세계로 분립하여 놓았다.

이와 같이 사탄을 중심한 악주권으로써 출발한 인류역사는 한편으로 종교와 철학과 윤리에 의하여 선을 지향하는 인간의 창조본성이 환기됨에 따라 점차 악주권에서 선주권을 위한 세력이 분립되어 마침내 세계적으로 대립되는 두 주권을 형성하는 데 이르게 된 것이다. 그런데 목적이 상반되는 이 두 주권이 결코 공존할 수는 없다. 따라서 인류역사의 종말에 이르면 이것들은 반드시 한 점에서 교차되어 이념을 중심하고 내적으로 상충하고, 그것이 원인이 되어 군사력을 중심하고 외적으로 전쟁을 하여 결국 사탄주권은 영원히 파멸되고 하늘편 주권만이 영원한 하나님의 단일주권으로서 복귀되는 것이다. 그런데 현세는 선주권을 지향하는 하늘편 세계와 사탄을 중심한 악주권의 세계가 대결하여 서로 교체되고 있는 때이므로 또한 말세인 것이다.

이와 같이 악주권에서 선주권을 분립하여 나온 인류역사는 마치 흐르는 흙물이 시간이 흐름에 따라 흙은 가라앉고 물은 위에 뜨게 되어 나중에는 흙과 물이 완전히 분리되는 것과 같이, 시대가 흘러감에 따라 악주권은 점차 쇠망의 길로 내려오고 선주권은 융흥의 길로 올라가게 되어 역사의 종말에 이르러 이 두 주권은 얼마동안 교차되었다가 결국 전자는 영원히 멸망하고 후자는 하나님의 주권으로서 영원히 남게 되는 것이다.

3) 제3축복 복귀의 현상

하나님의 제3축복은 아담과 해와가 완성되어 피조세계에 대한 주관성을 갖게 되는 것을 의미한다. 피조세계에 대한 인간의 주관성에는 내외 양면의 주관성이 있다. 인간은 타락으로 인하여 이 양면의 주관성을 상실하였던 것인데 현세에 이르러 이것이 복귀되어가고 있는 것으로 보아 현세가 말세라는 것을 알 수 있는 것이다.

내적 주관성이라는 것은 심정적 주관성을 의미한다. 인간이 개성을 완성하면 하나님과 심정적인 일체를 이루어 하나님의 심정을 그대로 체휼할 수 있게 되는 것이다. 이와 같이 인간이 완성됨으로써 피조세계에 대한 하나님의 심정과 동일한 심정을 가지고 피조세계에 대하여 사랑을 주고 그로부터 미를 돌려받게 될 때 인간은 피조세계에 대한 심정적인 주권자가 되는 것이다. 그런데 인간은 타락되어 하나님의 심정을 체휼할 수 없게 되었으므로 하나님의 심정으로써 피조세계를 대할 수 없게 되었다. 그러나 종교, 철학, 윤리 등에 의한 하나님의 복귀섭리로 말미암아 하나님에 대한 타락인간의 심령이 점차로 밝아지게 되어 현세에 이르러 피조세계에 대한 심정적인 주관자의 자격을 복귀해 가고 있는 것이다.

그리고 외적 주관성은 과학에 의한 주관성을 의미한다. 만일 인간이 완성되어 피조세계에 대한 하나님의 창조의 심정과 동일한 심정을 가지고 피조세계를 대하여 내적 주관을 할 수 있었더라면, 인간의 영감은 고차적으로 발달되었을 것이기 때문에 과학의 발달도 극히 단시일에 최고도에 이르게 되었을 것이었다. 인간은 그렇게 됨으로써 피조물에 대한 외적인 주관을 할 수 있었을 것이었다. 따라서 인간은 일찍이 우주를 비롯한 자연계 전체를 완전히 정복하였을 뿐만 아니라 과학의 발달에 따르는 경제발전으로 지극히 안락한 생활환경을 이루었을 것이었다.

그러나 인간은 타락으로 인하여 심령이 어두워짐으로써 피조물에 대한 내적인 주관성을 상실하게 되어 동물과 같이 영감이 둔한 미개인으로 영락되었기 때문에 피조물에 대한 외적인 주관성도 상실하게 되었던 것이다. 그러나 인간은 하나님의 복귀섭리에 의하여 심령이 밝아짐에 따라 피조물에 대한 내적인 주관성도 복귀되어 왔고, 그에 따라 피조물에 대한 외적인 주관성도 점차로 복귀되어 왔기 때문에 현세에 이르러서는 과학의 발달도 최고도에 달하게 되었다.

그리하여 과학의 발달에 따른 경제발전으로 현대인은 극도로 안락한 생활환경을 이룩할 수 있게 되었다. 이와 같이 타락인간이 피조세계에 대한 주관성을 복귀함에 따라 하나님의 제3축복이 복귀되어가는 현상을 볼 때, 우리는 현세가 말세임을 부인할 수 없는 것이다.

문화권의 발전도 하나의 종교를 중심하고 하나의 세계적인 문화권을 형성해 가고 있고 국가형태도 하나의 세계적인 주권기구를 지향하여 국제연맹에서 국제연합으로 그리고 오늘에 이르러는 세계정부를 모색하는 데까지 이르렀다. 뿐만 아니라 경제발전을 놓고 보더라도 세계는 하나의 공동시장을 이루어 가는 추세에 있다. 극도로 발달된 교통기관과 통신기관은 시간과 공간을 단축시켜서 인간으로 하여금 지구를 하나의 정원과 같이 거닐고 또 교통할 수 있게 하였으며, 동서의 이색민족들을 한 가족처럼 접촉할 수 있도록 만들어 놓았다. 그리하여 인류는 사해동포의 형제애를 부르짖고 있다. 이러한 것을 보더라도 현세는 말세임에 틀림이 없는 것이다.

3. 종말과 우리의 자세

이상에서 확인한 바와 같이 현세가 바로 종말의 때임을 알 수 있다. 그리고 말세에는 성서에서 표현된 문자 그대로 일어나지 않는다. 종말은 악의 종말이요 사탄주권의 종말로서 소망의 때이며, 기쁨의 때이다. 복귀섭리역사의 흐름을 보면 낡은 것이 끝나려 할 때 새로운 것은 시작된다. 따라서 낡은 것이 끝나는 점이 바로 새로운 것이 시작되는 점이기도 하다. 그러므로 낡은 역사의 종말기는 바로 새 역사의 시발점이 된다. 그리고 이러한 시기는 같은 점에서 출발하여 각각 그 목적을 달리하면서 세계적인 결실을 하게 된 선과 악의 두 주권이 교차되는 시기가 되는 것이다.

이 시대에 처한 인간들은 내적으로는 이념과 사상의 결핍으로 인한 불안과 공포와 혼돈 속에 빠지게 되며 외적으로는 무기로 인한 갈등과 투쟁 속에서 떨게 될 것이다. 말세에 이와 같이 비참상이 일어나는 것은 악주권을 청산하고 선주권을 세우기 위한 필연적인 현상이므로 하나님은 이러한 비참상 속에서 새 시대를 이룩하기 위한 선주권의 중심을 반드시 세우시는 것이다. 노아, 아브라함, 모세 그리고 예수님 같은 분들은 모두 그러한 새 시대의 중심으로 세워졌던 분들이었다.

그러므로 이러한 역사적인 전환기에 하나님이 바라시는 새 역사의 동참자가 되기 위해서는 하나님이 세우신 새 역사의 중심이 어디에 있는가를 찾아야 하는 것이다. 새 시대의 섭리는 낡은 시대를 완전히 청산한 바탕 위에서 시작되는 것이 아니라, 낡은 시대의 종말기의 환경 속에서 싹이 트고 자라나기 때문에 그 시대에 상충적인 것으로 나타나게 된다.

마치 구약시대의 종말기였을 때에 신약시대의 새로운 섭리의 중심으로 오셨던 예수님은 구약 율법주의자들에게는 이해할 수 없는 이단자의 모습으로 보였고 그렇기 때문에 종래에는 유대인들로부터 배척을 받아 살해당하고 마셨던 것과 같다. 예수님이 새 포도주는 새 부대에 넣어야 할 것이라고 하신 이유도 여기에 있는 것이다.

이제 예수님은 다시 신약시대의 종말기에 오셔서 새 하늘과 새 땅을 위한 새로운 진리를 주실 것이다. 이러한 역사의 전환기에서 만약 낡은 시대의 환경에 집착하여 안도하려는 사람들이 있다면 초림 때와 같이 낡은 시대와 더불어 심판을 받게 될 것이다.

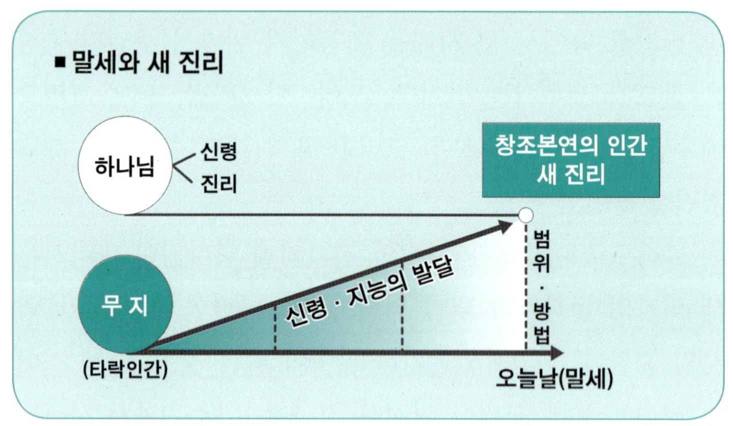

그러므로 종말의 때에 처한 현세인들은 무엇보다도 먼저 겸손한 마음으로 기도를 통하여 신령한 것을 감득하도록 힘써야 한다. 그리고 인습적인 관념에 집착하지 말고 우리의 몸을 신령에 호응하게 함으로써 새 시대의 섭리로 이끌어 줄 수 있는 새 진리를 찾지 않으면 안 된다.

생각과 지혜 나누기

1. 종말의 때에 일어나는 현상들에 대해 아는 바를 말해봅시다.
2. 과거에 제기된 종말론, 특히 시한부종말론에 대해 이야기해 봅시다.
3. 인류역사의 미래 모습은 어떻게 변화할 것인지에 대해 이야기를 나눠 봅시다.

제16장

구원섭리로 본 역사 이해

1. 구원(救援)과 복귀섭리

인간은 불완전하고 무지와 죄악에 빠져 있기에 구원을 받아야 할 존재이고 이를 위하여 복귀섭리가 필요하다. 인간은 영적 타락과 육적 타락으로 인하여 하나님의 뜻에 대해 무지하게 되었다. 그 결과 부모의 심정으로 인간을 사랑하시는 하나님의 뜻도 몰라보게 되었고, 인간 사이의 화합과 평화도 상실하였고, 자연에 대한 이해도 제대로 하지 못하게 되었다. 인류는 지금까지 인생의 정도(正道)를 발견하지 못하여 방황하고 불안을 느끼는 존재로 살아왔다. 생명문화를 누리면서 환희(歡喜)의 삶을 살아야 할 인간이 사망의 문화 속에서 불행하게 살아왔다.

종교는 이런 비참한 상태에 빠진 인간에게 하나님과의 관계 정립을 통한 구원의 복된 소식을 전해주는 사명을 하려고 노력하여 왔다. 무지한 인간이 절대 · 유일 · 영원 · 불변한 진리에 눈을 뜬 진리의 사람이 되어서 행복을 구가하면서 살도록 이끄는 역할을 종교가 담당해 왔다. 종교는 구원의 은총을 베풀면서 복귀섭리 차원에서 역사를 진행하여 온 하나님을 소개하였다. 하나님은 복귀섭리 속에 구원의 환희를 내재시켜 오셨고 종교를 매체로 하여서 이를 세상에 드러내려는 계획을 전개하여 오셨다.

무지에 빠진 인간은 잃어버린 생명과 환희의 감격을 되찾을 때에 온전한 행복의 주인공으로 살 수 있다. 그럴 때에 인간은 타락의 늪에서 빠져 나와 온전한 구원의 혜택을 누릴 수 있게 된다. 물에 빠진 사람을 구한다는 것이 익사하기 이전의 건강한 상태로 회복시키는 것을 의미하듯이, 구원이란 하나님의 품을 떠나서 병들고 불행한 모습으로 살아온 인간이 메시아의 가르침과 안내의 도움을 받아서 진리의 실체로 변화하여서 타락 이전의 온전하고 행복한 모습으로 돌아가는 것을 의미한다.

인류는 역사를 형성하고 발전적으로 후대에 계승시켜 주는 영장(靈長)으로서의 기능을 가졌다. 역사에 대한 이해는 크게 신본주의적 관점과 인본주의적 관점의 두 가지로 구분된다. 하나님 중심한 신본주의적 역사는 신의 섭리

(Providence)라고 하여 흔히 말하는 역사(History)와 구분된다. 하나님은 창조본연의 역사로 돌이키려는 복귀섭리(Providence of Restoration)를 역사 속에 내재시켜 오셨다. 복귀섭리는 타락된 인간으로 하여금 창조목적을 완성하게 하기 위하여 창조본연의 상태로 구원받은 인간으로 복귀하여 나아가는 것으로써 하나님이 주도하시는 역사이다. 이것은 그 동안 인류사에서 천비(天秘)로서 전해져 왔지만 때가 되면 메시아에 의하여 그 내용이 상세히 세상에 알려지게 될 것으로 고대되어 왔다.

인류 역사는 그저 목적 없이 흘러온 것이 아니라 생명과 사랑과 혈통의 주인이 되시는 하나님의 뜻을 중심하고 진행되어 왔다. 인류가 남긴 역사의 내면에는 불행한 인간을 구원하기 위하여 하나님이 흘리신 피와 땀과 눈물의 발자취가 가득하였다. 역사를 이끌며 방향과 목표를 정하는 주체가 하나님이시기에 인류는 복귀섭리를 따라가야 구원의 혜택을 볼 수 있게 되었다. 하나님은 인류를 구원하시기 위하여 역사에 앞장서시고 역사의 주체로서 복귀섭리를 주도해 오셨다. 그래서 역사는 인류의 발자취이기 이전에 하나님의 간절한 심정을 담고 있다.

그러나 인간이 장성기 완성급에서 사탄의 유혹에 빠져서 타락하였기 때문에 인간을 복귀시키려면 먼저 사탄을 분립해야 하고 원죄를 벗어야 한다. 복귀섭리는 하나님이 어떻게 사탄을 분립하고 원죄를 극복할 수 있는가를 가르쳐 주는 교훈을 함의한다. 이런 구원의 과정을 가르쳐주고 안내하고 승리의 길로 안내하는 지도자가 메시아이다. 인간은 누구나 메시아의 가르침을 따라서 하나님과 부모와 자녀의 관계를 확립하면서 창조목적을 완성하는 자리로 나아가야 한다. 창조본연의 참인간의 모델로 오시는 메시아는 말씀으로 인류가 무지를 타파하도록 인도하고, 하나님을 중심한 거대한 대가족 개념을 가르치고, 사후에 있을 영생을 자각하도록 돕는 분이다. 따라서 메시아를 중심하고 구원이 성취되고, 복귀섭리는 죄악이 만연한 선천시대(先天時代)에서 기쁨과 광명이 충만한 후천시대(後天時代)로 전환된다.

이와 같이 인류 역사의 흐름을 반추(反芻)해보면, 역사의 내면에는 어떤 법칙이 내재하는데 이를 복귀섭리라고 부른다. 이 복귀섭리는 창조목적을 다시 찾아 이루려는 재창조의 섭리이므로 특정한 원리에 의하여 진행되는데 이를 복귀원리라고 한다.

2. 탕감복귀원리(蕩減復歸原理)

인간이 완전하게 구원을 받으려면 죄를 짓게 된 잘못에 대한 책임을 져야 하고 악과의 투쟁에서 성공하여야 한다. 비본래적인 모습을 가진 인간은 하나님과 사탄을 동시에 대할 수 있는 중간 위치에 처해있다. 무엇이든지 본연의 위치와 상태 등을 상실하였을 때에 본래의 위치와 상태로 돌아가려면 어떤 조건을 세워야 하는데 이를 '탕감(蕩減)'이라고 한다. 탕감을 하여서 창조본연의 위치와 상태로 돌아가는 것을 '탕감복귀'(蕩減復歸)라고 하며, 이 탕감복귀를 위하여 세우는 조건을 '탕감조건'(蕩減條件)이라고 한다. 이처럼 탕감조건을 세워서 창조본연의 아름답고 행복한 인간으로 복귀하여 나가는 섭리를 '탕감복귀섭리'라고 한다. 인간은 누구나 이 과정을 따라야 하며 예외가 되는 인간은 아무도 없다.

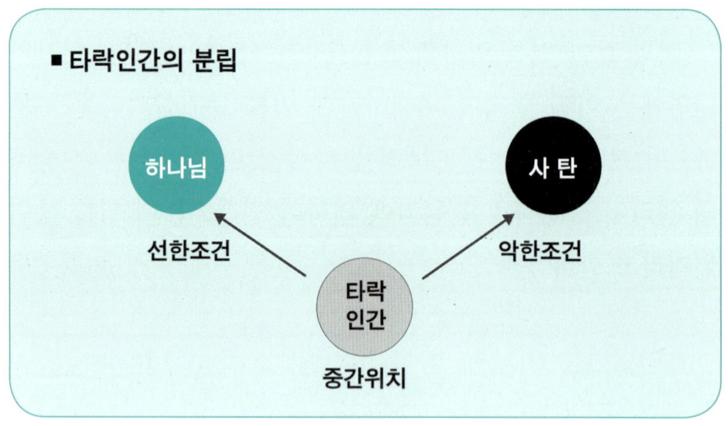

왜 이러한 과정이 필요한가? 인간은 타락성을 갖게 되므로 인하여 선과 악을 동시에 대할 수 있는 양면성을 갖게 되었다. 창조본연의 인간은 오로지 하나님만 상대하면서 하나님의 창조목적을 이루면서 행복하게 살아야 한다. 따라서 인간은 하나님만 주인으로 섬기고 또 부모로 모시면서 살아야 한다. 그러나 하나님을 벗어나서 사탄도 대하게 되었기에 인간은 두 주인을 섬기는 모순된 존재가 되고 말았다. 인간을 두고서 하나님과 사탄이 서로 주인으로서 역할을 하기 위하여 치열한 싸움을 전개하여 왔다. 곧 하나님은 인간을 당신의 자녀로 삼으려고 하시고, 사탄은 타락 혈통의 인연을 주장하면서 인간을 악의 품에서 놓아주지 않으려고 한다. 인간 한 개체를 두고서 벌이는 치열한 영적 투쟁으로 인하여 모든 인간은 불안을 느끼고 갈등을 갖는다. 두 중심을 갖게 된 인간은 걱정과 불안과 초조로 인한 고통을 받게 된다. 따라서 인간은 거짓 주인인 사탄과의 관계를 끊고 참주인인 하나님과의 관계를 회복하고 강화하기 위하여 노력해야 한다.

중간 위치에 처한 인간이 어떠한 조건을 취하느냐에 따라서 선편과 악편으로 갈라진다. 하나님과 메시아를 믿고 모시고 말씀을 실천하는 조건을 세우게 되면 하나님의 자녀가 되어서 지상천국 백성으로 살다가 육신 사후에 천상천국으로 가서 영원히 복락을 누리게 된다. 이와 반대로 사탄이 좋아하는 조건을 세우게 되면 악한 인간이 되어서 지상지옥에서 살다가 죽어서는 천상지옥에서 영원히 고통을 당하면서 살게 된다. 따라서 우리는 선한 조건을 세워서 지상천국과 천상천국 주인공으로서 살기 위하여 노력해야 한다.

누구나 일상의 생활 속에서 바쁘게 살지만 좀 더 눈을 크게 뜨고 거시적(巨視的) 차원에서 인생을 조명해 보면 무엇보다도 하나님이 즐거워하실 수 있는 일을 먼저 하는 것이 행복하고 참된 인생을 사는 비법이다. 그럴 때에 보이지 않는 하나님이 나타나시게 되고 능력과 은총을 주신다. 그 동안 하나님은 당신을 대신하여 예언자를 보내거나 메시아를 출현시키셨다. 그래서 비록 우리가 영적 무지에 둔감할지라도 메시아의 가르침을 믿고 따라서 하나님을 모시고 살면 천국백성으로서 살 수 있게 된다. 메시아는 부모의 심정으로 타락인간의 죄를 탕감해 주는 분이시기에 메시아께서 당하신 고통을 탕감조건으로 하여서 우리는 행복을 구가(謳歌)할 수 있다.

그렇다면 탕감조건의 종류는 어떤 것들이 있는가? 이는 세 가지로 구분된다. 첫째는 동일한 조건으로써 탕감조건을 세우는 것이 있다. 본연의 위치와 상태에서 상실되었던 것과 동일한 가치의 조건을 세워서 원래 모습으로 복귀하는 것이다. 예를 들면, "생명은 생명으로, 눈에는 눈, 이에는 이, 손에는 손, 발은 발, 화상은 화상, 상처는 상처, 멍에는 멍으로 갚아야 한다."는 오래된 법사상은 동일한 형태의 복수를 하는 방법이다.

둘째는 보다 작은 것으로써 조건을 세우는 것이다. 이는 보다 작은 가치의 탕감조건을 세워서 원래의 모습으로 복귀하는 것을 의미한다. 예를 들면, 채권자의 호의로 채무자의 빚을 탕감하여 주는 경우가 있고, 기독교인이 십자가를 믿는다는 작은 조건을 제시함으로써 예수님과 동일한 죽음을 거쳐서 다시 살았다는 구원의 혜택을 받게 된다. 세례를 받음으로써 새로운 존재로 중생한다는 은혜를 받게 되고, 성만찬에서 한 조각의 떡과 한 잔의 포도주를 받아서 마심으로써 예수님의 성체(聖體)를 먹었다는 커다란 가치의 혜택을 받게 된다.

셋째는 보다 큰 것으로써 탕감조건을 세우는 것이 있다. 이는 작은 가치의 탕감조건을 세우는데 실패할 경우에 더 큰 가치의 탕감조건을 다시 세워서 원상으로 복귀하게 되는 경우이다. 예를 들면, 아브라함이 비둘기 양 암소를 제물로 바칠 때에 소와 양은 갈라서 제물로 바쳤지만 비둘기를 쪼개지 않았기에 그 실수를 복귀하기 위하여 청소년으로 성장한 아들 이삭을 제물로 바쳐야 하였다. 물론 부자(父子)의 돈독한 믿음으로 결국 양을 대신 제물로 바치게 되었지만 그 과정의 고통은 심히 컸던 것이다.

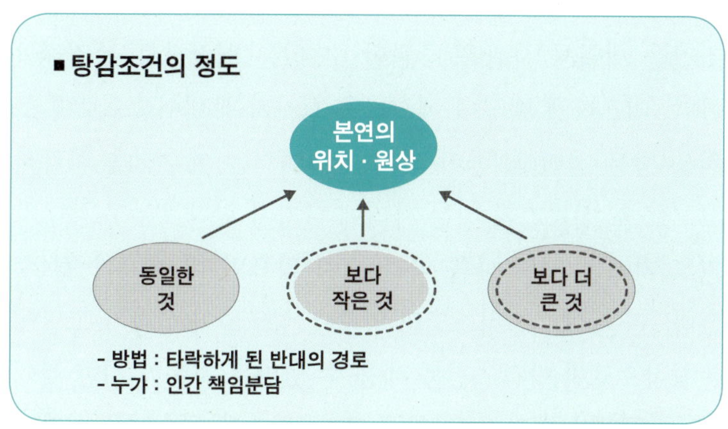

또한 모세 시대에 이스라엘 백성들의 12지파를 대표한 12명이 40일 동안 가나안 땅을 정탐하고 나서 결과 보고를

할 때에 여호수아와 갈렙을 제외하고는 모두가 겁에 질리고 비겁한 자세를 가졌기에 40일을 탕감하기 위하여 40년 동안 광야에서 방황하는 고통을 겪게 되었다. 강하고 담대한 믿음의 자세를 갖지 못한 것이 실수가 되어서 하루를 1년으로 계수(計數)하여 40년을 표류하게 되었던 것이다. 이처럼 중심인물로 부름을 받은 자가 책임분담을 제대로 하지 않고 실수하게 되면 후손이 가중된 탕감조건을 치르게 되어 있고, 그런 경우에 보다 큰 가치의 탕감조건을 세우는 경우가 허다하였다.

탕감조건을 세우는 방법은 본래의 위치와 상태로부터 떠나게 된 경로와 반대의 경로를 취하여야 된다. 아담과 해와가 책임분담을 완수하여 천사를 주관하여야 할 것이었는데, 이와 반대로 타락하여 사탄의 주관을 받게 되었으므로 탕감조건을 세워서 사탄을 주관할 수 있는 입장으로 복귀해야 한다. 이스라엘 백성이 예수님을 십자가에 내어줌으로써 구원을 받은 선민(選民)이 되기 위하여서는 예수님을 사랑하고 스스로 십자가를 지는 자리에 나가야 한다. "누구든지 자기 십자가를 지고 나를 따라 오지 않으면 내 제자가 될 수 없다."라는 예수그리스도의 말씀은 성도들이 십자가 고난에 동참함으로써 탕감조건을 세울 수 있다는 것을 암시한 것이다. 기독교가 순교(殉教)의 종교가 된 것은 예수님을 십자가에 돌아가시게 한 것과 반대의 경로를 취하여야 하기 때문이었다.

3. 믿음의 기대와 실체기대

아담과 해와가 창조목적을 이루기 위하여 두 가지 과정을 거쳐야 했다. 그것은 '믿음의 기대'와 '실체기대'를 조성하는 것이었다. 창조원리에 의하면 만물은 원리 자체의 주관성과 자율성에 의하여 성장기간을 지나면 자동적으로 완성을 하게 되어 있지만, 인간은 주관성과 자율성에 책임분담을 추가로 완수하여야 완성을 하게 되어 있다. 아담과 해와는 믿음의 기대를 세우기 위하여 '선악과를 따 먹지 말라'는 계명을 지키는 성장기간을 거치는 책임분담을 다해야 하였으나 무지와 불신에 빠져서 실패하였다. 만약에 계명을 지켰다면, 아담과 해와는 다음 단계로 하나님과 일체가 되는 실체기대 조성에 성공하여 창조본성을 완성한 말씀의 완성실체가 되었을 것이었다.

믿음의 기대
중심 인물이 조건물을 통해 수리적인 탕감기간을 완성하는 것이다.

실체기대
말씀의 완성 실체가 되고 하나님과 일체가 되어 완성체가 되는 것이다.

인간은 믿음의 기대를 세우기 위하여 세 가지 탕감조건을 세워야 하였다. 그것은 '중심인물, 조건물, 수리적인 탕감기간'이었다. 하나님은 타락인간을 구원하시기 위하여 복귀섭리를 진행해 오셨고, 이를 위하여 중심인물을 부르고 세우셨다. 아벨, 노아, 아브라함, 모세, 다윗, 솔로몬, 예언자, 예수 12제자, 사도 등이 중심인물 역할을 하였다. 그리고 하나님의 말씀을 지키지 않고 잃어버렸기 때문에 말씀을 대신하여 어떤 조건물이 필요하게 되었다. 이를 위하여 제물, 방주, 율법의 말씀, 법궤, 성전, 복음의 말씀 등이 나타났다. 수리적인 탕감기간은 3, 4, 12, 7, 40, 120, 400 등이 있는데 중심인물이 처한 상황에 따라서 다양하게 적용되었다.

실체기대는 믿음의 기대를 완성한 중심인물이 하나님과 일체를 이루고서 하나님의 뜻대로 사는 것이다. 특히 하나님이 보내시는 메시아를 영접하고 하나가 되어서 그를 통하여 '타락성을 벗기 위한 탕감조건'을 세워서 원죄를 벗고, 아담과 해와가 타락으로 인하여 걷지 못하고 남아졌던 성장기간을 책임분담으로 통과하는 것에 성공하여 완성실체가 되어야 하였다.

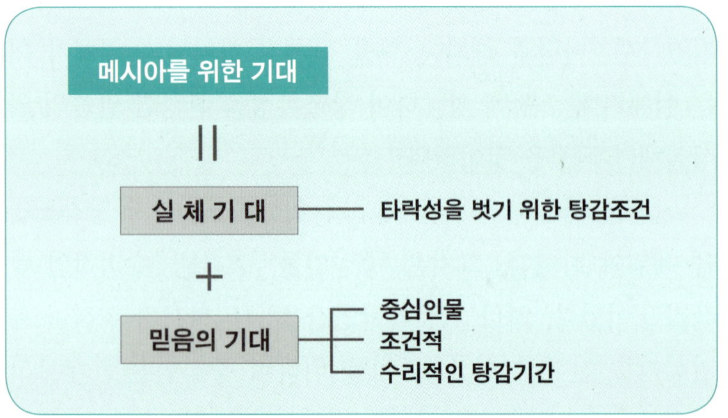

인간이라면 누구나 믿음의 기대와 실체기대를 조성하고 성공하여야 온전한 인간이 될 수 있다. 믿음의 기대는 하나님이 주신 말씀을 지키는 것으로써 종적인 요소이고, 실체기대는 말씀을 따르고 지키는 인간이 서로 화동하고 사랑이

넘치는 공동체를 이루는 횡적 요소이다. 이 둘을 완성하게 되면 개성완성자가 되어 제1축복을 이루게 된다.

4. 시대 구분

원래 인류 역사는 아담과 해와가 창조목적을 완성하여 기쁨과 행복이 충만한 것이 되어야 하였다. 그러나 인류 시조의 타락으로 인하여 슬픔과 고통이 가득하게 되었다. 하나님은 이런 역사를 복귀시키기 위하여 중심인물을 부르셨고 그를 통하여 복귀섭리 역사를 진행하여 오셨다. 하루라도 빨리 이 죄악의 역사가 종결되는 종말의 과정을 거치고 나서 에덴동산이 이뤄지기를 하나님도 고대하셨고 인간도 희망하여 왔다. 따라서 역사는 하나님께서 인간을 부르시고, 믿음의 기대와 실체기대를 조성하도록 인도하고, 메시아를 영접하여서 창조목적의 세계를 창건하도록 이끄시는 내용으로 가득한 복귀섭리역사이다.

복귀섭리로 본 인류사는 네 단계로 구분된다. 첫째는 아담 가정에서 노아 가정을 거쳐서 아브라함 가정까지였고, 둘째는 아브라함에서 예수그리스도까지였고, 셋째는 예수그리스도로부터 재림메시아까지이다. 이런 과정은 소생, 장성, 완성의 단계로 구분될 수 있다. 마지막으로 넷째는 재림메시아의 강림 이후시대이다.

첫 번째 기간인 아담과 노아와 아브라함의 생애에 담긴

복귀섭리 내용을 살펴보자. 아담 가정에서 선악과를 따먹는 사건이 생겼고, 장남 가인이 차남 아벨을 돌로 쳐죽이는 형제 살인 사건이 생김으로 인하여 복귀섭리의 뜻은 좌절되었다. 그 후 10대를 지나서 노아가 중심인물로 부름을 받아서 방주(方舟)를 지었고, 홍수 심판에서 무사히 성공하였다. 그러나 그의 아들 함이 아버지의 나체를 부끄러워하는 불신으로 인하여 '메시아를 위한 가정적인 기대'를 이루어서 메시아의 강림과 더불어 복귀섭리를 완수하려는 하나님의 계획이 수포로 돌아갔다.

그 후로 400년이 지나서 아브라함이 부름을 받았다. 그는 비둘기와 양과 암소를 제물로 바쳐야 하였는데, 소와 양은 제물로 바치는데 성공하였으나 비둘기를 쪼개지 않고 바치는 실수를 하였다. 그의 잘못을 아들 이삭이 제물로 바쳐지는 과정에서 성공하여 믿음의 기대가 조성되었고, 이삭의 두 아들 에서와 야곱 사이에서 형제화합이 이뤄져서 실체기대가 이뤄질 수 있었다. 그러나 아브라함의 실수에 대한 탕감 기간을 지나야 하였고, 그 이후의 이스라엘 백성들이 무지와 불신에 빠져서 메시아를 맞이할 수 있는 기대를 이루지 못하였다.

아담에서 아브라함까지의 2천년 기간은 헌제에 의한 탕감조건을 세움으로써 각종 섭리시대를 위한 시대를 형성할 수 있었다는 의의를 가졌다. 곧 '말씀 기대-부활 기대-탕감복귀 기대-메시아를 위한 가정적 기대-책임분담'에서 기대섭리시대를 조성할 수 있었다. 이 기간은 믿음의 조상 아브라함 한 사람을 찾아 세워서 복귀섭리를 진행할 수 있는 토대를 조성하는 기간이었다.

두 번째 기간인 아브라함에서 예수그리스도까지의 2천년 복귀섭리 내용을 살펴보자. 아브라함으로부터 2천년 기간은 예수그리스도 한 분을 찾아 세우기 위한 것이었다. 이 기간에 모세가 십계명을 받아서 선포하였고, 예언자들이 하나님의 뜻을 이스라엘 백성들에게 가르치고 또 꾸짖는 사명을 감당하였고, 현자들은 지혜로써 백성들을 일깨우기 위하여 노력하였다. 백성들은 늘 하나님의 말씀을 묵상하고 암송하면서 하나님이 주도하시는 복귀섭리에 실수를 하지 않기 위한 노력과 훈련을 실천하였다.

그런 열정과 신앙의 토대 위에서 마침내 예수그리스도께서 2천년 복귀섭리 역사의 결실체로서 탄생하셨으나 이스라엘 백성들은 다시금 무지와 불신에 빠지고 말았다. 엄격한 신앙생활을 실천하여 왔던 이스라엘 백성에게 메시아께서 강림하셨고, 예수그리스도께서는 이스라엘 백성들에게 구원의 소식과 함께 큰 복을 주시고 이어서 세계 인류에게 복음을 주시고 복을 주려는 복귀섭리를 진행하셨다. 그러나 백성들의 불신과 무지로 인하여 그는 많은 고난을 당하셨고 마침내 십자가에 죽임을 당하면서도 사랑과 믿음과 희망을 주셨다. 그로부터 2천년 동안 예수그리스도의 생애와 사상이 세계 역사를 형성하는 핵심이 되어서 기독교 문화가 주류를 형성하였다.

아브라함에서 예수그리스도까지의 2천년 기간은 구약

말씀을 중심한 탕감조건을 세움으로써 각종 섭리시대를 위한 시대를 형성할 수 있었다는 의의를 가졌다. 곧 '소생 구약-소생 부활-탕감복귀 기대 섭리-메시아를 위한 민족적 기대-하나님의 책임분담-형상적 동시성시대' 등의 형태로 발전할 수 있었다. 이 기간은 예수그리스도 한 사람을 찾아 세워서 복귀섭리를 진행할 수 있는 기대를 조성하는 기간이었다.

세 번째 기간인 예수그리스도로부터 재림메시아까지의 2천년 복귀섭리 내용을 살펴보자. 예수그리스도를 메시아로 모시지 못한 이스라엘 백성은 무지와 불신에 대한 탕감을 하기 위하여 2천년 동안 유랑하는 백성이 되었고, 수많은 이들이 고난을 당하고 죽임을 당하였다. 그리고 기독교인들도 예수그리스도의 생애와 같이 비참하게 순교를 당하는 이들이 허다하였다. 그래서 '기독교는 순교자가 흘린 피를 먹고 자란 나무와 같다'는 말도 생겼다.

예수그리스도에서 재림메시아까지의 2천년 기간은 신약말씀을 중심한 탕감조건을 세움으로써 각종 섭리시대를 위한 시대를 형성할 수 있다는 의의를 가졌다. 곧 '신약 말씀-장생 부활-탕감복귀섭리 연장-예수와 성신의 책임분담섭리시대-메시아를 위한 세계적 섭리시대' 등으로 발전할 수 있었다. 이 기간은 재림예수 한 사람을 찾아 세워서 복귀섭리를 진행할 수 있는 기대를 조성하는 기간이었다.

네 번째 기간인 재림메시아의 강림 이후 시대의 복귀섭리 전개 내용을 살펴보자. 이미 구약 시대와 신약 시대를 거치면서 얻은 교훈을 토대로 하여서 현대인은 무지와 불신에 빠져 불행을 연장시키지 말고, 믿음과 지혜로써 복귀섭리를 완수해야 할 것이다. 재림메시아로부터 그 이후의 미래 시대는 새 진리 말씀을 중심한 탕감조건을 세움으로써 각종 섭리시대를 위한 시대를 완성할 수 있다는 의의를 가지게 될 것이다. 곧 '성약 말씀–완성 부활–탕감복귀 섭리 완성–천주적 섭리 완성–성도의 책임분담' 등으로 복귀섭리 역사가 발전할 것이다. 이 기간은 재림메시아가 복귀섭리를 완성시키는 일을 진행할 수 있는 기대를 조성하는 기간이 될 것이다.

현대인류는 재림메시아를 모시고 성약의 새 진리로써 기필코 모든 죄악을 청산짓고 하나님이 그토록 소망하셨던 창조본연의 이상세계를 창건해야 할 것이다. 하나님과 인간과 만물이 행복한 환희의 세계를 반드시 이루어야 할 것이다. 현대인은 현시대가 복귀섭리적으로 어떤 의미가 있는지를 아는 혜안과 절대믿음과 절대복종의 자세를 가지며 방심하지 말아야 할 것이다.

5. 복귀섭리 역사와 나

'나'라고 하는 개성진리체는 우연히 존재하는 것이 아니다. 부모의 사랑으로부터 우리들 각자가 존재하게 되었지만 더 역사를 거슬러 올라가게 되면 많은 조상들의 사랑과 공적이 있었고, 나아가서 하나님의 심정과 사랑과 말씀에서부터 존재의 뿌리를 찾을 수 있다. 인간으로서 인생을 살면서 해야 할 일이 많지만 가장 근본적이고 시급한 과제는 '나'라는 존재의 근원을 찾는 것이고, 존재 목적을 확인하고 그것에 맞추어서 전력투구하고 승리하는 것이다. 이 과제를 수행할 때에 진정으로 행복의 주인공이 될 수 있게 된다.

따라서 우리는 복귀섭리 역사가 요구하는 목적을 알고, 종적으로 내려 온 탕감조건을 횡적으로 일시에 찾아 세울 수 있는 지혜와 용기와 믿음을 가져야 할 것이다. 그리하여 복귀섭리의 결실체로서 모습을 찾아 세워야 할 것이다. 선지선열들이 못다 이룬 사명을 우리들 각자의 일대에서 탕감복귀해야 할 것이다. 이런 사명을 완수하기 위하여 타락한 인류를 참자녀로 찾아세우시려는 하나님의 심정을 알고, 섭리적인 사명을 어떻게 하여야 성공할 수 있는가에 대해 늘 기도하며 전진하여야 할 것이다. 특히 하나님이 보내주신 중심인물을 모시고 그의 가르침을 통하여 궁극적인 진리의 모든 것을 깨닫고 지금까지 종적으로 얽혀 내려 온 모든 탕감조건들을 횡적으로 다 해결해야 할 것이다.

복귀섭리의 뜻을 이루기 위하여 지상에 왔다 간 모든 선조들이 걸었던 길을 우리 역시 걸어야 하며, 다시는 실수하지 않고 반드시 성공해야 할 것이다. 나아가서 선조들이 다 걷지 못한 노정도 우리가 완성해야 할 것이다. 이런 복귀섭리 내용을 알고서 참생명, 참사랑, 참혈통을 복귀하여서 참생명문화가 넘치는 에덴동산, 환희의 세계를 우리의 공동

노력으로써 기필코 이루어야 할 것이다.

생각과 지혜 나누기

1. 내가 실수한 것에 대해 탕감한 사례는 어떤 것이 있나요?
2. 내가 실체 기대(인간 관계) 확립에 성공한 사례는 어떤 것이 있나요?
3. 내가 기억하는 역사적 사건은 어떤 것이 있나요?

제17장

구원섭리로 본 이스라엘의 역사

제17장

구원섭리로 본 이스라엘의 역사

1. 아담 가정의 복귀섭리역사

1) 아담 해와를 중심한 믿음의 기대와 실체기대

하나님은 만물과 인간을 창조하셨다. 인간 조상 아담과 해와는 에덴동산에 살면서 "생육하고 번성하고 만물을 주관하라!"는 3대 축복을 주신 하나님께 감사하면서 잘 살고 있었다. 그런데 그들이 꼭 거쳐야 할 두 개의 필수 과정이 있었다. 첫째는 '선악과를 따먹지 말라.'는 계명을 지켜서 종적으로 하나님에 대한 절대적인 '믿음의 기대'를 쌓는 것이다. 둘째는 횡적으로 화합하면서 함께 하나님을 섬기는 대가족공동체를 형성하여 '실체기대'를 이루는 것이었다. 믿음의 기대를 이루는 핵심은 아담과 해와가 결혼 전까지 "선악과를 따 먹지 말라!" 라고 하는 계명을 지키는 것이었다. 실체기대는 두 사람이 하나님으로부터 축복결혼을 허락받아서 부부가 되어 참가정을 이루고 사는 것이었다. 곧 순결한 몸과 마음을 갖추어 하나님을 모시고 참가정을 이루어 사는 것이 아담과 해와가 이루어야 할 믿음의 기대와 실체기대였다. 이는 그들의 존재 목적이고 사명이었다.

만약 이 과정을 잘 통과하면 그들은 영원히 복을 받을 것이고, 지키지 못하면 저주받아 고통 속에서 살아가게 되었다. 하나님이 주시는 행복한 인생을 살 것인지, 불행한 삶을 살 것인지에 대한 선택은 인간의 몫으로 주어진 책임분담이었다. 믿음의 기대 위에 실체기대를 조성하는 이 두 과정은 아담과 해와 뿐만 아니라 모든 사람에게 각자의 능력과 환경에 맞추어 적용되는 원칙이다. 따라서 아담과 해와는 믿음의 기대를 지키기 위하여 절대 순결의 믿음을 세워야 하고, 실체기대를 위하여 축복 결혼 이후 하나님 앞에서 부부가 일심동체가 되어서 행복한 참가정을 이루어야 한다.

그러나 사탄의 유혹으로 선악과를 따먹는 타락이라는 비본래적인 사건이 발생하여 믿음의 기대는 무너졌고, 비본래적인 삶이 이뤄지게 되었다. 믿음의 기대가 무너지자 실체기대는 생각도 못하였다. 아담과 해와는 타락하고 나서 죄책감에 무화과나무 잎으로 하체를 부끄러워하며 가렸다. 타락은 하나님과 인간과 만물에 대하여 무지에 떨어진 것을 의미한다. 부끄러워하며 행복이 있을 수 없다. 인류 역사는 결국 하나님, 만물, 인간의 세 분야에서 무지를 극복하기 위한 노력의 기록이었다. 비본래적으로 파생된 타락 역사를 탕감복귀섭리를 통하여 본래의 세계로 돌아가게 하려는 것이 하나님의 섭리계획이었다. 인간을 창조 본연의 입장으로 찾아 세우기 위하여 믿음의 기대와 실체기대를 조성하는 과정이 필요하였다. 아담 가정의 생애는 그 이후로 지금에 이르기까지 인류가 걸어야 할 인생 노정으로서의 의의를 갖는다. 곧 아담과 해와가 실패하지 않고 따랐어야 하는 과정을 과거사로만 여기지 말고 현재의 우리들의 삶에 있어서 하나의 지표가 되게 지혜롭게 활용해야 하는 과제가 우리에게 주어져 있다. 모든 인간은 하나님에 대한 절대적 믿음의 관계를 형성하여 믿음의 기대를 조성해야 하고, 공생공영의가 있는 행복한 참가정을 이루어서 실체기대를 이뤄야 한다.

2) 가인과 아벨을 중심한 믿음의 기대와 실체기대

아담과 해와가 선악과를 따먹지 말라는 계명을 어기고 타락을 하였기에 하나님과 절대적인 관계를 가져야 하는 믿음의 기대는 실패하였고, 하나님을 중심한 대가족을 구성하는 실체기대를 이루는 것도 실패하였다. 하나님께 기쁨 대신에 천추만대의 슬픔을 안겨드린 아담과 해와를 대신하여 장남 가인과 차남 아벨이 중심인물이 되어 제물을 바쳐서 믿음의 기대를 조성해야 하였고 동시에 실체기대도 완성해야 하였다. 가인은 농작물을 제물로 준비하였고 아벨은 양을 잡아서 준비하였다. 정성껏 제물을 준비하는 과정에서 두 형제의 믿음의 기대가 조성되었다.

이어서 두 형제가 협력하여서 함께 하나님을 모시고 공의를 터로해서 공생·공영하는 대가족을 이루어서 실체기대를 완성해야 하였다. 그런데 하나님께 제물을 바치자 하나님은 가인의 제물을 받지 않았고 아벨의 제물만 받으셨다. 이에 화가 난 가인은 동생 아벨을 들판으로 불러내어서 돌로 쳐 죽이는 형제살인 사건을 일으켰다. 그래서 실체기대는 이뤄지지 못하였다. 가인은 화를 내기 전에 먼저 하나님께 물어보아야 하였는데 그만 혈기를 내어서 살인 사건을 일으키는 무지에 빠졌다. 하나님이 가인의 제물을 받지 않으신 것은 가인이 사탄편에 속하였기 때문이었고, 아벨은 하나님편에 속했기 때문에 그가 바친 양을 받으셨던 것이다.

가인은 침착하고 공손한 태도로 왜 자기 제물이 수용되지 않았는지를 물어보아야 하였고, 아벨 역시 겸손한 자세로 형을 위로하면서 같이 하나님께 물어보는 자세가 필요하였다. 이런 과정이 없이 가인은 성급하게 분노를 표출하여서 죄를 짓게 되었고, 그 결과 실체기대 완성이 실패로 돌아갔다. 복귀섭리사를 반드시 종결지어야 하는 하나님은 아벨 대신에 셋을 탄생케 하시고 그의 후손 중에서 노아가 태어나게 하여 다시금 복귀섭리를 진행하셨다.

2. 노아 가정의 복귀섭리역사

1) 노아를 중심한 믿음의 기대

가인이 아벨을 죽임으로써 아담가정을 중심한 복귀섭리는 이루어지지 않았다. 그러나 창조목적을 완성하시려는 하나님의 뜻은 변할 수 없는 것이며 절대적인 것으로 예정하시고 이루셔야 한다. 그래서 하나님은 아벨이 하늘을 대하여 충성했던 그 심정의 터전 위에서 그를 대신하여 셋을 세우셨다. 그리하여 셋의 후손 중에서 노아의 가정이 선택을 받았고, 아담가정을 대신하여 새로운 복귀섭리를 담당하였다.

노아가정에서도 믿음의 기대 조성과 실체기대 조성이라는 두 과정이 필요하였다. 믿음의 기대는 노아가 홍수기간 동안 방주를 제작하는 것이었고, 실체기대는 그의 아들들이 아버지와 심정적으로 일체가 되는 것이었다. 노아는 홍수 심판의 난을 피할 수 있도록 길이 150m, 폭 25m, 높이 15m의 3층 배를 제작하라는 하나님의 말씀에 절대복종하여 120년간이나 외롭게 방주를 만들었다. 그 당시에 많은 인간들 중에서 하나님 보시기에 의인이었던 노아가 중심인물로서 방주를 제작하였고, 마침내 홍수심판이 일어나자 노아가족과 동물들 한쌍씩 방주로 들어가게 하여 재난을 피할 수 있었다.

방주(方舟, ark)
구약성서 창세기에 등장하는 노아의 네모난 배

3층 방주는 만물의 창조과정에서 3단계의 성장과정을

상징하였고, 노아가족 8명은 아담가정의 8명 가족을 대신하였고 또 전인류를 상징하였다. 방주에 들어갔던 동물들은 만물세계 전체를 상징하였다. 홍수심판 40일은 아담에서 노아까지 10대의 가족들이 상실한 사위기대를 탕감하는 의미를 가졌다.

40일간의 집중 홍수 이후부터 물이 빠지기까지 1년 정도가 지난 후에 노아가족은 배에서 나와 농사를 짓게 되었다. 하나님은 무지개를 주시면서 더 이상의 홍수심판이 없을 것이라고 약속하셨다. 그리고 노아가정에 대해 3대축복을 주셨다. 하나님은 아담에게 3대축복을 주신 것과 같이 노아가족들에게도 "사람을 가족처럼 서로 사랑하고 죽이지 말고 자손을 많이 낳고 식물과 동물을 주관하라!"라고 하시면서 3대축복을 주셨다.

마침내 노아가정을 중심한 믿음의 기대는 성공하게 되었고 하나님은 그들에게 축복을 허락하셨다. 노아는 제1의 믿음의 조상이 되었다.

2) 노아의 아들을 중심한 실체기대

노아가 중심인물이 되어서 방주를 짓고 홍수심판을 성공적으로 끝내게 되어서 믿음의 기대를 세우는 것은 성공하였다. 이제 실체기대 조성에 성공하는 것이 남아 있었다. 실체기대를 완성하기 위하여 차남 함이 아버지 노아의 하체를 보고도 부끄러워하지 않는 자세가 요구되었다. 하체를 보고 부끄러워하게 되면 그것은 아담과 해와가 처음으로 선악과 나무 열매를 따먹고 타락한 이후에 하체를 부끄럽게 여기며 나무 잎으로 가렸다는 것을 계승하는 것이 되어 범죄를 한 것과 동일하다. 생식기를 부끄럽게 여기는 것은 타락성의 후예임을 반영하는 것이 되었다.

노아가 새로운 농토에서 첫 번 수확물인 포도주를 배불리 마시고 그늘 밑에서 잠을 자고 있었다. 그 당시에는 요즘처럼 제대로 된 옷이 없었고 짐승 가죽을 두르거나 나뭇잎으로 몸을 가리었다. 노아가 포도주에 취한 상태에서 잠을 자다보니 하체가 충분히 가려지지 않았다. 지나가던 둘째 아들 함이 이 모습을 보고서 부끄러운 충동을 느꼈다. 그는 나가서 다른 형제들을 불러 모았다. 그리고 뒷걸음을 쳐서 아버지에게 다가가서 하체를 옷으로 덮었다. 잠에서 깨어난 노아가 이 사실을 알고서는 함에게 저주를 내렸다. 성서의 기록에 의하면 노아는 함의 후손이 첫째 아들 셈과 셋째 아들 야벳의 후손을 위하여 하인처럼 살게 될 것이라고 예언하였다.

함이 아버지의 하체를 보고서도 부끄러워하지 않고 옷을 덮었다면 문제가 안 되었다. 그가 부끄러워하였다는 것은 에덴동산에서 아담과 해와가 벌거벗고 잘 지내다가 선악과를 따먹고 나서 갑자기 부끄러워서 무화과나무 잎으로 하체를 가렸다고 하는 것과 같이 타락성을 가졌음을 상징하는 것이었다. 곧 실체기대 조성을 위하여 노아가 하체를 드러내어놓고서 잠을 자게 되었고, 이 모습을 본 함은 조금도 부끄러워하지 않고 아버지에게 옷을 덮어드렸어야 하였다. 방주를 짓느라고 엄청난 고통을 감내하시고 마침내 홍수심판을 면하도록 수고하신 아버지의 심정을 생각하면서 아버지를 존경하는 자세를 가져야 하였다. 그렇게 되면 노아와 함이 심정적으로 일체불가분의 관계를 갖게 되어서 실체기대를 성공시킬 수 있었던 것이다.

노아의 가정이 믿음의 기대는 성공하였지만 실체기대는 실패로 끝나고 말았다. 그토록 방주를 짓기 위하여 힘들게 쌓았던 정성의 기반이 함의 순간적인 판단 실수로 인하여 순식간에 무너져 버렸고, 복을 받아야 할 함은 후손들에게 대대로 저주스러운 삶을 살게 만들고 말았다.

3. 아브라함 가정의 복귀섭리역사

1) 아브라함 가정의 믿음의 기대

노아가정이 실체기대 조성에 실패하게 되자 하나님은 다시 400년이 지나서 아브람을 중심인물로 부르셨다. 아브람 가정도 믿음의 기대와 실체기대 조성에 성공하여야 하였다.

아브람은 갈대아우르가 고향이었고, 부친이 우상을 만드는 사업을 하여 경제적으로는 풍요로운 가문의 출신이었다. 그러나 하나님은 그러한 편안한 자리를 박차고 떠나서 가나안으로 가라는 명령을 내리면서 "앞으로 네 후손이 하늘의

갈대아우르(Chaldea Ur)
유프라테스강과 티그리스강 하류사이에 있는 지역으로 고대 메소포타미아의 남서부지방이다.

별처럼 많을 것이며 복을 받는 가문을 일으켜 세울 것이다." 라고 축복해주셨다. 그 말씀을 따라서 아브람은 즉각 고향 땅을 떠나서 가나안으로 향하였다. 그 당시에 그의 나이가 75세였다. 나이가 많은 입장에서 미래를 전적으로 하나님께 맡기고서 가나안 땅으로 향하여 출발한 아브람의 믿음은 본보기가 되었다.

하란(Harran)
터키의 산르우르파주의 카르하에로 알려져 있다. 아브라함이 가나안에 도달하기 전 살았던 장소이다.

하란을 거쳐 가나안에 도착한 아브람은 열심히 일하면서 정착생활의 터전을 갖추어 나갔다. 그러나 아내가 임신을 하지 못하였고, 차츰 아브람과 사래는 하나님의 축복 약속을 잊어갔다. 그들이 믿음의 기대를 성공하기 위하여 하나님은 아브람에게 "암소와 양과 비둘기를 바쳐라!"라고 지시하였다. 아브람은 명령에 따라 암소와 양을 반으로 쪼개어 제물로 바쳤다. 그런데 비둘기는 너무 작아서 쪼개지 않았고 또 너무 피곤하여서 잠이 들고 말았다. 그러자 솔개가 날아와서 비둘기를 물고 가버렸다.

소와 양에 비하여 훨씬 작은 비둘기를 쪼개지 않은 것이 죄가 되어 하나님은 그의 후손들이 앞으로 400년 동안이나 이집트에서 노예생활을 할 것이라고 벌을 내렸다. 이로써 아브람을 중심한 믿음의 기대 조성은 실패로 끝나고 말았다. 그러나 아담과 노아를 이어서 세 번째로 중심인물이 된 아브람이었기에 그의 아들을 중심삼고 믿음의 기대를 한번 더 할 수 있는 조건이 되었다.

이런 과정을 지나면서 25년이 지나 아브람이 99세 되던 때에 하나님이 다시 찾아오셔서 1년 뒤에 아들 이삭을 낳을 것이라고 예언하셨다. 아브람과 아내 사래는 그 말을 듣고 웃었다. 이미 둘 다 나이가 많아서 아이를 임신할 수 없는 상태였기 때문이었다. 그러나 하나님은 전지전능의 권한으로 아기의 임신이 가능케 하였고, 이름도 아브람에서 아브라함으로 바꾸고, 아내는 사래에서 사라로 바꾸라고 지시하였다. 아브라함과 사라는 '뭇민족의 아버지와 어머니'라는 의미였다.

이 축복의 말씀에 따라 아브라함과 사라는 아들 이삭을 얻었고 믿음의 조상으로서 합당하고 성실한 삶을 살았다. 그런데 이삭이 청소년기에 도달했을 때에 다시 하나님이 찾아오셔서 예전에 비둘기를 쪼개지 않은 것을 탕감하기 위하여 아들 이삭을 제물로 바치라고 명령하였다. 100세가 되어서 얻은 아들 이삭이 한창 늠름하고 아름다운 청소년 모습으로 성장하고 있는데 그런 자식을 아버지가 직접 죽여 제물로 바친다는 것은 실로 엄청난 고통이었다.

그러나 아브라함과 이삭 부자는 조금도 동요됨이 없이 이 명령을 따랐다. 모리아산에서 아브라함이 칼을 들고 이삭을 죽이려고 하는 순간에 하나님의 음성이 들렸다. "이제야 네가 나를 경외하는 줄을 알겠노라. 이삭을 죽이지 말고 그 대신에 숲속에서 뿔이 넝쿨에 걸려서 갇혀있는 산양을 잡아서 제물로 바쳐라!" 절대적인 믿음을 가진 아브라함과 이삭은 자연인으로는 아버지와 아들의 두 개체였지만 뜻으로 보면 한 몸과 같이 되었다. 결국 절대복종, 절대순종하는 자세를 가진 그들은 제물이 되는 죽음의 위기에서 벗어났고 동시에 믿음의 기대를 조성하는데 성공하였다. 하나님에 대한 절대 믿음을 갖는 사람에게는 부족한 부분을 하나님이 채워주시는 법이다.

2) 아브라함 가정의 실체기대

아브라함 가정의 실체기대는 이삭의 두 아들 에서와 야곱이 성공해야 하였다. 이 두 형제는 뱃속에서부터 치열한 싸움을 하였다. 그 이유는 태중에서부터 에서와 야곱은 아담 가정에서 가인과 아벨과 같이 악과 선의 표시체로서 상충적 입장에 있었기 때문이었다. 이를 위하여 야곱은 세 가지를 완성시켜야 하였다.

첫째, 야곱은 장자의 기업을 복귀해야 하였다. 야곱은 사냥을 갔다 와서 배가 고파하는 에서에게 팥죽을 주면서 "형이라고 불러라"고 하였다. 장자의 기업을 예사로 생각한 에서는 야곱을 형이라고 부르고 음식을 받아먹었다.

둘째, 야곱은 하란 땅으로 돌아가서 21년간 온갖 고역을 감당하고 승리하여 가정과 재물에서 장자의 기업을 복귀하는 싸움에서 승리하였다. 이때에 야곱은 자기가 획득한 모든 재산을 형에게 바쳐서 감동을 주었고, 이것이 그 동안 쌓였던 형제 사이의 불화를 씻어내었다.

셋째, 야곱은 귀가 도중에 얍복강에서 천사와 밤새도록 씨름을 하였다. 그는 승리하여서 '이스라엘'이라는 이름을 갖게 되었고 천사에 대한 주관성도 찾아세웠다.

에서와 야곱, 두 형제의 화해는 곧 실체기대의 승리를 의미하였다. 그래서 그때까지 실현하지 못했던 실체기대가 비로소 조성되었다. 야곱의 성공은 이삭의 성공이었고 그것은 아브라함의 성공으로 이어졌다. 이들은 3대(代)이면서 뜻으로 보면 하나의 뜻을 공동으로 이룩한 선조들로서 1대와 같았다. 그래서 "나는 네 조상의 하나님이니 곧 아브라함의 하나님, 이삭의 하나님, 야곱의 하나님이니라."는 말씀도 있다.

믿음의 기대와 실체기대가 조성되었다는 것은 곧 그 시대에 하나님께서 메시아를 보내주실 것이라는 희망이었다. 아브라함-이삭-야곱은 3대에 걸쳐서 참가정을 제대로 이룰 수 있었다. 그런데 이미 사탄편에서는 국가 차원으로까지 확대되었다. 그래서 하늘편이 국가를 이룰 때까지는 메시아가 올 수 없었다.

4. 모세의 복귀섭리역사

1) 제1차 모세의 믿음의 기대와 실체기대

모세 때에는 믿음의 기대와 실체기대 조성이 민족적 단위였다. 모세가 등장할 당시에 이스라엘 백성은 이미 400년 동안 이집트에서 노예생활을 하면서 아브람이 비둘기를 쪼개지 않은 실수에 대한 탕감을 하였다. 모세는 믿음의 기대를 복귀하여 온 다른 중심인물들과는 다른 입장에 있었다.

그렇기 때문에 모세는 아벨이나 노아나 아브라함과 같이 믿음의 기대를 위한 헌제를 하지 않아도 하나님의 말씀을 중심하고 '40수 분립기대'만을 세우면, '믿음의 기대'를 탕감복귀할 수 있었다. 제물의 시대에서 말씀시대로 전환되는 때였다.

모세는 남모르게 그의 유모로 세워진 어머니로부터 선민의식에 불타는 교육을 받으면서 파라오 궁중생활 40년을 마친 후, 선민의 혈통에 대한 지조와 충절을 변치 않았다. 그는 궁중에서 죄악의 낙(樂)을 누리는 것보다 동족과 같이 고난을 나누기 위하여 뛰쳐나오게 되었던 것이다. 이와 같이 모세는 바로 궁중생활 40년으로써 '믿음의 기대'를 찾아 세웠다.

실체기대는 모세와 이스라엘 백성들이 하나가 되는 것이었다. 곧 노예생활을 하던 이스라엘 백성들이 모세를 지도자로 모시고 출애굽을 하여서 가나안땅으로 들어가는 것이었다. 모세가 40세가 되어서 궁중 밖으로 외출을 하면서 히브리인들이 고통당하는 현장을 목격하였다. 동족이 이집트인으로부터 심하게 학대를 받는 것을 보고서 모세는 동족애에 이끌리어서 이집트인을 쳐죽였다. 이를 보면서 히브리인들은 모세와 하나가 되어서 실체기대를 이루고 자유를 찾아 가나안으로 출애굽을 시도하여야 했다. 그러나 히브리인들은 오히려 모세를 살인죄로 고발하였고 모세는 미디안 광야로 가서 40년간이나 힘든 생활을 하게 되었다.

2) 제2차 모세의 믿음의 기대와 실체기대

모세가 미디안 광야에서 40년을 보낸 것은 새롭게 믿음의 기대를 세우는 것이 되었다. 하나님은 모세에게 히브리인들을 이끌고서 출애굽을 성공시키라고 지시하였다. 그 증거로써 모세에게 3대 권능을 주셨다. 모세는 파라오 왕을 찾아가서 히브리인들이 자유를 찾아 떠나가는 것을 허락하도록 촉구하였다. 왕이 이를 거부하자 10가지 재앙을 내리게 되었다.

모세와 파라오와의 사이에서 벌어지는 치열한 싸움을 목격한 히브리인들은 모세를 믿고서 출애굽하였다. 이로써 실체기대를 이룰 수 있는 가능성이 있었다. 시나이산에서 십계명도 받았고 바야흐로 말씀 중심한 새로운 공동체를 형성할 수 있게 되었다.

그런데 이런 상태를 가나안땅에 들어갈 때까지 지속해야 하였다. 안타깝게도 히브리인들은 줄곧 불신하고 불평을 하게 되었다. 12지파에서 한명씩을 선발하여 가나안 땅을 정탐하게 하였다. 그런데 여호수아와 갈렙 2명만이 믿음과 희망의 보고를 하였고 나머지 10명은 부정적이고 낙망하는 태도를 보였고 출애굽한 것을 후회하면서 돌아가자고 하였다. 이것이 죄가 되어서 40일을 40년으로 탕감하는 기간을 광야에서 보내야만 하였다.

힘들게 쌓았던 믿음의 기대와 실체기대는 불신에 의해 수포로 돌아가고 말았다. 지혜롭지 못하고 믿음과 순종이

적었던 히브리인들은 다시 고통스러운 생활을 감내해야 하였다. 하나님이 주시는 복을 받아서 감당할 줄 아는 지혜가 부족하여 복 대신에 심판을 받고 고통을 당하게 되었다.

3) 제3차 모세의 믿음의 기대와 실체기대

40일 정탐 기간에 실수하여 다시금 40년간 광야 생활을 하게 되었다. 이스라엘 백성들은 어디를 가든지 10계명을 적은 석판과 이를 담은 법궤와 함께 성막을 잘 보관하고 유지하면서 40년 노정을 겪었다. 이로써 믿음의 기대를 세울 수 있었다. 모세를 지도자로 섬기고 따르면서 믿음의 기준을 세웠다.

성막 (聖幕)
이스라엘 민족이 광야 생활 때 이동할 수 있게 장막으로 만든 성전

그러나 이스라엘 백성들은 여전히 불평하고 원망을 하는 태도를 근절하지 못하였다. 마침내 가데스바네아에 도달하였을 때에 백성들은 목마르다고 다시 불평을 하게 되었다. 그러자 인내심이 극에 달한 모세가 지팡이로 반석을 두 번 쳐서 샘물을 내어서 물을 마시게 하였다. 그러나 한번 쳐야 할 반석을 두 번 쳤기 때문에 모세는 가나안 땅에 들어가지 못하고 광야에서 숨을 거두었다.

모세를 이어서 여호수아가 리더가 되어서 백성을 인도하였다. 믿음과 충절로써 광야생활을 견디어 온 여호수아를 중심으로 백성들은 굳건한 믿음으로 하나가 되었다. 출애굽을 한 1세대인 외적 이스라엘은 광야에서 사망하고, 광야에서 탄생한 내적 이스라엘인 2세들이 여호수아를 중심하고

충성을 다하여 법궤를 모시고 요단강을 건넜고 예리고성을 정복하는 쾌거를 이루었다. 이런 과정을 통하여 믿음의 기대와 실체기대가 동시에 조성되었다.

그러나 사탄편은 이보다 앞서서 왕국을 이루고 있었다. 그래서 하늘편에서도 왕국을 이루어서 사탄편을 이길 수 있는 때가 되기까지 이스라엘 백성들은 계속 믿음의 기대와 실체기대를 유지해야 하였다. 그렇지만 이스라엘 백성들은 가나안에 들어가서 순결문화 대신에 합법적으로 음란을 허락하는 바알문화에 동화가 되어 버렸다. 힘들게 쌓았던 믿음의 기대와 실체기대는 어이없이 무너지고 말았다. 그만큼 백성들의 고통은 커졌다. 하나님의 말씀 안에 있으면 행복한 인생이고 말씀을 벗어나면 고통스런 인생이 기다린다.

생각과 지혜 나누기

1. 노아가 120년 동안 방주를 인내하면서 지은 것처럼, 내가 어떤 일을 꾸준히 한 것은 어떤 것이 있나요?
2. 아브라함과 이삭 부자의 관계처럼, 나와 나의 부모님과의 관계는 어떤 특징이 있나요?
3. 나는 미래에 어떤 리더로서 사회에 기여할 수 있을까요?

제18장
구원섭리로 본 예수님과 재림 메시아

제18장

구원섭리로 본 예수님과 재림 메시아

1. 메시아로 오신 예수그리스도

인간은 본연의 모습을 벗어나서 타락이라는 원하지 않은 상태로 떨어지고 말았다. 이런 비참한 상황에 처한 인간을 구원해주시기 위하여 하나님은 특별한 사명을 가진 인간을 보내주시는데, 그 분이 바로 메시아이다. 메시아는 '타락의 세계와 관계가 없는 참다운 사람'으로 오시게 된다. 그래서 인류가 소망한 한 때가 메시아의 강림과 더불어 귀결된다.

하나님은 일찍이 모세와 같은 선지자가 미래에 태어날 것을 예언하셨고, 그는 하나님이 하고 싶은 말씀을 인류에게 전파할 것으로 고대하였다. 모세는 이집트에서 노예생활을 하고 있던 히브리인들에게 새로운 하나님으로서 여호와 하나님을 소개하면서 그들을 해방의 세계로 인도하였다. 그리고 그는 시나이산에서 십계명을 받아서 히브리민족에게 전해주었다. 십계명은 히브리인들을 한층 더 높은 영성의 경지로 안내하였고, 하나님으로부터 선택받은 선민이 되게 하였다. 노예 신분의 히브리민족은 자유인이 되었고, 하나님의 구원섭리를 담당하는 중심 민족이 되었다. 새 말씀인 십계명으로써 구약시대라는 새 역사 창조의 선구적 역할을 담당한 이가 바로 모세였다.

예수그리스도는 모세의 그와같은 업적을 계승받아서 새 말씀으로써 복음을 주셨고, 신약시대의 역사를 개척하셨다. 그는 비록 3년간이라는 짧은 공생애를 보냈지만 그가 남긴 복음은 2천년 동안 인류 역사를 바꾸었고 발전시켜 나왔다. 그는 스스로 자기가 하는 일이 하나님이 하시는 일이라고 강조하였고, 자기를 따르고 복음을 믿는 자는 하나님의 자녀가 되고 영생할 수 있다고 가르쳤다. 그가 가르친 믿음과 소망과 사랑은 구약시대를 뛰어넘는 것이었고 지금도 많은 이들이 복음으로 영적구원의 혜택을 받고 있다.

하나님의 구원섭리가 진행되는 원칙은 믿음의 기대와 실체기대를 충족하는 것이다. 하나님은 예수그리스도를 보내시기 이전에 세례 요한을 보내시어 그의 길을 평탄하게 만들도록 준비를 시키셨다. 세례 요한은 믿음의 기대를 확립하고 그런 후에 예수그리스도와 하나가 되어서 실체기대를 조성해야 하였다. 세례 요한은 그렇게 심각하고 중요한 소명을 받은 인물이었다. 대제사장의 아들인 세례 요한은 출생부터 기이한 사건을 일으켰고, 광야에서 메뚜기와 석청을 먹는 엄격한 수도생활을 하였다. 그는 세례를 베풀면서 곧 오시게 될 메시아를 영접할 준비를 하라고 강조하였다. 그런 모습을 보면서 이스라엘 백성은 '그가 메시아가 아닌가?' 하는 생각을 가졌다.

그 당시 이스라엘 백성은 세례 요한과 하나가 되어서 믿음의 기대를 조성하여야 하였다. 세례 요한은 자기가 갖는 그런 사명을 자각 한 후에 예수그리스도에게 세례를 베풀고 나서 예수와 하나가 되어서 복음을 전파하여야 하였다. 그러나 그는 자기의 사명에 무지하였고, 예수그리스도와 하나가 되지 못하여 결국 이스라엘 백성들이 예수그리스도 앞으로 나아가서 구원을 받을 수 있는 기회를 막고 말았다. 만약 요한이 예수에게 세례를 베풀고 나서 그를 따르면서 복음을 전파했다면 세례 요한은 예수그리스도의 수제자가 되었을 것이다. 이스라엘 백성도 예수그리스도와 하나가 되어서 실체기대를 이루었을 것이고, 구원섭리가 그 당시에 온전하게 성취되었을 것이다.

믿음의 기대와 실체기대가 조성된 자리에서 환영받는 예수는 영광의 메시아가 되었을 것이다. 이것이 하나님의 계획이었다. 그러나 불행하게도 세례 요한은 자기의 사명을 알지 못했고, 메시아로 오신 예수그리스도를 따르지 않고 자신의 길을 갔다. 그 결과 그는 목이 잘리는 비참한 최후를 맞고 말았고 이스라엘 백성들도 세례 요한을 따라서 예수그리스도를 거부하고 비난하고 십자가에 못을 박았다.

2. 예수의 고난과 십자가

예수그리스도는 세례 요한의 실패 이후에 다시금 믿음의 기대와 실체기대를 세우기 위한 노정을 걸어야 하였다. 그래서 그는 스스로 고난의 길을 걸어서 믿음의 기대를 쌓아야 하였고, 그런 후에 이스라엘 백성이 그와 하나가 되는 실체기대를 조성해야 하였다.

믿음의 기대를 성공시키기 위하여 예수그리스도는 40일 금식을 하였고, 사탄으로부터 3대 시험을 받게 되었다. 메시아가 사탄의 시험을 받는다는 것은 있을 수 없는 일이지만 세례 요한이 실수하였기 때문에 그것을 다시 탕감하기 위하여 고난을 당할 수밖에 없었다. 사탄은 40일 금식을 하고서 배가 심히 고픈 예수그리스도를 찾아와서 돌로 하여금 빵이 되게 하여 먼저 배불리 먹고서 배고픔에서 벗어나라고 유혹하였다. 그러나 예수그리스도는 "사람이 빵으로만 살지 못하고 하나님의 말씀으로 살아야 하느니라."고 답변하였다. 다음으로 사탄은 예수그리스도를 성전 꼭대기에 세우고 거기서 뛰어내리라고 유혹하였다. 예수그리스도는 "주 너의 하나님을 시험하지 말라."라고 대답하여 승리하였다. 마지막으로 사탄은 예수그리스도를 높은 산으로 데려가서 도시를 내려다보면서 "당신이 내게 절하면 도시의 부귀영화를 다 주겠다."라고 유혹하였다. 예수께서는 "사탄아 내게서 물러가라. 주님이신 너의 하나님만 경배하고 섬기라고 하지 않았느냐?"라고 답변하였다. 사탄은 패배하고 물러갔다.

이 3대 시험은 타락으로 잃어버린 3대축복을 복귀하는 섭리적인 의의를 갖는다. 예수그리스도가 이 땅에 오신 목적은 3대 축복을 찾아 세워서 하나님의 창조목적을 이루기 위해서였다. 이를 잘 알고 있는 사탄은 세 가지 축복의 복귀를 막기 위하여 세 가지 시험을 하였던 것이었다. 그렇지만 지혜의 왕이신 예수그리스도께서는 하나님의 말씀에 근거하여 답변을 잘 하심으로써 사탄을 이기셨다.

첫 번째의 응답은 빵이 문제가 아니라 예수그리스도께서는 인류 전체의 영인체를 살려줄 수 있는 하나님의 말씀의 양식이 되어야 하겠다는 뜻이었다. 인간은 누구나 육신과 영인체를 갖고 있으며 육신은 자연계로부터 영양분을 섭취하고 영인체는 하나님의 말씀으로 성장하게 되어 있다. 따라서 하나님의 말씀이 육신이 되어서 이 땅에 탄생하신 예수그리스도께서는 당신이 인류 앞에 말씀을 주셔서 그 복음으로 인류가 살아갈 미래를 내다보시고 당장의 배고픔이 있더라도 하나님의 말씀으로 살아야 한다고 강조하셨던 것이다.

두 번째 시험에 승리한 것이 갖는 복귀섭리적 의의는 제2축복 복귀의 기대를 조성하셨던 것이다. 예수그리스도는 하나님과 일체가 되신 분으로서 본성전이 되시고 인류는 분성전이 되었다. 말씀의 실체로 오신 예수그리스도는 하나님을 섬기고 영광과 찬양을 돌려드리는 장소인 성전의 실체가 되셨고 그의 육신은 하나님의 몸이었다. 인류가 구원을 받는다는 것은 본성전이신 예수그리스도의 복음을 통하여 지체가 되는 분성전을 이루는 것이었다.

이와 같은 섭리적 의의를 잘 아는 사탄은 예수그리스도가 성전에서 뛰어내림으로써 메시아로서의 사명을 포기하고 그저 평범한 보통 인간으로서 살아가라는 목적으로 시험을 하였다. 그러나 예수그리스도께서는 창조본연의 질서에 의하면 천사는 인간을 섬기고 주관을 받게 되어 있기에 타락한 천사인 사탄이 감히 시험을 받을 조건을 갖지 아니한 예수그리스도를 시험하지 말고 물러가라고 호통을 치셨다. 이 두 번째 시험에 승리함으로써 말씀의 본성전이시고 인류 앞에 참부모로 오신 예수그리스도께서는 모든 성도들과 인류를 분성전과 참자녀의 입장으로 복귀할 수 있는 조건을 세워서 제2축복의 기대를 조성하였다.

세 번째로 사탄은 포기하지 않고 계속 시험을 하였다. 사탄은 예수그리스도를 높은 산꼭대기로 데리고 가서 아래를 내려다보면서 만약 예수그리스도께서 자기에게 경배를 하면 세상의 온갖 부귀영화를 다 주겠다고 제안하였다. 사탄에게 경배를 한다는 것은 굴복한다는 의미로써 메시아로서의 역할을 포기하고서 물거품처럼 사라질 온갖 부귀영화에 빠져서 살다가 죽으라는 의도였다. 그러나 하나님의 간절한 소원을 잘 아시는 예수그리스도께서는 당신은 하나님의 아들이요 말씀의 실체로 오셨기 때문에 결코 사탄에게 경배를 할 이유도 없고, 또한 천사를 주관할 창조본연의 인간의 입장에서 천사로부터 경배를 받아야 하는 창조원리에 근거하여 타락한 천사인 사탄이 오히려 예수그리스도께 경배를 드려야 한다고 호통을 쳤다. 사탄은 패배하여 물러나게 되었고 예수그리스도께서는 세 가지 시험에 최종적으로 승리하였다.

이 승리로 인하여 예수그리스도께서는 '40일 사탄분립기대'를 찾아 세우셨고, 실패하지 아니한 세례 요한의 입장을 탕감복귀하셨고, 하나님의 3대 축복을 이루어서 사위기대를 복귀할 수 있는 조건을 세우셨다. 이제 남은 것은 예수그리스도와 이스라엘 백성 전체가 하나가 되어서 실체기대를 이루는 것이었다. 예수그리스도는 보통 사람이 아니라 하나님의 아들로 오셨고, 당신의 말씀을 통하여 구원을 얻고서 창조본연의 인간으로 이스라엘 백성들이 먼저 돌아가게 할 능력을 가진 메시아임을 이스라엘 백성들이 깨닫게 하기 위하여 여러 가지로 기적을 일으키셨다. 그렇지만 복귀섭리에 무지하고 영적인 진리에 눈을 뜨지 못한 이스라엘 백성들은 그의 가문을 바라보면서 그가 메시아가 아니라고 비난하고 반대를 하였다. 마침내 그 절정의 단계에서 예수그리스도는 십자가에 매달리게 되었다. 실체기대 조성을 성공시켜서 세계 인류를 구원하시려는 하나님의 복귀섭리도 실패로 끝나고 말았다.

3. 예수의 부활과 기독교

예수님은 메시아로서의 사명을 다하기 위하여 십자가에서 육신은 사망하였지만 영인체는 다시금 부활하셔서 제자들에게 나타나셨다. 인류를 구원하시려는 하나님의 탕감복귀섭리의 내용을 잘 알고 있는 예수그리스도는 당신의 육신을 십자가에서 사탄에게 내어주면서 다시 한번 메시아로서 구원을 향한 기대를 조성하셨다. 영인체로 부활하신 예수그리스도께서는 제자들을 불러 모으시고 40일 동안 그들을 가르치셨다. 세례 요한의 실패, 이스라엘 백성들의 무지로 인한 실패가 있었지만, 제자들은 부활한 예수그리스도를 목격하고 가르침을 받으면서 온갖 고난과 수난과 순교를 당하면서도 사탄에 대하여 영적인 승리를 하게 되었다.

하나님은 독생자 예수를 십자가에 내어주시면서 다시 한번 인류 구원을 위한 복귀섭리를 진행하셨다. 세계 복귀섭리를 위하여 믿음의 기대와 실체기대 조성이 필요하였던 것이다. 그래서 예수그리스도께서는 부활 후 40일간 제자들을 직접 가르치고 능력도 베풀어주셨다. 사탄이 최대 실권을 행사하여 독생자 예수그리스도를 십자가에 매달았지만 하나님 역시 최대의 권능을 행사하셔서 예수그리스도의 영인체를 부활시키셨다.

영인체로 나타난 예수그리스도께서는 40일간의 철저한 제자 훈련을 통하여 흩어진 제자들을 다시 모았다. 그때에서야 무섭고 불안하고 무지에 빠져서 도망을 갔던 제자들이 잘못을 회개하고 순교를 해서라도 복음을 전파하고 복귀섭리를 완성시키겠다는 의지를 불태웠다. 그래서 세계적 가나안 복귀를 위한 영적인 믿음의 기대를 조성할 수 있게 되었다.

이제 남은 것은 영적인 실체기대를 승리로 찾아세우는 것이었다. 육신을 십자가에 내어주고 영인체로 부활하신 예수그리스도께서는 제자들에게 기사(奇事)와 이적(異蹟)의 초능력을 발휘하셨다. 그는 영적인 메시아의 입장을 확립하고 성신(聖神)을 복귀하심으로써 영적인 참부모가 되어서 중생의 역사를 시작하셨다. 이스라엘 백성들이 밀과 보리 등의 봄 추수가 끝난 다음에 축제를 즐기기 위하여 예루살렘 성으로 모이는 오순절 기간에 베드로를 중심한 제자들을 통하여 예수그리스도와 성신은 영적인 참아버지와 참어머니로서의 입장에서 신약시대를 본격적으로 시작하는 역사(役事)를 시작하셨다.

성신(聖神)
성령 곧 하나님의 영을 인격적 곧 여성으로 표현한 것이다.

성신의 인도로 기독교인이 된 이들은 세례를 받고서 신약시대를 개척하였다. 그러나 그들의 육신은 예수그리스도께서 십자가에 달리신 것처럼 온갖 육체적 수난을 받게 되었다. 그래서 기독교 역사는 순교자들이 흘린 피를 먹고서 자란 나무와 같았다. 메시아로 오신 예수그리스도께서 피를 흘리시고 고통을 받으시고 죽음의 경지에 처하셨던 것처럼 기독교 성도들은 필설로 표현하기 힘든 고난과 박해를 받고 순교하였다. 신약시대는 예수그리스도와 성도들의 피와 땀과 눈물로 점철된 발자취였다. 예수그리스도의 몸을 침범하여 사망에 이르게 한 사탄은 성도들의 육신도 치고 빼앗는 행위를 자행하였다. 사탄과 성도들 사이에서 팽팽한 긴장관계가 조성되고 영적인 치열한 싸움이 전개되어 왔다.

온갖 고통과 환란 중에서도 예수그리스도를 믿는 성도들은 부활하신 예수그리스도와 일체가 되어서 영적인 실체기대 조성에 성공하였다. 예수그리스도께서 십자가 사건으로 당신의 거룩한 육신인 성체(聖體)를 사탄에게 내어주시고 그 대신에 영적인 구원섭리를 승리하신 예수님은 순교를 각오한 성도들의 신앙과 함께 영적인 실체기대 조성에 성공하셨다. 그러나 온전한 구원은 영적, 육체적 구원의 양면을 다 복귀하여야 한다. 그래서 예수그리스도께서는 당신이 곧 재림할 것이니 부디 배반하지 말고 끝까지 복음을 지키고 따르면서 곤경을 극복하여 승리하라고 가르쳤다. 영적 구원과 함께 육적 구원을 동시에 이루게 될 것은 재림메시아 시대의 몫으로 남겨지게 되었다. 누구든지 부활하신 예수그리스도를 믿게 되면 그와 함께 영적인 사탄 불가침권에 있게 되어서 사탄의 참소를 벗어나서 영적 구원의 은혜를 받을 수 있게 되었다.

4. 예수그리스도의 재림과 세계 평화

영인체로 부활하신 예수그리스도를 영적인 메시아로 믿는 믿음이 기독교를 세계종교로 형성하게 하였다. 신약의 복음 사상을 중심하고 세계 역사는 발전되어 왔다. 그러나 예수그리스도를 아무리 절대적으로 믿어도 영적 구원만 받을 뿐이지 육적 구원을 받을 수는 없다. 따라서 다시 오시는 재림 메시아는 인류를 영육 양면에 걸쳐서 온전하게 구원을 해주셔야 할 것이다. 그 날을 고대하면서 기독교 성도들은 2천년간 메시아의 재림을 고대하여 왔다. 재림메시아의 강림은 기독교 성도들 뿐만 아니라 전 인류에게 희망이요 복의 근원이요 평화로운 지구촌 건설의 토대가 될 것이다.

재림 메시아 역시 믿음의 기대와 실체기대를 조성하는 것에 성공해야 한다. 그 분은 인간의 몸으로 오실 것이지만 인류에게 사탄의 혈통을 끊어버리고 하나님의 직계 자녀로 연결지어서 우리를 하나님 직계의 참자녀로 찾아 세워 주실 것이다. 가장 원초적이고 근원적인 참부모 · 참자녀의 관계를 회복시키실 것이다. 재림주님은 참부모의 이름으로 세계만방에 그 이름을 떨칠 것이다. 누구든지 그 분과 하나가 되면 믿음의 기대와 실체기대는 무난히 극복할 수 있을 것이지만, 만약 그분을 몰라보게 되면 2천년 전에 발생한 십자가 사건이 재연될 것이다. 그가 세상에 오시게 될 때에 기독교 성도들은 과거의 고루한 습관에서 과감하게 벗어나서 그를 영접하고 접붙임을 받아 하나님의 참자녀로 중생해야 할 것이다. 특히 재림메시아께서 이 땅에 탄강하시는 말세시기에 처한 성도들은 신앙이나 진리 양면에서 바른 자세를 갖기 위하여 노력해야 할 것이다.

하나님은 성경을 통하여 장차 발생할 어떤 사건에 대하

여 양면성으로 말씀하셨다. 말씀을 대하는 인간이 책임분담을 완수하면 예언이 축복으로 성취될 것이고, 불신으로 빠지게 되면 2천년 전의 실수를 다시 반복하게 되어 비극과 불행을 겪게 될 것이다. 그 분은 불교의 미륵불, 유교의 진인, 한국인들이 고대해 온 정도령 등의 다양한 모습으로 나타나실 것이다.

문선명 선생은 1920년에 이 땅에 탄생하셨고, 16세때 부활절을 맞이하여서 고향 뒷산 묘두산에 가서 기도를 하고 있던 중, 예수그리스도께서 찾아와서 인류 구원의 사명을 맡겨주셨다. 그렇지만 구원섭리 원칙을 따라서 믿음의 기대와 실체기대는 역시 조성되어야 하는 과제가 주어져 있다.

그 당시 많은 성도들이 계시를 받고서 한반도에 메시아가 오실 것을 예언하였다. 어떤 이는 그 분이 입게 될 옷을 아기 때부터 청년기까지 이르도록 최대한 정성을 다하여 손수 제작하기도 하였다. 많은 신령한 이들이 임박한 메시아의 강림을 증거하였다. 바야흐로 재림주님이 언제 어디로 오시든지 그 분을 모시고 따를 준비가 1920년 전후의 한국에 충만하였다.

한민족이 일제치하 40년의 통치를 받음으로써 40수를 탕감하였고, 이로써 믿음의 기대는 확립되었다. 이어서 기독성도들과 신령집단들이 재림하실 메시아와 하나가 되면 실체기대도 이뤄질 수 있게 되었다. 이것은 한민족에게 주어진 큰 축복이었다. 그러나 기독성도들과 신령집단은 오실 그 분이 어떤 분인지를 알아보지 못할 수 있고, 지도층에 있는 이들도 그를 믿고 따르기보다는 박해를 가할 것이 예상되었다.

그러한 사회적 배경 속에서 문선명 선생은 남한과 북한에서 감옥에 투옥되셨고, 자유민주주의 세계의 최고로서 명성을 갖는 미국에서도 수감되는 고난을 당하셨다. 그리고 세계 각국들도 환영하기보다는 비난하고 경계하고 입국을 거부당하는 경우가 많았다. 그의 생애는 2천년 전의 예수그리스도의 생애와 유사하였다. 기독성도들과 신령한 집단이 무지와 불신에 빠져서 실체기대 조성에 실패하였고, 그 결과로 많은 고난이 불어닥쳤다. 영광의 인생이 아니라 일생동안 고난의 노정을 사셨다.

문선명 선생은 온갖 오해와 불신 속에서 다시금 복귀섭리를 완성하기 위하여 많은 고난을 감내하셨고 그를 따르는 제자들 역시 일편단심으로 뜻을 위하여 충효의 도리를 다하였다. 그리하여 마침내 문선명 선생은 1993년에 당신이 인류 구원을 위하여 일생을 살아오셨다고 선포하셨다. 2003년에는 예수그리스도를 만왕의 왕으로 추대하면서 대관식을 거행하였고, 2004년에는 문선명 선생을 평화의 왕으로 선포하였다. '참부모의 출현은 역사상에 최고의 희소식이요 평화의 기준이다.' 문선명 선생은 참부모로서 인류를 참자녀로 중생시켜 주기 위하여 축복결혼식을 많이 진행하셨다. 이는 인류를 타락과 무관한 하나님의 혈통을 찾아 세우기 위한 거룩한 의식이었다. 지금은 많은 축복가정들이 지상천국과 천상천국을 창건하기 위하여 세계 도처에서 노력하고 있다. 문선명 선생은 인류 평화를 위하여 방대하고 심오한 일들을 많이 만드셨고 승리하셨다. 그는 진정 하늘의 영광과 땅의 평화를 사랑하는 세계인이셨다. 그리고 그가 걸으셨던 길을 인류가 함께 걸어야 할 것이다. 먼저 하나님을 영광의 자리에 오르시게 해드리고, 인간과 만물이 해방을 받고 참인간과 참만물의 모습을 찾아 지상과 영계에 영원한 천국을 건설하기 위하여 사생결단 전력투구 실천궁행하셨던 문선명 선생의 노정은 인류에게 영원한 사표(師表)가 될 것이다.

생각과 지혜 나누기

1. 나의 생애에서 힘들었던 사례는 어떤 것이 있나요?
2. 예수그리스도에 대해서 아는 것이 있다면 어떤 내용인가요?
3. 문선명 선생에 대해서 아는 것이 있다면 어떤 내용인가요?

제19장

구원섭리로 본 기독교의 역사

제19장

구원섭리로 본 기독교의 역사

1. 섭리적 동시성의 시대

인류역사의 과정을 살펴보면 비록 그 정도와 범위의 차이는 있지만 지나간 어느 시대에 있었던 것과 흡사한 형의 역사적 과정이 뒷시대에 반복되고 있는 사실을 많이 발견할 수 있다. 역사가들은 이러한 역사적인 현상을 보고, 역사는 어떠한 동형(同型)의 나선상(螺線上)을 돌고 있다고 말하고 있지만, 그 원인이 어디에 있는지를 전혀 알지 못하고 있다. 이와 같이 어떤 시대가 그 전시대(前時代)의 역사노정과 흡사한 모습으로 반복되는 경우 그러한 시대들을 말하여 '섭리적 동시성의 시대'라고 한다. 이러한 섭리적 동시성의 시대가 이루어지는 것은 본래 하나님의 탕감복귀섭리(湯減復歸攝理)에 기인하고 있기 때문이다.

구원섭리의 목적을 이루기 위하여, '메시아를 위한 기대'를 복귀하는 섭리노정을 걸어가던 어떠한 중심인물이 자기의 책임분담을 다하지 못할 때에는, 그 인물을 중심한 섭리의 한 시대는 끝나고 만다. 그러나 그 '뜻'에 대한 하나님의 예정(豫定)은 절대적이기 때문에 하나님은 다른 인물을 그의 대신으로 세워 '메시아를 위한 기대'를 탕감복귀(湯減復歸)하는 새 시대를 다시 세워 나아가는 것이다. 따라서 이 새 시대는 그 전시대의 역사노정을 탕감복귀하는 시대가 되기 때문에 다시 한 번 동형의 역사를 반복하게 되어 섭리적인 동시성의 시대가 형성된다.

그런데 구원섭리를 담당한 인물들은 그 전 시대의 종적인 탕감조건들을 횡적으로 일시에 탕감복귀해야 되므로, 복귀섭리가 연장되어 종적인 탕감조건이 부가되어 갈수록 횡적으로 세워야 할 탕감조건도 점차로 가중되어 간다. 따라서 동시성의 시대도 점차로 그 내용과 범위를 달리하게 된다. 동시성의 시대의 형태가 완전한 상사형(相似形)을 이루지 못하는 이유가 거기에 있다. 그럼에도 불구하고 동시성의 시대가 반복되는 이유는 '메시아를 위한 기대'를 복귀하려는 섭리가 반복되기 때문이다.

따라서 동시성의 시대를 형성하는 요인으로 그 첫째는 '믿음의 기대'를 복귀하기 위한 수리적 탕감기간(蕩減期間)

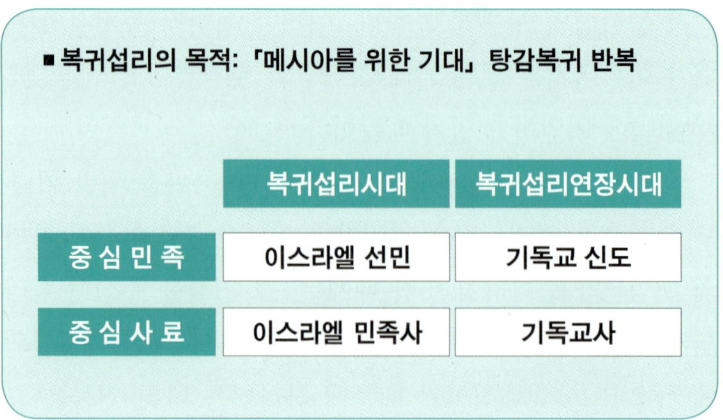

■ 복귀섭리의 목적: 「메시아를 위한 기대」 탕감복귀 반복

	복귀섭리시대	복귀섭리연장시대
중심민족	이스라엘 선민	기독교 신도
중심사료	이스라엘 민족사	기독교사

인 대수(代數)나 혹은 연수(年數)를 요인으로 하여 섭리적 동시성이 형성되는 것이다. 둘째로는 '믿음의 기대'를 복귀하는 중심인물과 그 조건물 그리고 '실체기대'를 복귀하기 위한 '타락성을 벗기 위한 탕감 조건' 등의 섭리적인 사실을 요인으로 하여 동시성이 형성되는 것이다. 이러한 탕감복귀 섭리의 사관(史觀)에 따라 지금부터 예수님이 십자가상에서 돌아가신 이후의 기독교역사를 살펴보기로 한다.

2. 기독교의 역사를 형성하는 각 시대

1) 로마제국 박해시대 400년

예수님은 믿음의 조상인 아브라함의 뜻을 완성하러 오신 분이었다. 그러므로 마치 아브라함이 '상징헌제(象徵獻祭)'

에 실수함으로 인하여 이루지 못하게 되었던 '믿음의 기대'를 민족적인 것으로 탕감복귀하기 위하여, 이스라엘 민족에게 애급고역 400년의 사탄 분립기간이 있었던 것처럼, 유대민족이 예수님을 산 제물로 바치는 헌제에 실수함으로 말미암아 이루지 못하게 되었던 '믿음의 기대'를 탕감복귀하기 위하여, 기독교 신도들 앞에도 애급고역시대와 같은 시대가 오게 되었으니, 이 시대가 바로 로마제국 박해시대 400년이었던 것이다.

로마제국의 혹독한 박해가 끝나고 콘스탄티누스대제가 기독교를 공인한 것이 서기 313년이었고, 테오도시우스 1세가 기독교를 국교로 정한 것이 서기 392년이었다. 그러므로 이 시대는 형상적 동시성의 시대 중 이스라엘 민족의 애급고역시대 400년을 실체적인 동시성으로 탕감복귀하는 시대였던 것이다.

2) 교구장제기독교회시대 400년

애급고역시대가 지나고 사사(士師)를 중심하고 이스라엘 민족을 영도하여 나아가던 사사시대 400년이 있었기 때문에, 기독교의 시대에도 사사시대 400년을 탕감복귀하는 시대가 있어야 했다. 이것이 바로 기독교가 로마제국의 국교로 공인된 후 서기 800년 카알대제가 즉위할 때까지 사사에 해당하는 교구장(教區長)에 의하여 영도되었던 교구장제기독교회시대 400년 기간이었던 것이다. 그러므로 이 시대는 사사시대 400년을 실체적인 동시성으로 탕감복귀하는 시대였다.

3) 기독왕국시대 120년

이스라엘 민족이 사울 왕을 중심하고 처음으로 왕국을 세운 후, 다윗 왕을 거쳐 솔로몬 왕에 이르기까지 120년 간 통일왕국시대를 이루었었다. 따라서 이 시대를 탕감복귀하기 위하여 서기 800년 카알대제가 즉위한 후로부터 후일 그의 왕통이 끊어지고 선거왕제가 되어 919년 헨리 1세가 독일 왕위에 오를 때까지 120년간에 걸쳐 기독왕국시대(基督王國時代)가 오게 되었던 것이다. 그러므로 이 시대는 통일왕국시대 120년을 실체적인 동시성으로 탕감복귀하는 시대였다.

4) 동서왕조분립시대 400년

통일왕국시대에 성전이 뜻 가운데 서지 못하게 되었을 때, 이 왕국이 남조와 북조로 분열되어 400년간의 남북왕조분립시대(南北王朝分立時代)가 왔었다. 그러므로 이 시대를 탕감복귀하는 시대가 있어야 했다. 이것이 바로 기독왕국시대가 지나간 이후 서기 1309년에 교황청이 남 프랑스의 아비뇽에 옮겨질 때까지의 동서왕조분립시대(東西王朝分立時代) 400년이었던 것이다. 기독왕국이 처음에 분열되었을 때는 동·서 프랑크와 이태리의 세 왕조로 분립되었으나, 이태리는 신성로마제국을 계승한 동프랑크의 지배하에 있었으므로 사실상 동서로 양분된 것과 마찬가지였다. 그러므로 이 시대는 남북왕조분립시대 400년을 실체적인 동시성으로 탕감복귀하는 시대였다.

5) 교황 포로 및 귀환시대 210년

남북왕조분립시대 북조 이스라엘은 우상숭배로 인하여 앗시리아에게 멸망하고, 남조유대마저 불신으로 돌아가 성전이상(聖殿理想)을 재건하지 못하였기 때문에, 그들이 사탄세계인 바빌론으로 포로 되어 갔다가 귀환하여 다시 성전이상을 세울 때까지 210년간이 걸렸던 것이다. 따라서 이 시대를 탕감복귀하기 위하여 동서왕조분립시대에 있어서 불신으로 돌아간 교황 클레멘스 5세가 서기 1309년에 로마로부터 남 프랑스 아비뇽에 교황청을 옮긴 후, 교황들이 포로와 같은 생활을 하다가 다시 로마로 돌아와 1517년 종교개혁이 일어날 때까지 약 210년간에 걸친 교황 포로 및 귀환시대가 있게 되었었다. 그러므로 이 시대는 유대민족 포로 및 귀환시대 210년을 실체적인 동시성으로 탕감복귀하는 시대였다.

3. 기독교의 역사를 형성하는 각 시대의 성격

1) 로마제국 박해시대의 성격

제2 이스라엘 선민들에 대한 4세기 동안의 박해가 끝난 후에, 예수님은 심령적인 기적과 권능으로써 많은 신도를 불러 일으켰고, 더 나아가 콘스탄티누스대제를 감화시켜서 313년에 기독교를 공인하게 하였으며, 392년 테오도시우스 1세에 이르러서는 그처럼 극심한 박해를 하던 기독교를 국교로 제정하게 하였다. 그리하여 기독교인들은 사탄세계에서 영적으로 가나안에 복귀하게 되었다. 제2 이스라엘 선민들은 로마제국 박해시대가 끝난 후 구약시대의 십계명과 성막이상(聖幕理想)을 영적으로 이루기 위한 '말씀'으로써 사도들의 기록을 모아 신약성서를 결정하고, 그 말씀을 중심한 교회를 이룩하여 재림주를 맞기 위한 터전을 넓혀 나오게 된 것이다. 예수님 이후에는 예수님과 성신이 직접 성도들을 인도하였기 때문에 그 이전 섭리시대와 같이 어느 한 사람을 하나님 대신 전체적인 섭리의 중심인물로 세우지는 않았다.

2) 교구장제기독교회시대의 성격

사사시대를 실체적인 동시성으로 탕감복귀하는 시대였던 신약시대의 교구장제기독교회시대에 있어서도 교구장들은 기독교 신도들을 이끄는 데 있어 사사에 해당하는 직분을 띠고 있었다. 교구장은 이러한 영적 왕국 건설에 있어서 사사와 같은 사명을 가지고 있었기 때문에 때로는 예언자도 되어야 했고, 때로는 제사장의 구실도 해야 했으며, 때로는 교구를 통치하는 국왕과 같은 사명도 해야 했던 것이다. 따라서 기독교봉건사회(基督教封建社會)는 이때부터 시작되었다. 교구장제기독교회시대의 기독교는 사탄세계인 로마제국에서 해방된 후 4세기에 몽고족의 일파인 훈족의 서침에 의하여 서구로 이동된 게르만 민족에게 복음을 전파함으로써 서구의 새 땅에서 게르만 민족을 새로운 선민으로 세워 기독교봉건사회의 기틀을 형성하였던 것이다.

3) 기독왕국시대

기독왕국시대(基督王國時代)에는 교구장이 제2 이스라엘을 영도해 나아가던 시대는 지나고, 예언자에 해당되는 수도원과 제사장에 해당되는 교황과 백성을 통치하는 국왕이 복귀섭리의 목적을 중심하고 제2 이스라엘을 지도해 나아가야만 했다. 당시의 기독교는 예루살렘, 안디옥, 알렉산드리아, 콘스탄티노플, 로마 등의 5대 교구로 분립되어 있었다. 그 중에서도 가장 우위에 있었던 로마교구장은 다른 교구를 통할하는 위치에 있었으므로 특히 그를 교황이라고 부르게 되었었다.

기독왕국시대에는 기독교 신도들이 로마제국에서 해방

되었던 때, 성 어거스틴에 의하여 그의 기독이상으로서 저술되었던 '신국론(神國論)'이 카알대제에 의하여 기독왕국으로 나타났던 것인데, 이것은 장차 예수님이 만왕의 왕으로 재림하시어 왕국을 건설하실 것의 형상노정이었던 것이다. 그러므로 이 시대에는 국왕과 교황이 하나님의 뜻을 중심하고 완전히 하나가 되어 기독이상을 실현함으로써, 예수님 이후 '메시아를 위한 영적 기대' 위에서 교황을 중심하고 이루어 나왔던 국토 없는 영적 왕국과 국왕을 중심한 실체적인 왕국이 기독이상을 중심하고 하나 되어야 했던 것이다. 만일 그때 그렇게 되었더라면 종교와 정치와 경제는 일치되어 '재림하실 메시아를 위한 기대'를 이루게 되었을 것이었다.

만일 카알대제가 이 기대 위에서 그리스도의 말씀을 받들어 기독이상(基督理想)을 실천해 나아가면, 이 시대의 '믿음의 기대'는 이루어지게 되는 것이었다. 사실상 카알대제는 교황에게 축복을 받고 왕위(王位)에 오름으로써, 이 기대를 이루었었던 것이다. 그러므로 당시의 제2 이스라엘이 이러한 입장에 있는 국왕을 절대로 믿고 순종하였더라면 그때에 실체기대는 세워졌을 것이요, 따라서 '재림하실 메시아를 위한 기대'도 이루어졌을 것이었다. 이와 같이 되었어야만 '메시아를 위한 영적 기대' 위에서 교황을 중심하고 세워진 영적인 왕국과 국왕을 중심한 실체적인 왕국이 하나 되어 그 터전 위에 예수님이 다시 오셔서 메시아왕국을 이룰 수 있었을 것이었다. 그러나 국왕이 하나님의 뜻을 받들지 못함으로써 실체기대는 이루어지지 않았고 따라서 '재림하실 메시아를 위한 기대'도 이루어지지 않았던 것이다.

4) 동서왕조분립시대

동서왕조분립시대의 기독교는 교황청이 부패하였기 때문에 토마스 아퀴나스, 성 프란체스코 등 수도원의 인물들이 내적인 쇄신운동을 일으켰었다. 그러나 그들도 회개하지 않고 더욱 타락과 부패에 흘렀으므로 하나님은 그들을 이방인들에게 맡겨 섭리를 하였던 것이 십자군전쟁이었다. 예루살렘 성지가 칼리프제국에 속해 있었을 때에는 기독교의 순례자들이 후대(厚待)를 받았었으나, 칼리프제국이 망하고 셀주크 터어키가 예루살렘을 점령한 후 그들은 순례자들을 학대하였으므로 이에 분개한 역대 교황들이 이 성지를 회복하려고 십자군전쟁을 일으켰던 것이다. 1096년에 일어난 십자군은 그 후 약 200년간에 걸쳐 7회의 원정을 하였으나 패전을 거듭하였다.

동서왕조분립시대의 십자군이 이교도에게 패하여 교황권이 그 권위와 신망을 완전히 잃게 되자 국민정신은 그 중심을 잃게 되었다. 그뿐 아니라 봉건사회를 유지하던 영주들과 기사들이 많이 전사하였기 때문에 그들은 정치적인 기반을 잃고 말았으며, 또 거듭되는 패전으로 인하여 막대한 전비를 소모하게 되어 여지없이 경제적인 곤궁에 빠지고 말았다. 기독교군주사회는 드디어 붕괴되기 시작하였던 것이다.

5) 교황 포로 및 귀환시대

하나님이 기독왕국시대를 세우신 것은 교황과 국왕을 중심하고 '재림하실 메시아를 위한 기대'를 조성하여, 그 기대 위에 메시아로 재림하시는 '만왕의 왕'에게 그 나라와 왕위를 인계 해 드림으로써 메시아 왕국을 건설하기 위함이었다. 그러나 국왕과 그를 실체기대의 중심인물로 세우기 위한 영적인 기대를 조성해야 할 교황들이 부패한 가운데서 끝내 회개하지 않았으므로 그들은 '재림하실 메시아를 위한 기대'를 조성하지 못하였다. 이에 하나님께서는 이 기대를 복귀하기 위한 새로운 섭리를 하시기 위하여 교황으로 하여금 포로가 되어 고역을 당하게 했던 것이다.

교황과 승려들의 부도덕은 점차로 국민들의 신망을 잃어버리게 되었고 십자군전쟁에 패함으로써 교황의 권위는 땅에 떨어지게 되었다. 한편 십자군전쟁 이후 봉건제도가 몰락하고 근대국가가 성립되자 점차로 왕권이 신장되면서 교황과 국왕과의 충돌이 격화되었다. 그리하여 교황 보니파키우스 8세는 프랑스 왕 필립 4세와 충돌하여 한때 그에게 강금을 당하는 데까지 이르렀다. 그 후 1305년에 교황으로 피선된 클레멘스 5세는 1309년에 교황청을 로마로부터 남 프랑스의 아비뇽으로 옮겼고 거기서 70년 간 역대의 교황들은 프랑스 왕의 구속을 받으면서 포로와 같은 생활을 하게 되었었다. 그 후 교황 그레고리우스 11세가 1377년 로마로 귀환하였다.

교황 그레고리우스 11세가 서거한 후 추기경들은 이태리의 바리의 감독 울바누스 6세를 교황으로 선출하였다. 그러나 프랑스인이 다수였던 추기경들은 오래지 않아 울바누스를 배척하고 클레멘스 7세를 교황으로 선출하여 남 프랑스 아비뇽에 또 하나의 교황청을 세우게 되었었다. 이 분리는 다음 세기에 이르러 개혁회의에서 해결될 때까지 계속되었다. 곧 1409년에 추기경들은 이탈리아의 피사에서 회의를 열어 분리되어 온 두 교황을 모두 폐위시키고 알렉산더 5세를 정당한 교황으로 임명하였다. 그러나 폐위된 두 교황이 이에 불복함으로써 일시 3인의 교황이 있게 되었다. 그 후 콘스탄트회의를 통해 다시 3인의 교황이 일제히 폐위되었고 다시 마루티누스 5세가 교황으로 선출되었다.

이와 같이 교황의 선출 권한을 추기경들로부터 빼앗아 로마교회의 지상권을 주장하던 콘스탄트회의로 1418년 옮겼다. 이 회의는 그 후 스위스의 바젤에서 로마교회 기구를 입헌군주체(立憲君主體)로 할 목적으로 열렸다. 그러나 교황은 회중들의 이러한 주관성을 좋지 않게 생각하고 이 회의에 참석하지 않았을 뿐만 아니라 그것을 유회(流會)시키려고까지 하였다. 그래도 교황당 이외의 의원들은 개회를 강행하였으나 1449년에 저절로 해산되고 말았다. 이와 같이 로마교회 내에 입헌군주제를 수립하려던 계획은 수포로 돌아가고 1309년 이래 잃어버렸던 교황의 기능을 회복하였다. 이때부터 프로테스탄트 종교개혁운동은 싹트기 시작하였다. 이와 같이 교황이 1309년으로부터 70년 간 남 프랑스의 아비뇽에 유수되었다가 3교황으로 분립되었던 노정을 거쳐 다시 로마교회를 중심한 교황으로 복귀된 후, 1517년에 루터를 중심하고 종교개혁이 일어날 때까지의 약 210년간은, 유대민족이 바빌론에 70년 간 포로 되었다가 3차에 걸쳐 예루살렘으로 귀환하여, 말라기를 중심하고 정치와 종교의 쇄신을 일으킬 때까지의 210년간을 실체적인 동시성으로 탕감복귀하는 기간이었던 것이다.

생각과 지혜 나누기

1. 왜 인류 역사는 순환한다고 생각합니까?
2. 콘스탄티누스대재가 기독교를 공인하게 된 이유를 알아봅시다.
3. 하나님 섭리사의 중심이 기독교 역사인 이유가 무엇일까요?

제20장
구원섭리로 본 세계사

1. 구원섭리의 역사

타락한 인간에게서는 본심과 사심이 싸우고 있다. 본심의 명령을 따르는 선행과 사심의 명령을 따르는 악행이 한 인간에게서 상충한다. 인간은 개체 내에서 선한 마음과 악한 마음이 다투고 있고, 이러한 인간이 이루는 사회도 다툼이 일어나지 않을 수 없으며, 인류역사도 투쟁과 전쟁으로 엮어지지 않을 수 없다.

이러한 투쟁의 와중에서도 인간은 하나님의 구원섭리에 부응하려는 본심의 작용에 따라 끊임없이 악을 물리치고 선을 지향해 나왔다. 인류역사란 하나님의 섭리에 의해 선과 악을 분립하면서 선을 지향해 왔다고 할 수 있다. 그러므로 인류의 역사는 선의 목적이 이루어진 천국을 지향해왔고, 투쟁이나 전쟁은 선을 이루기 위하여 선과 악을 분립해 나온 과정적 현상이라고 할 수 있는 것이다. 이러한 역사적 결과로 인류는 지금 현대문명을 이루어 살고 있다.

오늘날 우리가 사는 세계를 민주주의사회라고도 하고 자본주의사회라고도 한다. 민주주의란 정치체제를 말하는 것이고, 자본주의란 경제체제를 말하는 것이다. 이러한 민주주의나 자본주의는 하나님의 구원섭리와 어떠한 관계가 있는가?

하나님의 구원섭리에 부응해온 인간 활동의 중심에 종교가 있다. 종교란 인간의 본심이 요구하는 바를 따라 내적인 진리를 찾아 나온 것이고, 정치란 사회 구성원들의 다양한 이해관계를 조정하거나 통제하고 국가의 정책과 목적을 실현시키는 일을 말하며, 경제란 사람이 생활에 필요한 재화나 용역을 생산, 분배, 소비하는 모든 활동을 말한다. 이 장에서는 하나님의 구원섭리에 입각하여 종교와 경제와 정치가 어떤 관련이 있는지 살펴보자.

2. 구원섭리와 역사발전

1) 종교사와 경제사와 정치사의 관계

인간이 타락하여 영육 양면의 무지에 빠졌기 때문에 영적 무지는 종교에 의하여 그리고 육적 무지는 과학에 의하여 계발되어 나왔다. 그런데 인간의 내면세계를 탐구하는 종교는 누구나 간절한 필요성을 느끼는 것이 아니기 때문에 특정 인간의 경우에는 영적인 계발이 비약적이지만 일반적으로 대중의 영적 계발은 완만하였다. 반면에 과학은 자연에 대한 탐구로서 누구나 보편적으로 인식할 수 있고 또한 현실을 타개하는 것이기 때문에 긴요하였다. 그래서 육적 무지에 대한 과학적 탐구와 육적 무지의 극복은 급진적이고 보편적이었다. 곧 종교의 영적 계발은 완만하고 과학의 육적 계발은 급진적이고 보편적이었다.

종교는 초현실적인 것을 탐구한 데 반하여 과학은 물질세계의 현실적인 것을 탐구하였기 때문에 양자가 상충하곤 하였다. 또한 하나님은 인간의 육신을 먼저 창조하고 영인체를 나중에 창조하신 것처럼 재창조 원칙에 의한 구원섭리도 외적인 것에서 내적인 것으로 나아간다. 곧 과학이 먼저 발달하고 종교가 나중에 발달하기 때문에 양자가 상충하였던 것이다.

한편 경제는 과학과 같이 현실세계에 속하는 것으로 과학과 밀접한 관계를 지니고 발달한다. 경제는 삶에 필요한 재화와 용역을 생산하고 분배하고 소비하는 일인데 이는 과학 기술에 의존한다. 그러므로 경제의 발달은 과학의 발달에 의존하게 된다. 종교와 과학이 역사적으로 상충하듯이 종교와 경제도 상충적인 면을 지니게 된다. 그러면 종교와 경제는 전혀 무관하게 발달하는 것인가? 정치가 종교와 경제의 발달을 조화시키려 한다. 특히 구원섭리의 중심 영역인 서구에서 정치사는 종교와 경제를 조화시키려는 방향으로 나아가야했다.

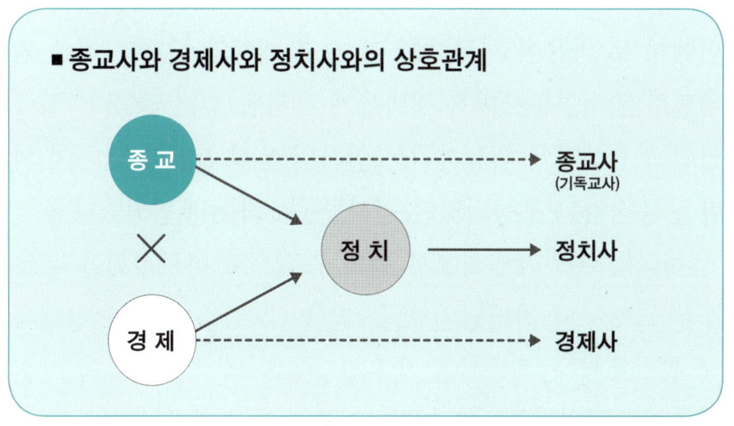

하지만 이스라엘 역사를 살펴보면 종교와 정치와 경제가 분화되어 있지 않다는 것을 알 수 있다. 이는 구약시대의 이스라엘 민족은 지도자들의 명령에 의하여 엄격한 율법을 추종하는 주종관계의 사회제도에서 단순한 생활을 하고 있었기 때문이다. 고대사회에서는 과학의 발달이 거의 정체상태에 머물러 있었기 때문에 경제발전도 그러하였다. 그들의 종교생활은 곧 그들의 사회생활이었다. 따라서 당시에는 종교와 정치와 경제가 분립되어 발전할 수 없었던 것이다.

2) 구원섭리와 이스라엘 역사

타락한 인간에 의하여 처음으로 이루어진 사회는 원시공동사회였다. 이 사회는 하나님이 완성한 인간을 중심하고 이루려 하셨던 공생공영주의사회를 사탄이 앞질러 비원리적으로 이루어 놓은 것이었다. 하지만 타락인간은 개인 내면에서 두 마음이 서로 싸우고 있고 개체와 개체도 서로 싸우므로 원시공동사회가 평화롭게 유지될 수는 없었다. 하나님의 구원섭리에 대응하려는 인간의 본심 작용에 의하여 사탄을 중심하고 조성되었던 원시공동사회는 분열되었다.

하나님은 죄악세계에서 선의 중심으로 아브라함을 부르시어 그로부터 하나님의 뜻을 받들 수 있는 자녀를 탄생하게 함으로써 씨족사회를 세우셨다. 그 후 아브라함의 자손들은 애급에 들어가 씨족에서 부족으로 발전되었으며, 그들이 가나안으로 돌아온 후에는 사사시대를 이루었던 것인데 이 사사를 중심한 사회가 이스라엘 봉건사회였다. 씨족사회가 봉건사회로 발전하게 된 것은 사탄의 소유를 하늘편으로 빼앗아 넘김으로서 하늘편 주권에 속하는 더 큰 판도를 형성하여 사탄의 침범을 막기 위함이었다.

한편 봉건사회 다음에는 더 큰 판도의 군주사회가 이루

어졌다. 이스라엘의 군주사회는 바로 사울 왕으로 시작된 통일왕국시대였다. 하나님이 이스라엘 민족의 군주사회를 형성하신 것은 장차 메시아가 오셔서 만왕의 왕으로 군림하실 수 있는 터전을 마련하시기 위함이었던 것이다. 그런데 솔로몬 왕의 타락으로 하나님은 이 군주사회를 붕괴시키는 섭리를 하시지 않을 수 없었다. 하나님은 이스라엘의 통일왕국을 남북 두 왕조로 분립하셨고, 이들을 이방인 앗시리아와 신바빌로니아에 의해 멸망케 하셨다.

하나님은 유대왕국을 멸하신 후, 메시아가 강림하실 때까지 유대민족을 여러 이방에게 속하게 하심으로써 이 민족의 왕위를 비워 두셨다. 특히 유대민족을 민주주의의 기틀이 될 헬라문명권 내에 속방이 되게 하여 장차 메시아가 강림하실 때 유대민족이 그를 환영하기만 하면 민의에 의하여 언제든지 메시아가 왕위에 오를 수 있도록 민주주의형의 사회를 이루어놓으셨다.

이러한 환경적 터전에서 유대민족이 예수님을 메시아로 믿고 모시어 하나가 되었어야 했다. 만일 그렇게 되었더라면 로마제국을 중심하고 지중해를 기반으로 한 고대 통일세계는 응당 살아 계신 예수님에게 감화되어, 그를 왕으로 모시고 예루살렘을 중심으로 한 왕국을 이루었을 것이었다. 그러나 유대민족이 예수님을 불신하였기 때문에 멸망하였고 하나님의 구원섭리는 기독교를 중심한 서구를 기반으로 나타나게 되었다. 그렇기 때문에 서구의 기독교사는 구원섭리의 중심사료가 된다. 인류문화가 근대사회를 형성하는 과정에서 서구의 기독교를 중심한 문화는 지배적인 영향을 미쳐왔다.

3) 구원섭리와 서양사

예수님을 살해한 유대민족은 사탄 편으로 전락되었기 때문에 하나님은 그 사회를 그대로 두시고는 구원섭리를 할 수 없었다. 따라서 하나님은 이 사회를 분열시켜 그 가운데서 독실한 기독교 신도들을 부르시어, 그들을 중심하고 기독교씨족사회를 세우셨다. 기독교씨족사회는 지중해를 기반으로 한 고대 통일세계 안에서 로마제국의 극심한 박해를 받아 가면서 번성하여 기독교부족사회를 형성하기에 이르렀다. 그리고 4세기 후반부터 시작되었던 민족들의 대이동에 의하여 서로마제국은 476년에 쇠망하였고, 그 판도 안으로 이동해 온 게르만 민족에게 기독교가 침투됨으로써 그들을 중심하고 광범한 기독교사회가 이루어졌던 것이다.

씨족사회 다음에 오는 것은 봉건사회이다. 서구 역사에서는 서로마 제국의 멸망을 전후하여 왕권이 쇠약해졌을 때 봉건사회가 형성되기 시작했는데, 이때부터 종교와 정치와 경제가 분화하여 발전하기 시작했다. 당시의 봉건사회는 영주와 기사의 복종과 봉사를 기반으로 맺어진 주종관계에 의한 정치제도, 장원제도에 의한 봉쇄적인 자급자족의 경제제도, 교구장과 주교의 관계에 의한 기독교봉건사회로 형성되었다. 하나님은 게르만 민족을 새로운 선민으로 교화하여 봉건사회를 수립함으로써 쇠망한 서로마의 터전에 종교와 정치와 경제의 3면으로 소단위의 하늘편 판도를 강화하여 장차 하늘편 왕국을 건설하기 위한 터전을 마련할 수 있게 되었다.

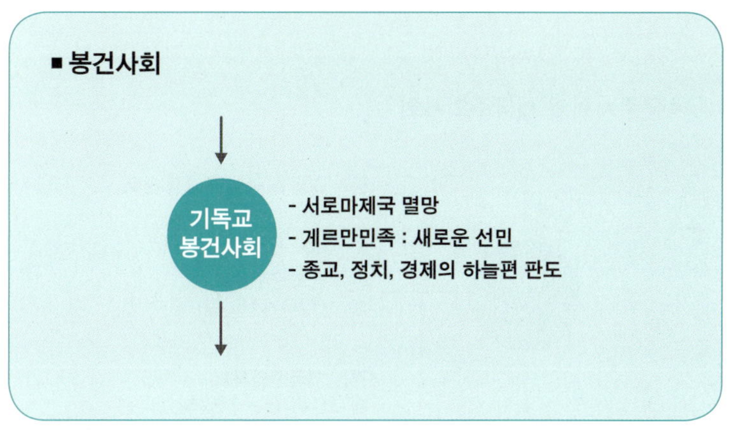

봉건사회 다음에는 무엇이 오는가? 정치적으로는 군주사회가 나타났다. 곧, 찰스대제가 아우구스티누스의 '신국론'을 이념으로 삼아 프랑크 왕국을 세웠다. 그는 중부유럽을 통일하고 민족 대이동으로 혼란된 서구를 안정시켜 강력한 프랑크 왕국을 확립하였다. 종교 면에서는 교황을 중심으로 영적 왕국사회인 기독교 군주사회를 이루었다. 경제적으로는 금융자본에 의한 독점을 특징으로 하는 자본주의사회와 제국주의사회가 출현하였다. 국정에 대한 독재가 군주주의의 특색인 것 처럼 금융자본에 대한 독점이 자본주의

찰스(Charles) 대제
프랑크 왕국 카롤링거 왕조의 제2대 왕(742~814). 카롤루스대제(Carolus大帝) 또는 샤를마뉴대제[Charlemagne 大帝]로도 불린다.

아우구스티누스 (Aurelius Augustinus)
로마령 아프리카에 있던 도시 히포의 주교(396~430). 당시 서방교회의 지도자이자 고대 그리스도교의 가장 위대한 사상가이다.

특히 제국주의의 특색이기 때문이다. 서구에서 팽창된 제국주의사상은 서구의 각 기독교 국가로 하여금 제1차 세계대전을 전후하여 지구 전역에 걸쳐 식민지를 획득하게 하였다. 이렇게 되어 세계는 급진적으로 기독교문화권으로 들어오게 되었던 것이다.

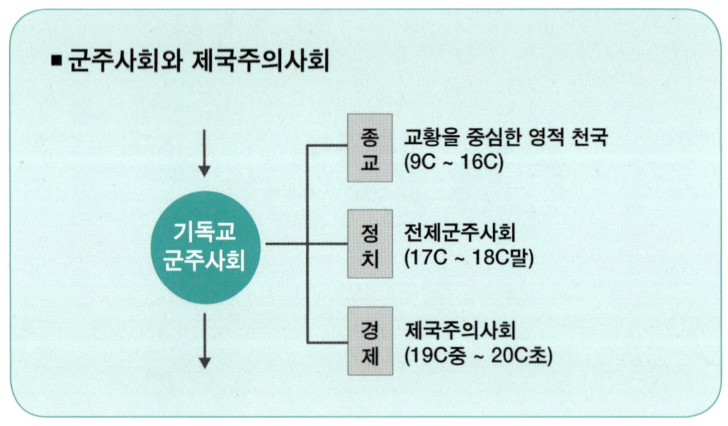

그러면 군주사회 다음에는 무엇이 오는가? 정치적으로는 군주사회 다음에 민주사회가 도래하였다. 군주사회가 메시아를 모시는 왕국이 되지 못하였기에 군주의 독재를 깨뜨리고 구원섭리를 이룰 정치제도로 민주주의가 등장하였다. 민주주의는 민의에 따라 메시아를 왕으로 모시는 새로운 정치제도이다. 18세기 말에 전제군주사회에 대항하여 민주주의 혁명이 일어났다. 종교적으로는 1517년 종교개혁으로 기독교 민주주의 시대가 왔다. 원래 교황이 국왕과 하나

되어 재림하시는 메시아를 맞이할 왕국을 이루어야 했으나 교황이 사명을 다하지 못하여 기독교 민주주의가 출현하였다. 곧 교황이나 사제를 통하지 않고 각자 성서를 중심으로 자유롭게 하나님을 찾아갈 수 있게 된 것이다. 경제적으로는 민주적 경제사회를 이루기 위해 사회주의적인 경제시대로 전이되었다. 하나님은 인류가 행복하게 살아가기를 소망한다. 그래서 필요하고도 충분한 생산과 공평하고도 부족하지 않은 분배와 합리적인 소비를 할 수 있는 환경을 원하였다. 이에 부응하여 이러한 이상을 이룰 수 있는 민주주의적인 자유를 찾아가고 사회주의적인 생활체제를 요구하는 것이 인간의 본성이다. 이러한 방향으로 민의가 향하니 정치도 이러한 방향으로 나아갈 수밖에 없어 사회주의가 도래하였다.

그러면 오늘날에는 어떠한가? 인간의 본심은 창조이상의 세계를 동경하기 마련이다. 인간이 균등하게 소유할 수 있는 진정한 민주주의적 경제사회를 이루기 위하여 나타나는 것이 사회주의이다. 하늘편의 사회주의 사회를 지향하는 인간은 마침내 공생공영공의주의를 주장하게 되었다. 이는 창조목적을 완성한 이상세계 곧 지상천국을 말하는 것이다. 하지만 하나님의 섭리를 앞지르는 사탄은 유물사관에 입각한 과학적 사회주의인 공산주의를 지향한다. 이에 따라 원리형의 비원리세계를 이루는데 그것이 공산사회이다.

이처럼 서구를 중심하고 이루어진 구원섭리역사가 종교사와 정치사와 경제사의 3면으로 분립되어 각각 공식적인

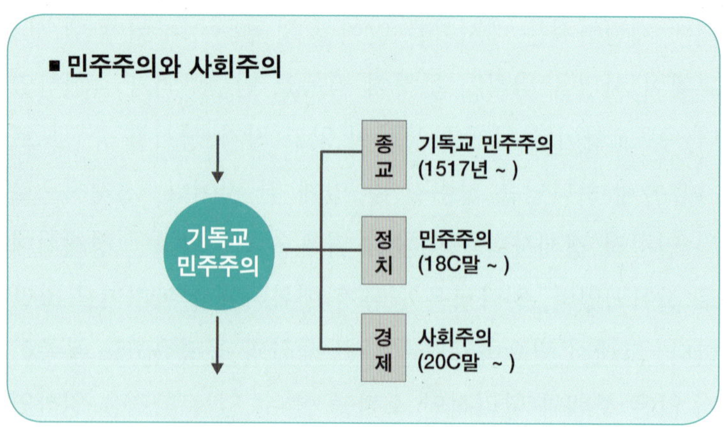

노정을 통하여 발전하여 나왔음을 알 수 있다. 그러면 어떻게 이들을 융합하여 지상천국의 이상을 이룰 수 있는 터전으로 나아갈 것인가? 종교사와 정치사와 경제사의 분열은 인간이 타락하여 영육 양면의 무지에 빠졌고 이를 해결하기 위한 종교와 과학이 하나의 과제로 해결되지 않았기 때문에 나타난 것이다. 이렇게 3부문으로 갈라진 역사가 하나의 이상을 실현하는 초점으로 귀결되기 위해서는 종교와 과학을 통일된 하나의 과제로 해결해 주는 새로운 진리가 나와야 한다. 이러한 진리에 입각한 종교에 의하여 온 인류가 하나님의 심정에 귀일함으로써 하나의 이념을 중심한 경제의 기대 위에 창조이상을 실현하는 정치사회가 이루어질 것이다. 이것이 바로 공생공영공의주의에 입각한 메시아왕국이다.

3. 공생공영공의주의 사회를 향하여

인간이 타락하여 영육 양면의 무지에 떨어졌다. 종교사와 정치사와 경제사가 분립된 것도 타락으로 무지에 떨어졌기 때문이다. 종교와 과학을 조화시킬 수 있는 새로운 진리가 출현하여야 종교사와 정치사와 경제사가 하나의 이상을 실현하는 것으로 귀결될 것이다.

새로운 진리로 출현한 **통일원리**는 온 인류가 하나님의 심정에 귀일할 것을 촉구한다. 각 국가의 정책이 이기주의를 포기하고 우리 모두가 부모의 자리에 올라가서 인류를 형제자매로 볼 것을 주장한다. 그리고 하나의 이념을 중심한 경제의 기대 위에 창조이상을 실현하는 정치사회를 이루고자 한다. 그것이 통일원리가 지향하는 공생공영공의주의 사회이다.

통일원리
문선명 선생이 규명한 진리 모두를 일컫는다.

이러한 면에서 세계평화통일가정연합은 정치가 본연의 사명을 다할 것을 촉구한다. 정치가 신성한 법에 따라 정의와 공공복리 증진을 위해 노력하라고 권고한다. 정치 지도자는 천법에 따라 정부를 운용해야 한다. 정치 지도자는 하나님을 대신하고 천륜을 대신하여 그 뜻을 지상에 이루고자 하는 사람이어야 한다. 정치적 지도력은 하나님의 대리인으로서 발휘하는 역량이다.

오늘의 세계질서는 공익과 평화를 보장하지 못하고 있다. 이는 정치주권이 도덕적 · 영적 · 사상적 가치와 별개로 작용하고 있기 때문이다. 하나님의 창조이상에 기초하고 우주공법과 통하는 영적 · 도덕적 고차원의 정치지도력이 필요하다. 각 지역이나 국가 나아가 세계의 정치지도력이 하나님과 천리를 터전으로 삼아야 할 것이다.

하늘은 성자나 선지자를 지상에 보내 하늘이 바라는 인격과 생활의 본을 보이면서 참사랑을 만민에게 교육하도록 했다. 위정자에게 천도를 교육하고 실천하게 하여 마음의 세계와 몸의 세계가 참사랑을 중심하고 화합을 이루도록 이끌어왔다. 하지만 현실에서는 양심이 원하는 대로 몸이 따르지 않듯이 많은 위정자들이 성현을 알아보지 못했고 그 가르침을 받아들이지 않았으며 그 경고를 묵살해왔다. 이제 위정자들이 이러한 과거를 반성해야 할 때이다. 그들이 중요 사안을 결정할 때는 겸허하게 하늘로부터 오는 음성에 귀를 기울이고 천도를 따라 해결의 길을 찾아야 할 것이다.

이 시대에 필요한 정치적 지도력은 어떠한 것인가? 첫째, 모범적인 지도력은 가정에서 시작된다. 가족을 배려하고 다스리는 방식이 지도력의 출발점이다. 둘째, 가슴과 마음을 다스리는 지도력이다. 법률과 형벌로 다스리기 이전에 덕으로 다스려야 한다. 셋째, 전형적인 지도력은 성현과 종교적 스승의 지도력이다. 그러므로 오늘의 정치 지도자들은 성현과 종교적 스승의 지도력을 이상으로 삼아야 할 것이다.

참된 정치지도력은 하늘의 뜻에 자신을 종속시키며 이타적일 때 생겨나는 것이다. 이러한 면에서 종교인들은 이 시대의 상황과 문제점에 대하여 책임을 느끼고 깊은 자기 성찰을 해야 할 것이다. 이제까지 종교인들이 자기 개인이나 종파 또는 국가의 이익에 급급한 나머지 인류의 공익과 세계의 평화를 위해 진력하지 못한 것을 뉘우쳐야 할 것이다. 이제 종교가 일어나 정치를 각성시켜야 한다. 종교지도자들이 정치가를 바로 세워 정치가 본연의 사명을 다 하여야 할 것이다. 그리고 정치가 종교와 경제의 조화를 위해 앞장서야 할 것이다.

생각과 지혜 나누기

1. 역사의 발전과정을 도표로 만들어 설명해 봅시다.
2. 현대의 민주주의사회는 정치와 종교의 분리를 원칙으로 삼고 있습니다. 각국에서 정교분리의 원칙이 어떻게 적용되는지 살펴봅시다.
3. 통일운동이 추진하는 천주평화연합(UPF)의 비전을 알아봅시다.

제21장

구원섭리로 본 오늘의 세계

1. 근대사회의 출현

하나님이 중세사회에서 섭리의 목적을 이룰 수 없게 되었을 때, 새로운 섭리역사의 방향으로 전환시켜서 나아가는 중추적인 사명을 한 것이 바로 문예부흥과 종교개혁이었다. 중세에는 봉건제도와 로마 가톨릭의 타락으로 인간의 본성이 억압되어 그 자유로운 발전을 기할 수 없었다.

원래 신앙은 각자 하나님을 찾아가는 것이기 때문에 개인과 하나님 사이에 직접적으로 맺어지는 관계로써 이루어지는 것이다. 그럼에도 불구하고 교황과 사제들의 간섭과 형식적인 종교의식과 규범이 당시 인간들의 신앙생활을 구속하였다. 또한 엄격한 봉건계급제도가 자주적인 신앙활동을 속박하였다. 따라서 교황권이 비신앙적으로 되어 국민의 신앙생활을 지도할 수 없게 되었다.

이와 같이 중세봉건시대의 사회환경은 인간이 창조본성을 회복할 수 있는 길을 막고 있었다. 이러한 환경에 구속되어 있던 중세인들은 본성적으로 그 환경을 타파하고 창조본성을 회복하려는 방향으로 움직이게 되었다. 인간은 내적인 성상과 외적인 형상의 수수작용에 의하여 생존하도록 창조되어 있다. 따라서 인간의 본성도 내외 양면의 욕망을 추구하게 된다. 하나님이 이러한 인간에 대한 구원섭리를 전개할 경우에도 인간 본성의 양면의 추구에 대응하는 섭리를 하셨다.

하나님은 원래 인간의 외적인 육신을 먼저 창조하시고 다음으로 내적인 영인체를 창조하셨기 때문에, 재창조를 위한 구원섭리도 외적인 것에서 내적인 것으로 구원해 들어가는 섭리를 하신다. 먼저 과학에 의하여 외적인 사회환경을 구원해가면서 종교를 세워서 내적인 인간의 심령을 구원하는 섭리를 해 오신 이유도 여기에 있다.

이 장에서는 문예부흥과 종교개혁, 가인형 인생관과 아벨형 인생관, 공산주의세계와 민주주의세계 등이 출현한 과정을 살펴본다. 더불어 이들이 출현한 섭리적 의의를 찾아본다.

2. 문예부흥과 종교개혁, 가인-아벨형 인생관의 출현

창조본성을 되찾으려는 중세인들은, 그 본성이 지향하는 내외 양면의 추구에 의하여 중세적 지도정신을 가인 아벨 두 형의 사상에 대한 복고운동으로 분립하였다. 그것이 가인형인 헬라사상의 복고운동과 아벨형인 히브리사상의 복고운동이다. 헬라사상의 복고운동은 인본주의의 발현인 문예부흥을 일으켰고, 히브리사상의 복고운동은 신본주의의 부활을 위한 종교개혁을 일으켰다.

1) 문예부흥과 종교개혁

중세 말기에 본성의 외적인 추구에 의하여 헬라사상의 복고운동이 제기되었고 이 운동으로 말미암아 문예부흥이 일어났다. 그러면 그 본성의 외적인 추구는 무엇이었으며, 또 어떻게 되어 인간이 그것을 추구하게 되었는가?

인간은 하나님도 간섭할 수 없는 자신의 책임분담을 자유의지에 의하여 완수함으로써만 완성되도록 지어졌기 때문에 인간은 본성적으로 자유를 추구하게 된다. 또 인간은 자유의지로써 자기의 책임분담을 완수하여 하나님과 일체를 이루어 개성을 완성함으로써 인격의 절대적인 자주성을 갖도록 창조되었기 때문에 인간은 본성적으로 그 인격의 자주성을 추구하게 되어 있다. 그리고 개성을 완성한 인간은 하나님으로부터 어떠한 계시를 받지 않아도 그의 이성과 지혜로 하나님의 뜻을 알고 생활하도록 창조되었기 때문에, 본성적으로 이성과 지혜를 추구하게 된다. 인간은 또 자연계를 주관하도록 창조되었으므로 과학으로써 그 속에 숨겨진 원리를 찾아 현실생활의 환경을 스스로 개척하지 않으면 안 된다. 따라서 인간은 본성적으로 자연과 현실과 과학을 추구하게 되는 것이다.

■ **문예부흥(Renaissance)**

① **창조본성의 외적 추구**

② **헬라사상의 복고운동**

③ **인본주의(인문주의)로 시작**

④ **사회 전반에 걸친 혁신운동**

문예부흥은 14세기경부터 헬라사상에 관한 고전 연구의 본산인 이탈리아에서 태동되었었다. 이 인본주의운동은 처음에는 중세인으로 하여금 그리스의 고대로 돌아가 그 정신을 모방케 하려는 운동으로 시작되었다. 그런데 이 운동은 그 고전문화를 재생하여 중세적인 사회생활에 대한 개혁운동으로 옮겨지게 되었고, 또한 문화에만 그친 것이 아니라 정치 경제 종교 등 사회 전반에 걸친 혁신운동으로 확대되어 사실상 근대사회를 이루는 외적인 원동력이 되었다. 이와 같이 인간 본성의 외적인 욕망을 추구하는 시대적인 사조였던 인본주의로 말미암아, 봉건사회 전반에 대한 외적인 혁신운동으로 전개된 현상을 문예부흥이라고 부른다.

■ **종교개혁(Reformation)**

① **창조본성의 내적 추구**

② **히브리사상의 복고운동**

③ **1517년 마르틴 루터(독일)로 시작**

④ **유럽 여러 나라로 확대**

⑤ **30년전쟁이 끝나면서 일단락(1648)**

한편 중세인들이 인본주의를 추구함에 따라 인간의 자유를 구속하는 형식적인 종교의식과 규범에 반항하게 되었고 인간의 자주성을 유린하는 봉건계급제도와 교황권에 대항하게 되었다. 그리고 그들은 인간의 이성을 무시하고 무엇이든지 교황에 예속시키는 데서만 해결된다고 생각하는 고루한 신앙생활에 반발하게 되었다. 또한 자연과 현실과 과학을 무시하는 신앙태도를 배격하였고 마침내 교황정치에 반항하게 되었다. 이와 같이 중세인들이 그 본성의 외적인 욕망을 추구함에 따라서 억압되었던 그 본성의 내적인 욕망도 추구하게 되었다. 드디어 사도들을 중심하고 하나님의 뜻만을 따르기에 열렬했던 초대 기독교 정신에로의 복고를 부르짖게 되었으니, 이것이 곧 중세에 있어서의 히브리사상의 복고운동이다.

1517년 교황 레오 10세가 성베드로 사원의 건축기금을 모으기 위하여 사후에 구원을 받는 속죄의 표라고 선전하면서 면죄부를 팔게 되자, 이 폐해에 대한 반대운동이 도화선이 되어 결국 독일에서 비텐베르크 대학의 신학교수로 있던 루터를 중심하고 종교개혁운동은 폭발되었다. 그리하여 이 혁명운동의 불길은 점차로 증대되어 프랑스에서는 칼뱅, 스위스에서는 츠빙글리 등을 중심으로 활발히 진전되어 갔고, 그것은 영국, 네덜란드 등 여러 나라로 확대되었다.

칼뱅
(Jean Calvin)
장로교를 창시한 프랑스의 개신교 신학자이자 종교개혁자이고 신학자이며 교회 행정가(1509~1564). 존 칼빈 또는 요한 칼빈으로도 불린다.

2) 가인-아벨형 인생관의 출현

츠빙글리
(Huldrych Zwingli)
스위스의 종교 개혁자(1484~1531). 루터의 영향을 받아, 종교개혁운동을 펼치고 스위스의 신교도를 조직하였다. 루터와의 성찬 논쟁(聖餐論爭)은 유명하다.

문예부흥과 종교개혁에 의하여 인간 본성의 내외 양면의 욕망을 추구하는 길을 개척하게 된 근세인들은, 종교사상의 자유로부터 일어나는 신학 및 교리의 분열과 철학의 싸움을 면할 수 없게 되었었다. 구원섭리는 오랜 역사의 기간을 두고 개인에서 세계에 이르기까지 가인 아벨 두 형의 분립역사에 의하여 이루어져 나오고 있다. 따라서 역사의 종말에 있어서도 이 타락세계는 가인형의 공산세계와 아벨형의 민주세계로 분립되는 것이다. 가인 아벨 두 형의 세계가 이루어지려면 그를 위한 두 형의 인생관이 확립되어야 하는데, 이 두 형의 인생관은 종교개혁 이후에 확립되었다.

■ 가인형의 인생관

- 자연과 인간본위
- 인성에 의한 합리적 비판(이성론)
- 경험에 의한 실증적 분석(경험론)
- 사탄편으로 가는 인생관
- 오늘날의 공산주의 세계 이룸

인간 본성의 외적인 추구는 헬라사상의 복고운동을 일으키어 인본주의를 낳았고, 인본주의를 뒷받침으로 하여 일어난 반중세적인 문예부흥운동은, 신으로의 귀의와 종교적인 헌신을 가벼이 하고 모든 것을 자연과 인간본위로 대치시켰다. 곧 신에 복종한 나머지 자연이나 인간의 육신을 천시하여 죄악시하는 데까지 이르렀던 중세적인 인생관에서, 이성과 경험에 의한 합리적인 비판과 실증적인 분석을 통하여 인간과 자연을 인식함으로써, 그들의 가치를 높이는 인생관을 확립하였던 것이다. 이러한 인생관은 자연과학의 발달로부터 오는 자극으로 인하여, 인생에 대한 인식과 사유의 방법론에 두 가지 형식을 밟게 되었다. 이것들이 근세철학의

2대 조류를 이루게 되었으니 하나는 연역법에 의한 이성론이요, 또 하나는 귀납법에 의한 경험론이다.

이성론은 진리가 이성에 의해서만 탐구된다고 보는 반면, 경험론은 진리가 경험에 의해서만 탐구된다고 본다. 이와 같이 신을 떠나서 이성을 중시하는 합리주의사상과 경험을 중시하는 현실주의사상은 신비와 공상을 배격하고 인간생활을 합리화하고 현실화하여 신으로부터 자연과 인간을 분리하였다.

문예부흥은 인문주의로부터 흘러온 두 사조를 타고, 인간이 그의 내적인 성향을 따라 하나님 앞으로 돌아가고자 하는 길을 막고 외적인 성향만을 따라서 사탄 편으로 돌아가는 길을 열어주는 인생관을 낳게 되었으니, 이것이 바로 가인형의 인생관이다.

이 가인형 인생관은 18세기에 이르러서는 경험론과 이성론을 주류로 삼아 역사와 전통을 타파하고 신을 부정하며 합리적인 현실에만 치중하는 계몽사상으로 나아갔고, 계몽사상은 프랑스혁명의 원동력이 되었다. 19세기 초에 헤겔은 관념론 철학을 대성하였는데, 이 헤겔 철학도 무신론과 유물론의 영향으로 헤겔 좌파를 파생시켰다. 헤겔 좌파는 오늘의 공산세계를 이룩한 변증법적 유물론을 체계화하였다. 또한 헤겔 좌파에서 성서를 부정하고 종교의 발생을 경제적 여건으로 설명하는 논리가 나타났다. 마르크스(Marx, Karl 1818~1883)와 엥겔스(Engels, Friedrich 1820~1895)는 프랑스의 사회주의사상에서 큰 영향을 받아 변증법적 유물론을 제창함으로써, 문예부흥 이후에 싹트기 시작하여 계몽사조로 발전해 온 무신론과 유물론을 집대성하는 데 이르렀다. 그 후에 가인형의 인생관은 더욱 성숙하여 오늘의 공산주의세계를 이루게 되었다.

■ 아벨형의 인생관

- 창조본성을 지향하는 입체적 인생관
- 하느님으로 나아가는 인생관
- 오늘날의 민주주의 세계 이룸

우리는 중세사회로부터 근대사회로의 역사적 흐름을 신이나 종교로부터 인간관을 분리하거나 독립시키는 과정으로만 보기 쉽다. 이것은 어디까지나 중세인들의 본성의 외적인 추구에 의하여 일어났던 가인형의 인생관에 입각해서만 보았기 때문에 그러하다. 그러나 중세인들의 본성적인 추구는 이러한 외적인 것에만 있었던 것이 아니라 한편으로는 내적인 추구도 있었다. 그리하여 본성의 내적인 추구가 히브리사상의 복고운동을 일으킴으로써 종교개혁운동이 일어났다. 그리고 이 운동으로 말미암아 철학과 종교는 창조본성을 지향하는 입체적인 인생관을 수립하게 되었으니, 이것이 아벨형의 인생관이다.

독일의 칸트(Kant, Immanuel 1724~1804)는 서로 대립하여 나왔던 경험론과 이성론을 흡수하여 새로이 비판철학을 세움으로써, 내·외 양면을 추구하는 인간 본성의 욕망을 철학적으로 분석하여, 철학적인 면에서 아벨형의 인생관을 개척하였다. 그러므로 사유하는 능력 곧 오성(悟性)의 자발적인 작용에 의하여, 선천적이며 초경험적인 주관적인 형식을 가지고, 대상으로부터 오는 다양한 감각을 통합하고 통일하는데서 인식이 성립되는 것이라고 하였다. 이와 같이 칸트는 주관이 대상을 구성한다는 학설을 세우게 되었다.

칸트의 학설을 받아, 그의 후계자인 피히테(Fichte, Johann Gottlieb 1762~1814)를 비롯하여 쉘링(Schelling, Friedrich Wilhelm Joseph von 1775~1854)이나 헤겔 등이 배출되었다. 특히 헤겔은 그의 변증법으로 철학의 새로운 면을 개척하였다. 그들의 이러한 관념론은 철학적인 면에서 아벨형의 인생관을 형성하였다.

종교계에서도 당시의 사조인 합리주의의 영향을 받고 있던 종교계의 경향을 반대하고, 종교적 정열과 내적 생명을 중요시하여 교리와 형식보다도 신비적 체험에 치중하는 새로운 운동이 일어나게 되었다. 그 예를 들어보자. 먼저 독일의 슈페너(Spener, Philipp 1635~1705)를 중심하고 일어났던 경건주의로서 정통적 신앙을 따르려는 보수적인 경향이 강하고 신비적인 체험에 치중하였다. 이 경건파의 운동이 영국에 파급되어 영국민의 생활에 스며있던 종교심과 융합하여, 웨슬리(Wesley) 형제를 중심한 메소디스트파를 일으키게 되었던 것이다. 또 영국에는 신비주의자 폭스(Fox, George 1624~1691)를 원조로 한 퀘이커파가 일어났다. 폭스는 그리스도는 신자의 영혼을 비치는 내적인 빛이라고 주장하면서, 성령을 받아서 그리스도와 신비적으로 연합하여 내적 광명을 체휼하지 않으면 성서의 참된 의미를 알 수 없다고 주장하였다. 다음으로 스베덴보리(Swedenborg, Emanuel 1688~1772)는 저명한 과학자이면서 영안이 열려서 영계의 많은 비밀을 발표하였다. 그의 발표는 오랫동안 신학계에서 무시를 당하여 왔으나, 최근에 이르러 영계에 통하는 사람이 많아짐에 따라 점차 그 가치를 인정하기에 이르렀다.

가인형의 인생관은 중세인을 신과 신앙으로부터 분리 혹은 독립시키는 방향으로 이끌어 갔지만, 이 아벨형의 인생관은 그들로 하여금 더욱 고차원적으로 신을 지향하여 나아가도록 이끌어 주었다. 이와 같이 아벨형의 인생관은 무르익어 오늘날의 민주주의세계를 이루어 놓게 되었다.

3. 민주주의와 삼권분립 그리고 산업혁명

1) 민주주의

가인 아벨 두 형의 인생관은 각자의 방향대로 성숙하게 되었다. 그러한 성숙에 따라서 가인 아벨의 두 형의 세계가 이룩되어 갔다. 이제 역사의 굽이침 속에서 어떠한 사상의 흐름을 타고 오늘의 민주주의가 나오게 되었는지 그 내적인 경위를 알아보자.

17세기 중엽에 이르러 제후들은 민족을 단위로 하는 통일국가를 세워 국왕 밑에 집중함으로써, 중앙집권에 의한 절대주의국가 곧 전체주의국가를 형성하게 되었다. 이 때는 왕권신수설 등의 영향으로 왕에게 절대적인 권한이 부여되어 있는 전제군주시대였다. 이 시대에 가인 아벨 두 형의 인생관이 함께 전제군주사회를 타파하는 방향으로 나아갔고 드디어 가인 아벨 두 형의 민주주의에 입각한 공산과 민주 두 형의 사회를 형성하였다.

먼저 가인형의 민주주의는 프랑스혁명에 의해 형성되었다. 당시의 프랑스는 가인형의 인생관으로 말미암아, 무신론과 유물론으로 흘러가던 계몽사상이 팽배한 시대에 있었다. 계몽사상에 붙들려 있던 시민계급은 절대주의에 대한 모순을 자각하게 되었으며, 그에 따라서 절대주의사회 안에 아직도 깊이 뿌리박고 있는 구제도의 잔해를 타파하려는 생각이 높아가고 있었다. 거기에서 시민들이 1789년 계몽사상의 흐름에 의하여, 절대주의사회의 봉건적 지배계급을 타파하는 동시에, 제3계급인 시민의 자유 평등과 해방을 위하여, 민주주의를 주장하는 프랑스혁명이었다.

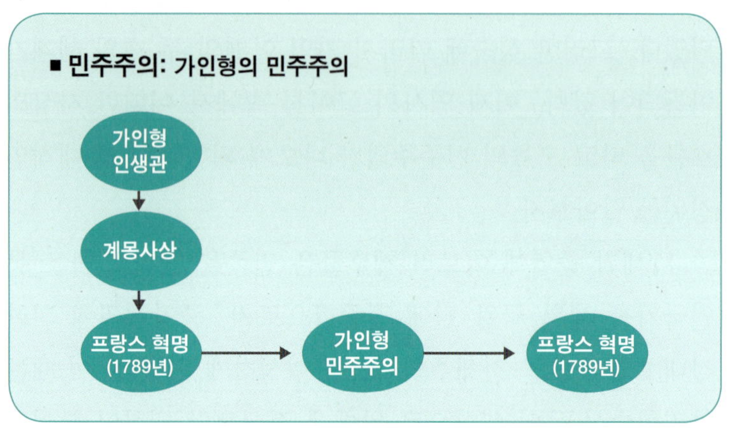

이 혁명으로 인하여 인권선언이 공표됨으로써 프랑스의 민주주의는 수립되었다. 그러나 프랑스혁명으로 인한 민주주의는 어디까지나 가인형의 인생관을 세우기 위하여 유물사상으로 흘러간 계몽사상이 절대주의사회를 타파하면서 출현된 것이기 때문에 이것을 가인형의 민주주의라고 한다.

이와 같이 가인형의 인생관은 계몽사상을 세워 프랑스혁명을 일으킴으로써 가인형의 민주주의를 이룩하였다. 이것이 신에게로 돌아가려는 인간 본성의 내적인 추구의 길을 완전히 막고 외적으로만 더욱 발전하여 독일에서의 마르크스주의와 러시아에서의 레닌주의로 체계화됨으로써 마침내 공산주의세계를 형성하기에 이르렀다.

다음으로 영국이나 미국에서 실현된 민주주의는 프랑스의 대혁명으로 실현된 민주주의와 그 발단부터가 다르다. 전자는 아벨형 인생관의 결실체인 영광스런 기독교 신도들이 신앙과 종교의 자유를 찾기 위하여 절대주의와 싸워 승리함으로써 실현한 아벨형의 민주주의였다. 그리고 영국의 전제주의 왕정에서 탄압을 받고 있던 청교도들이 신앙과 종교의 자유를 얻기 위하여 아메리카 신대륙을 찾아가서 1776년에 독립된 국가를 수립함으로써, 미국의 민주주의를 형성하게 되었다.

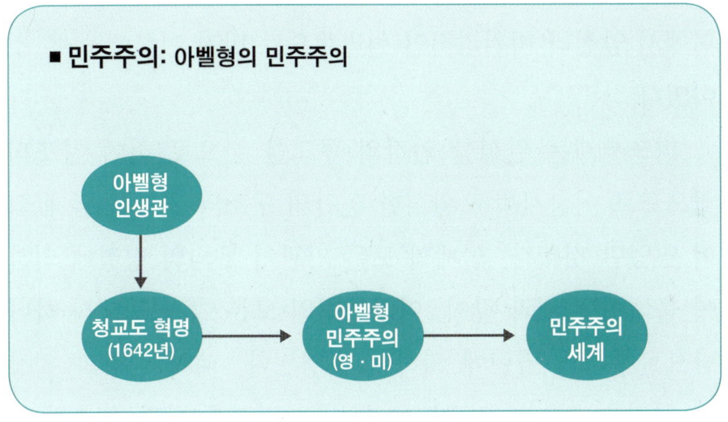

이처럼 영국과 미국에서 수립된 민주주의는 아벨형의 인생관을 중심하고 신앙과 종교의 자유를 찾기 위하여 절대주의사회를 개혁하려는 혁명으로 수립되었기 때문에 이것을

아벨형의 민주주의라고 한다. 이렇게 되어 아벨형의 민주주의가 오늘날의 민주주의세계를 형성하기에 이르렀다.

2) 삼권분립

삼권분립사상은 절대주의의 정치체제로 인하여 국가의 권력이 특정한 개인이나 기관에 집중하는 것을 분산시키기 위하여 계몽사상파의 중진이었던 몽테스키외(Montesquieu, 1689~1755)에 의하여 제창되었다. 이것은 프랑스혁명 때 '인권선언'의 선포로 실현되었다. 그러나 원래 이 삼권분립은 하늘편에서 이루려 했던 이상사회의 구조로서, 구원섭리의 전 노정이 그러하듯이 이것 또한 사탄편에서 앞질러 비원리적인 원리형으로 먼저 이루어 놓은 것이었다.

피조세계는 완성한 인간의 구조를 본으로 하여 창조되었으므로 이상사회도 완성한 인간의 구조와 기능을 닮게 되어 있었던 것이다. 인체의 모든 기관이 두뇌의 명령에 의하여 움직이는 것과 같이, 이상사회의 모든 기관도 오직 하나님으로부터의 명령에 의하여 운영된다. 폐와 심장과 위장이 신경을 통하여 전달되는 두뇌의 명령을 따라 상충이 없이 원만한 수수작용을 유지하고 있는 것과 같이, 이 3장기에 해당되는 이상사회의 입법, 사법, 행정의 3기관도 정당에 해당되는 성도들을 통하여 전달되는 하나님의 명령에 의하여 서로 원리적인 수수의 관계를 맺을 수 있어야 한다. 인간의 사지가 두뇌의 명령에 따라 인간의 생활목적을 위하여 활동하고 있는 것과 같이, 사지에 해당되는 경제기구는 하나님의 명령을 따라 이상사회의 목적을 달성하기 위하여 실천하는 방향으로 움직여야 하는 것이다. 또한 인간의 사지 백체가 두뇌와 종적인 관계를 가지고 지체들 사이에 자동적으로 횡적인 관계가 맺어져서 유기체를 이루고 있는 것처럼, 이상사회도 모든 사회인들이 하나님과 종적인 관계를 맺음으로써 횡적인 관계를 맺게 되기 때문에 희노애락을 같이하는 하나의 유기체를 이루게 되는 것이다.

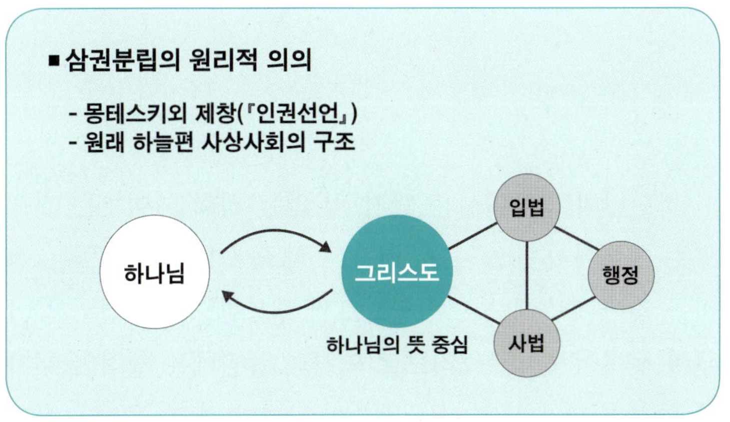

오늘날의 민주주의정체는 3권으로 분립되고 또 정당이 생겨남으로써 드디어 하나의 인간 구조를 닮기에 이르렀으나, 그것은 어디까지나 구원되지 않은 타락인간과 같은 것이어서 창조본연의 기능을 발휘하지 못하고 있는 것이다.

곧 정당이 하나님의 뜻을 모르고 있으므로, 그것은 두뇌의 명령을 전달할 수 없게 된 척수와 그를 중심한 말초신경과 같은 것이라 하겠다. 곧 헌법이 하나님의 말씀으로 되어 있지 않기 때문에, 입법 사법 행정의 세 기관은 마치 신경계통이 끊어져 두뇌로부터 오는 명령에 감응할 수 없게 된 3장기와 같이 되어서, 그것들은 상호간에 질서와 조화를 잃어버리고 항상 대립하고 충돌할 수밖에 없는 것이다.

그러므로 재림이상의 목적은, 예수님이 오셔서 타락인간 하나의 구조를 닮고 있는 현재의 정치체제에 완전한 중추신경을 이어줌으로써 하나님의 뜻을 중심한 그 본연의 기능을 완전히 발휘하도록 하려는데 있는 것이다.

3) 산업혁명

하나님의 창조이상은 단지 죄 없는 사회를 이루는 것으로는 이루어지지 않는다. 인간은 피조세계에 숨어 있는 원리를 찾아 과학을 발달시킴으로써 행복한 사회환경까지 이루어 놓아야 한다. 그러므로 역사의 종말에는 영적인 무지를 완전히 제거할 수 있는 말씀이 나와야 하고, 육적인 무지를 완전히 제거할 수 있도록 과학사회를 건설해야 한다. 이러한 하나님의 섭리로 볼 때, 산업혁명은 이상사회의 생활환경을 복귀하기 위한 섭리에서 일어난 것이었다.

이상사회의 경제기구도 완성된 인체의 구조와 같아야 한다. 생산과 분배와 소비는 인체의 오장과 심장과 폐와 같이 유기적인 수수의 관계를 가져야 한다. 따라서 생산과잉으로 인하여 파괴적인 판로경쟁을 하거나, 편파적인 분배에 의하여 전체적인 생활목적을 그르치는 축적이나 소비를 하여서는 안 되는 것이다. 필요하고도 충분한 생산과 공정하고도 과부족 없는 분배와 전체적인 목적을 위한 합리적인 소비를 할 수 있어야 한다.

■ 열국의 강화와 식민지 분할

- 생산과잉의 경제사회

- 세계 열강의 강화 (식민지 쟁탈)

- 민주와 공산의 두 세계로 분리

그런데 산업혁명에 의한 대량생산은 영국으로 하여금 상품시장과 원료 공급자로서의 광대한 식민지를 급속도로 개척케 하였다. 산업혁명은 이상사회를 위한 외적인 환경 복귀뿐만 아니라, 복음전파를 위한 광범한 판도를 이룸으로써 내적인 복귀섭리의 사명도 하게 하였다.

4. 이상사회의 건설

이 장에서는 문예부흥과 종교개혁, 가인형 인생관과 아벨형 인생관, 공산주의세계와 민주주의세계, 삼권분립과 산업혁명이 출현한 과정과 그 출현의 섭리적 의의를 살펴보았다. 하나님은 이러한 구원섭리를 통하여 재림주님을 중심한 이상사회 건설에 필요한 사회환경을 준비해 오셨다. 이러한 구원섭리의 결과 오늘의 세계는 하나님의 창조목적인 이상사회의 건설을 위한 직전 단계에 진입해있다. 이제 필요한 것은 인류가 하나님의 자녀로서 하나님을 중심한 하나의 세계를 이루어가는 것이다. 먼저 종교가 하나님의 구원섭리를 전파하는 중추기관으로 지상천국의 이상을 펼치고 다음으로 정치, 경제, 사회 등 모든 생활체제가 본연의 기능을 발휘하게 될 때 하나님의 나라가 지상에 이루어질 수 있을 것이다.

생각과 지혜 나누기

1. 근대사회의 주요한 특징으로 어떠한 것이 있는지 찾아봅시다.
2. 민주주의사회와 공산주의사회가 지닌 장점과 단점을 비교하여 봅시다.
3. 현실세계에서 삼권분립의 이상이 어떻게 구현되고 있는지 살펴봅시다.

제22장

오늘의 구원과 메시아

제22장
오늘의 구원과 메시아

1. 예수님은 언제 재림하실 것인가

성서를 보면 예수님은 재림하실 것을 분명히 말씀하셨으나 재림하실 그 날과 그 때는 천사도 예수님도 아무도 모른다고 하셨다. 그러므로 지금까지 예수님이 언제 어떻게 어디로 오실 것인지에 대해 알려고 하는 것조차 무모한 것으로 여겨졌다. 그러나 예수님은 "오직 아버지만 아시느니라"라고 하셨다. 또한 성서에는 "주 여호와께서는 자기의 비밀을 그 종 선지자들에게 보이지 아니하시고는 결코 행하심이 없으시리라"고 기록되어 있다. 이는 그 날과 그 때를 알고 계시는 하나님께서는 주의 재림에 관한 모든 비밀을 반드시 어떤 선지자에게 알려 주시고 역사하신다는 것을 뜻한다.

하나님은 말세에는 하나님의 영을 물 붓듯 부어 주시마고 약속하신대로, 주의 재림에 관하여 빛 가운데 있는 성도들을 통하여 들을 수 있는 귀와 볼 수 있는 눈을 가진 사람들에게는 반드시 듣고 볼 수 있도록 계시하여 주실 것이 분명하다.

예수님이 재림하실 때를 우리는 말세라고 한다. 그런데 현세가 바로 말세라는 사실은 앞서에서 밝힌 바 있다. 따라서 우리는 현세가 바로 예수님이 재림하실 때라는 것을 알 수 있다. 또한 우리는 동시성 섭리의 역사를 근거로 예수님이 재림하실 때를 알아볼 수도 있다. 아브라함부터 예수님까지의 구약시대 2000년은 신약시대 2000년으로 재현되고 복귀되었다. 이처럼 탕감복귀의 원칙에서 볼 때에, 전 시대를 실체적인 동시성으로 탕감복귀하는 재탕감복귀섭리시대 곧 신약시대의 2천년이 끝날 무렵에 예수님이 재림하시리라는 것을 우리는 알 수 있다.

2. 예수님은 어떻게 재림하실 것인가

하나님은 어느 시대 어떤 환경의 사람이든지 자유롭게 그 지능과 심령의 정도에 따라서 하나님의 섭리에 대한 시대적인 요구를 깨닫도록 하시기 위하여 모든 천륜의 중요한 문제들을 상징과 비유로 교시해 나오셨다. 그러므로 성서를 해석할 때에 그 관점을 어디에 두는가 하는 것은 중요한 문제가 아닐 수 없다.

1) 예수의 재림은 지상탄생으로 이루어진다

성서를 보면, 예수님은 장차 그가 재림하실 때에 이루어질 일들을 예상하시면서 "인자도 자기의 날에 그러하리라. 그러나 그가 먼저 많은 고난을 받으며 이 세대에게 버린바 되어야 할지니라."고 말씀하셨다. 예수님은 이러한 자신을 살펴볼 때, 재림하실 때에도 또한 초림 때와 같이 하늘만을 쳐다보며 메시아를 고대하고 있을 기독교 신도들 앞에, 지상에서 탄생하시는 몸으로 도둑같이 나타나시면, 다시 그들에게 이단자로 몰리어 고난을 당하시게 될 것이 예상되었기 때문에 그와 같이 이 세대에 버린바 될 것으로 말씀하셨던 것이다.

성서에는 예수님이 "내가 너희에게 이르노니 속히 그 원한을 풀어주시리라. 그러나 인자가 올 때에 세상에서 믿음을 보겠느냐."고 하신 말씀이 있다. 끝날이 가까워 올수록, 잘 믿으려고 애쓰는 성도들은 점차 늘어가고 있는데, 구름을 타고 천사의 나팔소리와 함께 하나님의 영광 가운데 나타나시는 주님을 어찌하여 성도들이 불신하게 될 것인가? 이 말씀도 역시 예수님이 구름을 타고 재림하셔서는 결코 그대로 이루어질 수 없다.

우리가 예수님 당시의 모든 사정을 회상해 보면, 유대인들은 장차 엘리야가 하늘로부터 하강한 후에야 메시아가 베들레헴에서 유대인의 왕으로 탄생하시리라고 믿고 있었다. 그런데 아직 엘리야도 나타나지 않았던 때에 뜻밖에 나사렛에서 목수의 아들로 자라난 한 청년이 메시아로 자처하고 나섰던 것이니, 저들 유대인 가운데서 죽음을 각오하고 그를 따르려는 독실한 믿음을 찾아볼 수 없었던 것이다. 예수님은 재림하실 때에도 모든 성도들이 예수님께서 구름을 타고 재림하실 것으로 믿고 하늘만을 쳐다보고 있을 것이기 때문에 자신이 다시 땅 위에 육신을 쓰고 나타나게 되면, 그들도 필시 이 유대인들과 같이 믿음이란 말조차 찾아 볼 수 없을 정도로 불신하게 될 것을 예상하시고, 그와 같이 탄식하셨던 것이다. 그러므로 이 성구도 예수님이 지상에서 탄생하시지 않고는 결코 그대로 이루어질 수 없는 것이다.

하나님은 무형 · 유형 두 세계를 창조하시고, 하나님의 축복의 말씀대로 이 세계를 주관케 하시기 위하여 영인체와 육신의 두 부분으로 구성된 인간을 창조하셨다. 그러나 아담이 타락하였기 때문에 인간은 이 두 세계의 주관자로 설 수 없게 되었으므로, 주관자를 잃어버린 피조물은 탄식하며 자기를 주관해 줄 하나님의 아들들이 나타나기를 고대하게 되었다. 지금까지 지상에서 영육 아울러 완성되어 무형 유형 두 세계를 주관함으로써 그것들을 하나로 화동시켜 준 존재는 하나도 없었다. 따라서 다시 오시는 예수님은 초림 때와 같이 영육 아울러 완성한 존재로 오셔서, 온 인류를 영육 아울러 그에게 접붙이어 일체가 되게 함으로써 그들로 하여금 영육 아울러 완성하여, 무형 · 유형 두 세계를 주관하도록 하셔야 되는 것이다.

예수님은 지상천국을 복귀하시어 복귀된 전 인류의 참부모가 되시고 그 나라의 왕이 되셔야 할 것이었다. 그러나 유대인들의 불신으로 이 뜻을 이룰 수 없게 되었으므로, 장차 재림하셔서 이루실 것으로 약속하시고 십자가에 돌아가셨다. 따라서 그가 재림하셔도 초림 때의 사명이었던 지상천국을 이루시고 거기에서 인류의 참부모가 되시고 또 왕이 되셔야 하는 것이다. 따라서 예수님은 재림하실 때에도 초림 때와 같이 육신을 쓰시고 지상에서 탄생하시지 않으면 아니 된다.

위에서 살펴 온 것에 입각해 볼 때, 예수님의 재림이 지상에서 육신을 쓰고 탄생하시는 것으로써 이루어진다는 것은 누구도 의심할 여지가 없을 것이다.

2) 구름 타고 오신다는 성구는 무엇을 의미하는가

예수님의 재림이 지상 탄생으로 이루어진다면, 구름을 타고 오신다는 말씀은 무엇을 의미하는 것인가를 알아야 한다. 그리고 이것을 알기 위해 먼저 구름은 무엇을 비유하였는가를 알아야 할 것이다.

성서에 "볼찌어다. 구름을 타고 오시리라. 각인의 눈이 그를 보겠고 그를 인하여 애곡하리니 그러하리라. 아멘."이라고 기록되어 있다. 영계에 계시는 예수님이 영체 그대로 재림하신다면 그는 영안이 열린 사람들에게만 보여질 것이기 때문에, 결코 모든 사람의 눈이 다 영체로 재림하시는 예수님을 볼 수는 없는 것이다. 그러므로 성서에 각인의 눈이 다 재림하시는 주님을 볼 수 있다고 한 것은 그가 육신을 쓰고 오시기 때문임을 알아야 한다.

한편 육신을 쓴 예수님은 구름을 타고 오실 수는 없는 것이기 때문에 여기의 구름은 분명 무엇인가를 비유하고 있음에 틀림없다. 그런데 또 같은 성구 가운데, 저를 찌른 자도 볼 것이라고 한 기록이 있다. 예수님을 찌른 자는 로마병정이었다. 그러나 로마병정은 재림하시는 주님을 볼 수는 없다. 왜냐하면 이미 죽어 버린 로마병정이 지상에서 재림하시는 예수님을 볼 수 있으려면 부활해야 될 터인데, 성서의 기록에 의하면 예수님이 재림하실 때 부활될 사람은 첫째부활에 참여할 사람들뿐이요, 그 밖의 죽은 자들은 천년왕국시대가 지나간 후에야 부활할 수 있다고 하셨기 때문이다. 그러므로 여기에서 말한 '찌른 자'는 부득이 비유로 해석하여, 예수님이 구름을 타고 재림하실 것으로 믿고 있다가 뜻밖에 그가 지상에서 육신 탄생으로 재림하시게 될 때, 그를 몰라보고 핍박하게 될 무리들을 지칭하는 것으로 보지 않으면 안 된다. 이와 같이 '찌른 자'를 비유로 해석할 수밖에 없다면, 같은 구절 안에 있는 '구름'이라는 어구 역시 비유로 해석할 수 밖에 없다.

그렇다면 구름은 과연 무엇을 비유하였을 것인가? 구름

은 타락한 인간이 중생하여 그 마음이 항상 땅에 있지 않고 하늘에 있는 독실한 성도들을 의미하는 것임을 알 수 있다. 또 구름은 성서나 고전에서 군중을 표시하는 말로 씌어졌다. 뿐만 아니라 오늘날 서양의 언어생활에 있어서도 그렇게 쓰이고 있음을 알 수 있다. 그리고 모세노정에 있어서 이스라엘 민족을 인도한 낮의 구름기둥은 앞으로 같은 민족의 인도자로 오실 예수님을 표시하였고, 밤의 불기둥은 예수님의 대상존재로서 불의 역사로써 이스라엘을 인도하실 성신을 표시한 것이었다.

우리는 위의 설명에 의하여 예수님이 구름을 타고 오신다는 뜻은 중생한 성도들의 무리 가운데서 제2이스라엘인 기독교 신도들의 무리 가운데서 제2이스라엘인 기독교 신도들의 인도자로 나타나신다는 것을 의미하는 것임을 알 수 있다.

구름을 이와 같이 비유로서 해석해 보면, 예수님은 초림 때에도 하늘에서 구름을 타고 오셨던 분이라고 볼 수 있다. 왜냐하면 성서에 첫 사람 곧 아담은 땅에서 났으니 흙에 속한 자이지만 둘째 사람 곧 예수님은 하늘에서 나셨다고 되어 있고 또 "하늘에서 내려온 자 곧 인자 외에는 하늘에 올라간 자가 없느니라."고 한 말씀대로, 예수님은 사실 지상에서 탄생하셨어도, 그 뜻이나 가치로 보아서는 하늘에서 내려오신 분이 분명하기 때문이다. 구약성서에 초림 때에도 예수님이 구름을 타고 오실 것으로 보여주셨던 이유가 여기에 있다.

3) 예수님은 왜 구름 타고 재림하실 것으로 말씀하셨는가

예수님이 구름을 타고 재림하실 것으로 예언하신 데는 두 가지 이유가 있다. 첫째로는 적그리스도의 유혹을 막기 위함이었다. 만일 예수님이 지상에서 육신 탄생에 의하여 재림하실 것으로 밝혀 놓았더라면 적그리스도의 유혹에 의한 혼란을 막을 길이 없었을 것이다. 다행히도 모든 신자들이 예수님께서 구름을 타고 오실 줄로 알고, 하늘만을 우러러보고 나왔기 때문에 이 혼란을 모면할 수 있었던 것이다. 그러나 이제는 때가 되었기 때문에 예수님이 다시 지상에서 탄생하실 것을 바로 가르쳐 주시지 않을 수 없게 된 것이다.

둘째로는 어려운 신앙노정을 걷고 있는 성도들을 격려하시기 위함이었다. 예수님은 곧 재림하실 것으로 말씀하셨기 때문에, 제자들은 예수님의 재림을 열망하는 일념에서 로마제국의 압정과 유대교의 핍박 가운데서도 오히려 성신의 충만한 은혜를 받아서 초대교회를 창건하였던 것이다.

3. 예수님은 어디로 재림하실 것인가

예수님이 영체로 재림하시는 것이 아니고 지상에서 육신을 쓴 인간으로 탄생하신다면, 그는 하나님이 예정하신 그 어느 곳의 택함 받은 어떤 민족 가운데서 탄생하실 것이다.

그러면 예정된 그곳은 어디이며, 또 택함을 입은 그 민족은 어느 민족일 것인가?

1) 예수님은 유대민족 가운데 재림하실 것인가

성서에 예수님이 재림하실 때 이스라엘 자손의 모든 지파 중에서 맨 처음으로 구원의 인을 맞을 자가 14만 4천이라고 기록되어 있는 말씀이나, 제자들이 이스라엘의 모든 동리를 다 다니지 못하여 인자가 오리라고 하신 말씀이나, 또는 예수님의 말씀을 듣고 있는 사람들 중에 살아 있다가 인자가 그 왕권을 가지고 임하는 것을 볼 자가 있다고 하신 말씀 등을 근거로 하여 예수님이 유대민족 가운데 재림하실 것으로 알고 있는 신도들이 많이 있다. 그러나 이것은 모두 하나님의 근본섭리를 알지 못하기 때문에 그렇게 생각하게 되는 것이다.

성서에 의하면, 예수님은 포도원 주인과 농부 그리고 그 아들과 그 종의 비유로써, 자기를 살해하는 민족에게는 재림하시지 않을 뿐 아니라 그 민족에게 맡겼던 유업까지도 빼앗아 그의 재림을 위하여 열매 맺는 다른 나라와 그 백성에게 주시겠다고 분명히 말씀하셨다. 이 비유에 있어서 주인은 하나님을, 포도원은 하나님의 유업을, 농부는 이 유업을 맡은 이스라엘 선민을 종은 선지자들을, 주인의 아들은 예수님을 각각 의미하는 것이다.

그러면 예수님이 십자가에 돌아가신 이후에 이스라엘 선

민은 누구일 것인가? 그들은 바로 아브라함의 믿음을 이어받아 그 후손이 다하지 못한 사명을 계승하여 온 기독교 신도들이다. 그러므로 성서에는 유대인의 넘어짐으로 구원이 이방인에게 이르게 된다고 하여, 하나님의 복귀섭리의 중심이 이스라엘 민족에서 이방인에게로 옮겨졌음을 밝혔다. 그러므로 '재림하실 메시아를 위한 기대'를 조성해야 될 이스라엘선민은 아브라함의 혈통적인 후손이 아니라 아브라함의 믿음을 계승한 기독교 신도들을 이르신 것임을 알 수 있다.

2) 예수님은 동방의 나라로 재림하신다

성서에는 예수님이 비유하여 말씀하신대로 유대인들은 예수님을 십자가에 내줌으로써 포도원 주인의 아들을 죽인 농부의 입장으로 돌아가고 말았다. 그러면 유대인들로부터 빼앗은 하나님의 유업을 상속받아 열매 맺을 나라는 어느 나라일 것인가? 성서는 그 나라가 동방에 있다고 가르쳐주고 있다. 또한 해 돋는 곳 곧 동방으로부터 천사가 올라와 최후의 심판에서 택함을 받은 자에게 인을 쳤는데, 그 인 맞은 자의 수가 14만 4천이라고 하였다. 그리고 그 14만 4천 무리와 함께 어린 양 곧 예수님이 계시더라고 되어 있다.

우리는 이 성구들로 미루어 예수님은 해 돋는 곳, 곧 동방나라에 탄생하시어 그 곳에서 먼저 택함 받은 14만 4천 무리의 이마에 어린 양과 아버지의 인을 치신다는 것을 알 수 있다. 따라서 하나님의 유업을 받아 예수님의 재림을 위한 열매를 맺을 나라는 동방에 있다는 것을 알게 되는 것이다. 그러면 동방의 여러 나라 중에서 어느 나라가 바로 이 나라가 될 것인가?

3) 동방의 그 나라는 바로 한국이다

예로부터 동방나라는 한국, 일본, 중국을 말한다. 그런데 그 중의 일본은 재림의 때에 전체주의국가로서 2차 세계대전을 일으켰고 또 한국의 기독교를 혹독하게 박해한 나라였다. 그리고 중국은 공산화로 나아갔다. 그래서 당시에는 이 두 나라가 사탄편 국가가 된다. 그러므로 예수님이 재림하실 동방의 그 나라는 바로 한국인 것이다.

그러면 이제부터 한국이 재림하시는 예수님을 맞이할 수 있는 나라가 되는 이유를 살펴보자. 메시아가 강림하시는 나라가 갖추어야 할 조건이 무엇인지 그리고 한국이 과연 그러한 조건을 갖추었는지 알아보기로 하자.

(1) 이 나라는 탕감복귀의 민족적인 기대를 세워야 한다.

하나님은 구원섭리의 중심 인물과 중심 국가를 세우기 위해 40수 사탄분립의 기대를 세워야 한다. 섭리적 인물들의 40일 금식, 이집트에서 이스라엘 민족의 400년 고역, 그리고 제2이스라엘인 기독교가 로마제국에서 400년에 걸쳐 박해를 당한 것이 좋은 예이다.

이와 같이 주님이 오실 나라는 민족적인 사탄분립의 기대를 세운 나라이어야 한다. 금세기에 한국은 사탄편 제국주의인 일본에 의해 식민지가 되어 40년간 박해를 당하였다. 1905년 을사조약으로부터 1945년 해방이 될 때까지 구원섭리의 중심 국가가 되기 위한 민족적인 탕감의 기간을 거쳤던 것이다.

(2) 이 나라는 하나님의 최일선인 동시에 사탄의 최일선이어야 한다.

인간시조가 타락했을 때 하늘편과 사탄편이 갈라졌기 때문에 지금까지 하나님과 사탄이 대치해 왔다. 예수님이 재림하실 한국은 하나님이 가장 사랑하시는 최일선인 동시에 사탄이 가장 미워하는 최일선이 되는 곳이다.

하나님과 사탄이 대치하는 일선에서 그 판가름의 조건으로 놓이는 것이 제물이다. 그런데 한국민족은 구원섭리를 위하여 이 일선에 놓인 민족적인 제물이기 때문에 이 민족적인 제물도 쪼개야 하므로, 이것을 휴전선으로 쪼개어 가인 아벨 두 형의 민족으로 갈라 세운 것이다. 따라서 휴전선은 민주와 공산의 최일선인 동시에 하나님과 사탄의 최일선이 되는 것이다. 그러므로 3 · 8선에서 일어났던 6 · 25동란은 국토 분단에 기인한 단순한 동족상쟁이 아니라 민주와 공산 두 세계간의 대결이었고, 나아가서는 하나님과 사탄과의 대결이었던 것이다.

(3) 이 나라는 하나님의 심정의 대상이 되어야 한다.

하나님은 자녀를 잃어버린 부모로서 한의 심정을 지니고 계신다. 하나님은 자녀인 아담 해와가 타락하자 서러워하시며 인류를 구원하고자 수고해 오셨다. 따라서 주님이 오시는 나라는 하나님의 심정의 대상이 되어야 한다. 구약 시대에 이스라엘 민족의 고난과 눈물의 역사가 이를 입증해 주고 있다. 이런 점에서 한국은 하나님이 예비하신 나라이다. 역사상 이스라엘 민족과 우리 민족만큼 고난의 역사로 점철된 나라가 없었다. 우리는 슬픔의 역사 속에서 충효의 선한 전통을 계승하며 하나님 심정의 대상으로 터전을 닦아온 한의 민족이다.

하나님의 심정의 대상이 되려면 먼저 피와 땀과 눈물의 길을 걸어야 한다. 서러워하시는 부모님의 심정의 대상이 되어 충효의 길을 가는 자식이 어떻게 그 길을 편안하게 갈 수 있을 것인가? 그러므로 메시아를 맞을 수 있는 민족은 하나님의 심정의 대상으로 섬으로써 효자효녀가 되어야 하기 때문에, 피와 땀과 눈물의 길을 걷지 않으면 아니 된다. 한민족이 걸어 나온 비참한 역사노정은 이와 같이 하나님의 선민으로서 걷지 않으면 안 될 마땅한 길이었던 것으로, 실상 그 고난의 길이 결과적으로 한민족을 얼마나 큰 행복으로 인도한 것이 되었는지 모른다.

(4) 이 나라에는 예언자의 증거가 있어야 한다.

이스라엘 민족이 선지자와 예언자들의 증언에 따라 메시

아사상을 간직해 온 것과 같이, 주님이 오실 나라도 예언자들의 증언과 준비한 터전이 있어야 한다. 우리 민족의 건국이념인 단군사상은 우리 민족을 하늘의 후손이요, 하나님을 하늘의 부모로 가르치는 일종의 선민사상이다. 이와 마찬가지로 예수님의 재림시기에 등장한 한국의 민족종교들도 한결같이 후천개벽의 새시대 도래사상을 주장하고 있다. 또한 예수님의 한국 재림에 관한 영통인들의 신령역사가 우후죽순과 같이 일어나고 있다. 성서에 말세에는 하나님의 영을 물 붓듯 하시마하고 약속하신 말씀이 있는데, 이 말씀이 그대로 오늘의 한민족 가운데서 이루어지고 있는 것이다. 그러므로 수많은 수도자들이 영인들과 접촉하는 가운데서 각기 주님의 한국 재림에 관한 계시를 받고 있는 것이다.

4. 오늘의 상황

예수님의 초림시기와 재림시기는 섭리적인 동시성의 시대이다. 그러므로 오늘날 기독교를 중심으로 벌어지고 있는 모든 사정은 예수님 때에 유대교를 중심하고 벌어졌던 모든 사정과 흡사하다. 기독교가 교권과 교회의식에 붙들려 있어서 재림하시는 예수님을 핍박하게 될 것이고, 예수님의 재림에 관한 계시나 재림하셔서 하실 말씀과 관련해서도 초림 때와 똑같은 양상이 나타나게 될 것이다. 그러므로 우리는 누구나 다시 한 번 자기 자신을 심각하게 되살펴보지 않을 수 없게 된다. 오늘날과 같은 역사의 전환기에 살고 있는 성도들이 만일 예수님 당시의 유대인의 지도자들과 같이 그 신앙의 방향을 잘못 잡으면 아무리 독실한 신앙생활을 하여 왔다 할지라도 그것은 모두 수포로 돌아가고 말 것이다. 그렇기 때문에 다니엘은 "오직 지혜 있는 자는 깨달으리라." 고 하였던 것이다.

생각과 지혜 나누기

1. 한국이 지닌 세계적 사명을 소개하는 자료를 찾아 살펴봅시다.
2. 새로운 세상을 고대하는 개벽사상에 대해 알아봅시다.
3. 오늘의 메시아는 현대사회에서 어떠한 역할을 담당할지 토의해 봅시다.

제23장

평화를 사랑하는 세계인, 문선명

제23장

평화를 사랑하는 세계인, 문선명

1. 탄생, 소명, 진리탐구

1954년에 창립된 세계기독교통일신령협회는 현재 세계평화통일가정연합을 공식적인 명칭으로 사용하고 있다. 세계평화통일가정연합은 지상천국의 창건을 목표로 하며 문선명 선생을 메시아와 참부모로 고백하고 문선명 선생이 밝힌 진리를 믿고 실천하고자 한다. 세계평화통일가정연합의 신자들은 서로 식구라고 부르며 인류가 하나님을 부모로 모시는 하나의 대가족사회를 이루고자 한다. 세계평화통일가정연합을 창시하신 문선명 선생의 생애는 통일운동

(Unificatin Morements)의 역사라고 할 수 있다.

문선명 선생은 1920년 1월 6일 평안북도 정주에서 탄생하였다. 남평 문씨인 선생의 가문은 선의 공적을 쌓은 집안이었다. 선생의 작은 할아버지인 문윤국 목사는 3 · 1운동 당시 평안북도 책임자로 일했기에 2년 동안 옥고를 치르기도 하였으며, 가산을 정리하여 상해 임시정부에 후원하기도 하였다. 선생은 어린 시절부터 타고난 호기심과 탐구력으로 자연의 이치를 깨달았으며 정의감과 동정심으로 불쌍한 사람이나 동물을 돌보았다. 선생이 10여세 되었을 때 집안이 모두 기독교에 입교하게 되었고 이후 선생은 독실한 신앙생활을 하게 되었다.

16세가 되던 1935년 부활절이 다가오던 어느 날, 선생은 밤을 새워 기도하는 가운데 예수 그리스도를 만나서 새 진리 전파의 소명을 받았다. 그날 홀연히 나타난 예수 그리스도로부터 죄악 속에서 신음하고 있는 인류와 그로 인한 하나님의 슬픔을 해원시켜 달라는 간곡한 당부를 받게 되었다. 이러한 대각성의 종교체험 이후 선생은 오로지 하나님의 소망을 실현하기 위한 길을 걸으셨다. 그것은 인류의 구원을 위한 거룩한 사명이었다.

선생은 1938년 고향을 떠나 서울에서 경성상공실무학교 전기과를 졸업하고, 1941년 일본 와세다대학 부설 고등공업학교 전기과에 입학하였다. 일본 유학 중에 친구들과 비밀결사를 조직해 항일 지하운동을 전개하였고, 그로 인해 일본 경시청에 불려 다니기도 하였다.

선생의 동경 학창시절에 있었던 사건 중 무엇보다 중요한 것은 우주의 근본원리와 인간의 타락에 대한 비밀을 밝혀내는 일이었다. 선생은 영적인 교통, 성서의 탐구, 생활철학의 추리 등을 통해서 진리를 밝히셨다. 그 첫째가 우주의 근본은 '하나님과 인간의 관계는 부자관계'라는 사실과 부자관계는 '혈통'으로 연결되어 있었다는 사실을 밝힌 것이다. 이는 인류구원섭리의 근본원리를 밝히는 핵심이 된다. 여기서부터 우주의 근본을 비롯하여 모든 난해한 문제가 풀리기 시작했던 것이다. 그 둘째가 예수님과의 첫 대면이래 창세기 1장에서 3장까지에 숨겨져 있는 비밀을 푸는 것이었다. 그 핵심은 사탄의 정체와 인간시조 타락의 내용을 알아내는 데 있었다. 선생은 목숨을 건 영적 투쟁을 겪으며 인간 타락의 동기, 그 타락의 과정과 결과, 그 타락을 하나님께서 간섭치 않으셨던 이유, 사탄의 정체 등에 대한 비밀을 알게 되었다. 그 내용을 하나님 앞에 올려 사탄의 죄상을 전 우주 앞에 드러내고, 두 차례의 시험과정을 거쳐 세 번째에 이르러 마침내 하나님의 인정을 받았다.

선생은 1943년 9월 학교를 조기 졸업하고 연말이 가까워올 무렵 귀국해 얼마 후 서울의 흑석동으로 돌아오게 되었다. 그리고 1944년 10월 일본 유학생시절 항일운동을 했던 것이 문제가 되어 경기도 경찰부에 잡혀가서 혹독한 고문을 당하셨다. 말로 형언할 수 없는 심한 고문 속에서도 일신의 어려움을 면하게 해 달라는 기도를 하지 않으셨으며, 독립운동을 했던 동지들의 이름도 끝내 밝히지 않았다.

광복 이후 선생은 하나님의 부름을 받고 당시 '동양의 예루살렘'이라 불리던 평양에서 선교를 시작하였다. 선생을 따르는 제자들이 증가하자 북한 공산정권은 선생을 남한에서 보낸 간첩으로 몰아 1946년 8월 12일에 수감하였다. 그러나 혐의점을 찾지 못하고 11월 21일 석방하였다. 선생은 고문 후유증에도 불구하고 하나님의 말씀을 계속 전하였는데, 1948년 2월 22일 북한 정부의 종교 말살정책으로 다시 투옥되었다. 흥남감옥으로 이송된 선생은 굶주림과 추위와 싸우며 비료공장의 노동에 동원되었다.

당시의 흥남 감옥은 지옥 중의 지옥과도 같은 곳이었다. 이곳의 죄수들은 감옥에서 4㎞ 떨어진 곳에 있는 작업장에서 굳어진 비료 덩어리를 부수어 포장지에 담아 무게를 달고 묶어서 기차에 옮겨 싣는 일을 하였다. 10명이 한 조가 되어 하루에 40㎏짜리 1,300가마의 비료를 포장지에 담아 20m 떨어진 곳으로 옮겨 쌓는 일이었는데, 선생은 강제노동에서도 최선을 다하였다.

선생은 감옥에서 최악의 환경을 극복하는 데에도 정성을 다했다. 건강을 유지하기 위해 마실 물을 절반만 마시고 절반의 물로 깨끗한 몸을 유지하기 위해 몸을 닦았으며, 쉬는 시간이면 언제나 묵상을 하곤 하였다. 언제나 어려운 일들을 도맡아 하였고, 모범적인 생활로 표창을 받았으며 이 표창장으로 인해 죄수들이 매일 써야하는 반성문을 쓰지 않아도 되었다. 여러 수인들을 제자로 삼았는데 그 대표적인 사람이 감옥의 자치위원장이었다. 선생은 6.25동란으로 유엔

군이 북한에 들어오면서 1950년 10월 14일 출감하여 자유의 몸이 되었다.

그 후 선생님은 10월 24일 평양에 도착하여 신앙으로 길렀던 식구들을 찾다가, 12월 4일 하지골절 상태인 옥중 제자를 자전거에 싣고 피난길을 따라 남하하게 되었다. 선생 일행은 서울을 거쳐 55일 만인 1951년 1월 27일 부산에 도착하였다. 선생은 한때 하급 노동자 수용소에 들어가 부두 노동을 하면서 지내기도 했으며, 피난민촌 낯선 집 처마 밑에서 지내기도 하였다. 1951년 5월부터는 『원리원본』의 집필에 열중하면서도 현재 부산시 범6동 1513번지에 약 2평짜리 단칸방의 토담집을 지어 제자들과 함께 기거하였고, 이듬해 5월 10일 오전에 집필을 마치게 되었다.

원리원본
문선명 선생이 펴낸 『원리강론』의 모체가 된 필사본을 말한다.

그 후 1952년 5월 10일 부산 범천교회 전도사가 선생의 뜻을 깨우치게 된다. 같은 해 12월에는 장로교에서 목회하던 목사가 합류하였으며 새로운 식구들로 분위기가 활기를 띄기 시작하였다. 또한 1953년 7월 하순에는 대구에 선교사를 파송하였고, 이어 서울 부산 대구를 중심으로 선교의 기반을 넓혀가기 시작하셨다.

2. 세계평화통일가정연합의 한국역사

1954년 5월 1일 서울 북학동에서 세계기독교통일신령협회를 창립하게 되었다. 그즈음 연세대와 이화여대의 교수와 학생이 선생의 말씀을 듣고 통일교로 들어오게 되었다. 또한 이화여대의 신학전공 교수가 총장의 지시를 받아 세칭 통일교회를 내사하러 왔다가 오히려 통일원리를 받아들이게 되었다. 그리고 계속해서 새로운 대학생들이 몰려들기 시작했다. 이런 가운데 교회는 4월에 흥인동에서 장충동 1가 37번지로 옮기게 된다.

통일교회의 교세가 서울을 중심으로 확산되어가자 기성교회가 자유당 정권의 권력층을 이용하여 통일교회를 말살하고자 공작을 감행하였다. 소위 '이화여대와 연세대 사건'이다. 통일교회를 다닌다는 이유로 1955년 3월에 교수 5명을 퇴직시킨 이화여자대학교는 졸업반 학생 5명을 포함한 14명의 학생에 대해 제적 처분을 내렸다. 연세대학교에서도 교수 한명이 퇴직 당하였고 학생 2명이 제적 처분되었다. 기독교 정통신앙에 위배되는 신앙을 한다는 것이 그 이유였다.

이어서 7월 초순에 불법감금과 폭력, 병역법 위반 등의 혐의로 문선명 선생과 제자 5명이 서대문형무소에 구속되었다. 그 후 3개월이 지난 10월 4일, 서울지방법원 결심공판에서 문선명 선생에게는 무죄가 선고되었고 제자들은 병역법 위반에 따르는 벌금으로 형을 대신하게 되었다.

이러한 시련 이후 더 큰 하늘의 은총으로 교세는 서울, 부산, 대구에 이어 전국 각 지방으로 퍼져나갔다. 1957년 초에는 약 20개에 달하던 교회가 전국적으로 확대되었다. 그 해 8월 15일에는 「원리해설」이 출판되었으며 이듬해인

1958년 1월 1일부터는 본격적으로 군 단위에도 교회가 세워지기 시작하였다. 해외 선교도 시작되어 1958년에는 일본에 그리고 1959년에는 미국에 선교사를 파송하였다.

1960년은 세계적 대전환의 시기였고, 한국에서는 자유당 정권의 부정선거에 대항해 4.19혁명이 일어난 해이기도 하다. 같은 해 문선명 선생은 한학자 여사를 배필로 맞이하여 하나님께서 주례가 되신 성혼식을 올렸다. 이어 1960년 4월 16일에는 세 쌍이 문선명 선생 양위분의 주례로 축복을 받게 되었다. 이 세 쌍에서 시작된 축복결혼식은 이후 33쌍, 72쌍, 124쌍, 430쌍, 777쌍, 1,800쌍, 6,000쌍, 6,500쌍, 3만쌍 등으로 확대되어 나아갔다. 1966년 5월에는『원리강론』을 간행하였다.『원리강론』은 하나님과 인간과 우주의 근본을 일관된 이치로써 꿰뚫어 정리한 혁명적 이론서로 평가된다.

한국 통일교회의 기반을 다진 시기는 1961년부터 1985년까지이다. 세계기독교통일신령협회 창립 초기의 뜨거운 열기가 전국으로 번져 나갔다. 문선명 선생은 언제나 눈물로 기도하고 온 몸이 땀에 젖도록 열과 성을 다해 말씀했고 이에 감동받은 사람들이 말씀을 전하기 위해 헌신적으로 활동을 하였다. 1968년 1월 13일에는 1965년부터 전국적으로 활동해온 '반공계몽단'을 '국제승공연합'으로 개칭하였다. 문공부가 인정한 승공운동이 국가를 넘어 세계로 퍼져나갔다. 1967년부터는 기독교 초교파운동본부를 중심으로 한 종교연합운동을 적극적으로 펼쳤다. 1973년 5월 9일

교수들을 중심으로 한 세계평화교수협의회가 결성되어 대학가 젊은이들을 위한 사상교육과 통일운동을 전개하였고, '향토학교'라는 야간 학교를 전국 100여 곳에 세워 봉사활동을 펼치기도 했다.

3. 세계평화통일가정연합의 세계역사

1958년 일본, 1959년 미국으로 전해진 인류구원과 세계평화를 향한 희망의 메시지가 젊은이들의 가슴을 울렸고 새로운 삶의 비전을 제시해 주었다. 말씀의 불길은 역사상 전례 없이 짧은 기간에 세계로 전해졌다. 선생은 다양한 단체를 설립하여 세계평화를 이루어가기 위한 일을 준비하였다.

선생은 1965년에 일본과 미국, 유럽 등 세계 40개국을 순회하였다. 이때 선생은 특별히 미국의 아이젠하워 대통령을 만나 세계평화를 위한 미국의 역할을 말씀하였다. 1972년에는 미국으로 건너가 선교활동을 지휘하며 한 국가를 넘어 세계적인 활동을 본격적으로 전개했다. 선생은 청교도 정신을 가지고 세운 미국은 하나님의 축복을 받은 나라로 평화로운 세계를 만드는 데 앞장서야 한다고 강조했다. 이어 선생은 미국 32개 도시에서 '기독교의 새로운 장래'에 대해 연설했고, 미국 의회에도 초청되어 연설을 했다. 1976년 양키스타디움과 워싱턴 모뉴먼트광장에서 열린 대회에는 각각 5만4천여 명, 30만여 명이 참석하였다. 선생의 메시지는 가치를 상실하고 방황하던 젊은 지성인들에게 많은 감동을 주었다.

선생의 영향력이 커지자 미국은 이를 경계하기 시작했다. 1981년 선생은 탈세혐의로 기소되었다. 미국은 2년 9개월 동안 재판을 끌면서 선생이 재판을 피해 미국에 더 이상 입국하지 않기를 바랐으나, 선생은 당당하게 재판을 받고 미국 댄버리 교도소에 수감되었다. 무고한 선생의 유죄판결에 전세계에서 모인 종교지도자 3천 5백여 명이 종파를 넘어 일치된 마음으로 백악관 앞에서 대대적인 항의시위를 벌였다. 일부 지도자들은 미 헌법에 보장된 종교의 자유를 수호하기 위해 선생과 함께 1주일씩 교도소에서 보내기도 하였다. 수감 중에도 선생은 세계평화를 위한 활동들을 더욱 활발하게 전개하였다.

선생은 공산주의를 냉전이라는 국제정치의 역학적 관점에서 보지 않고 '하나님의 구원섭리'라는 관점에서 바라보았다. 선생은 하나님의 존재를 인정하지 않는 공산주의는 반드시 몰락할 수밖에 없다고 주장하였다. 1985년 제2회 세계평화교수협의회 총회를 개최하면서 주제를 '소련 공산제국의 멸망'으로 채택하기도 하였다.

문선명 선생은 1990년 4월에 각국 전 · 현직 수상급 40여명을 비롯하여 65개국에서 온 600여명의 언론인 및 관계인사들을 대동하고 제11차 세계언론인대회, 제3차 세계평화를 위한 정상회의 및 제9차 중남미 통합기구회의를 모스크바에서 개최했다. 이 행사 도중인 4월 11일에 미하일 고르바초프 당시 소련 대통령과 회담하였다. 이 회담은 한국과 소련 뿐만이 아니라 전 세계를 놀라게 한 사건이었다. 선생님은 고르바초프 대통령에게 글라스노스트와 페레스트로이카 정책을 지지한다고 말하고 소련에서 종교의 자유를 허락하고 하나님을 모실 수 있는 종교의 르네상스 시대를 열어야 한다고 역설했다. 이 회담은 한국과 소련의 수교와 한반도문제 해결을 위한 소련의 의지가 최고 당국자의 입을 통해 직접적으로 표명되었다는 점에서도 중요한 의미를 지닌다. 그리고 이 회담에서 바로 한 · 소 관계에 새로운 장을 여는 수교, 경제협력, 한반도의 평화적 통일, 소련 내 종교자유 문제 등 인류평화를 위한 제반 문제가 진지하게 논의되었다.

글라스노스트(glasnost)
'공개'라는 뜻으로 1985년 소련의 고르바초프 정권이 내세운 시정 방침

페레스트로이카(perestroika)
'개혁'이라는 뜻으로 1985년 소련의 고르바초프 정권에 의해 선언된 소련의 개혁 이념 및 정책

문선명 선생은 이후, 1991년 11월 30일부터 12월 7일까지 북한을 방문하였다. 12월 6일에 선생은 김일성 주석과 만나 종교의 자유와 경제협력, 통일방안 등에 대해 의견을 나누었다. 또한 북한의 부총리 및 해외동포원호위원회 부위원장과 회담을 마친 후 세계평화연합의 총재 자격으로 이들과 공동선언문을 발표하였다. 반공주의자인 문선명 선생은 공산주의 독재자인 김일성 주석을 친구요, 형제로서 참사랑으로 포옹하였던 것이다. 선생이 김일성 주석을 만난 사건은 "통일은 참사랑으로 가능하다!"는 구호를 실천적으로 보여 준 것이었다. 선생은 생존해 있는 일가친척들과 눈물겨운 상봉을 했다. 선생의 북한방문은 고향을 떠난 이후 40년 11개월 만이었다. 객지에서 외롭고 쓸쓸한 개척의 길을 걸

으시며 닦은 세계적 승리의 기반을 가지고 환고향한 사건이었다.

1992년에는 참가정, 건전한 도덕사회, 여성의 참사랑 정신을 기초로 여성이 세계평화를 위해 활동하는 세계평화여성연합이 창설되었다. 선생은 지금까지 남성이 역사를 발전시키고 이끌어왔다면 이제는 역사를 주도하는 '여성시대'가 도래했다고 강조하였다. 전쟁과 폭력, 억압과 착취 그리고 범죄의 세계를 종결짓고 평화와 사랑 그리고 자유가 넘치는 이상세계를 실현할 참된 일꾼은 바로 여성이라고 격려하였다. 이러한 기반 위에 문선명 · 한학자 선생 양위분의 참부모 선포가 이루어지게 되었다. 세계평화여성연합은 1997년 5월 유엔 경제사회이사회 NGO위원회 제1영역 자문기관으로의 자격을 승인받아 UN NGO로 국제적 활동을 전개하고 있다.

문선명 선생은 1992년 7월 6일에 열린 세계평화여성연합 지도자대회에서의 특별연설을 통해 "본인은 재림주요 구세주요 참부모로서 그 사명을 다해 왔다."고 선언하고, 이제는 때가 되었기 때문에 지상에서 선포한다는 점을 밝히셨다. 한편 선생은 8월 24일 리틀엔젤스 예술회관에서 있었던 제1회 세계문화체육대전 축하만찬회에 참석한 세계 여러 나라의 지도자급 인사 700여명에게 "본인과 본인의 아내 한학자 총재는 인류의 참부모요, 구세주, 재림주, 메시아"라고 선포했음을 다시 한번 확인해 주셨다.

1993년에 선생은 세계적 메시아, 참부모 선포의 기반 위에 '성약시대'를 선포하였다. 성약시대란 구약과 신약의 시대를 지나 '하나님의 뜻을 이뤄드리는 시대'를 의미한다. 이때, 선생은 지금껏 원리와 말씀에서 밝히지 않았던 새로운 말씀인 '구원섭리사의 원리관', '우주의 근본을 찾아서', '참사랑을 중심한 참된 가정과 참된 우주', '참된 가정과 나' 등을 발표하였다. 1996년 7월 30일부터 8월 2일까지 워싱톤 D.C.에서는 전 · 현직 국가 원수 60명 등 3,000여명의 세계 지도자들이 참석한 가운데 '세계평화가정연합창설대회'가 열렸다. 이 대회를 통해서 문선명 선생은 이제 개인구원시대가 지나고 가정구원시대가 도래했으며, 탕감복귀시대가 지나고 이상세계 건설의 시대가 왔음을 만천하에 선포했다. 이러한 선포는 개인구원을 강조하는 종교시대의 종말을 고하는 것으로, 이제는 하나님이 창조 당시에 이상하셨던 이상가정을 이루고 나아가 이 땅에서 이상세계를 구현하는 시대가 되었음을 천명한 것이다.

문선명 선생은 2001년 1월 13일, 하나님을 지상과 천상의 왕으로 등극시켜 드리는 '하나님 왕권 즉위식'을 거행하셨다. 이후 왕으로 등극하신 하나님이 거하실 나라의 정착을 위해 '하나님 조국 정착대회'를 거쳐 하나님이 정착할 조국의 형태는 '천주평화통일국' 곧 '천일국'이라고 선언하였다. 천일국은 인간 개인의 몸과 마음의 통일로부터 부부통일, 가정통일, 종족, 민족, 국가, 세계통일에 이어 지상과 천상이 하나로 통일된 국가의 형태를 말한다. '하나님 왕권 즉위식' 이후 선생은 하나님을 왕으로 모시는 천일국을 이 땅에 이루자고 제안하고 2003년 초종교초국가평화의회, 2005년 천주평화연합를 창설하는 등 평화유엔을 통한 평화세계 건설에 박차를 가하였다.

2001년 1월 28일 UN본부에서 '세계평화축복식'을 개최한데 이어 5월 27일에는 뉴욕 힐튼호텔에서 '세계종교지도자 축복결혼식'을 개최하였다. 2003년 12월 22일 이스라엘에서는 선생의 뜻을 따라 유대교, 기독교, 이슬람교를 대표하는 종단 대표자, 율법학자, 종교학자들과 50여개 국가의 평화대사들 2만여 명이 참가하여 평화대행진을 열었다. 선생은 하나님이 바라는 나라를 이루기 위해서는 하나님을 중심한 인류가 하나의 대가족을 이뤄야 하며 그런 세계에는 국경이 없어야 한다고 강조하고, 이러한 통일운동의 집약으로 '국경선 철폐운동'을 펼치고 있다. 베링해협과 한일해저터널 등 대륙과 대륙, 대륙과 섬을 연결하는 사업을 이미 1980년대부터 시작하였고, 이를 통해 인류대가족의 이상을 실현시켜 나가고 있다.

이러한 평화세계를 이루기 위한 선생의 생애는 각국 지도자들에게 깊은 감명을 주게 되어, 2006년 6월 13일 문선명 선생 내외는 전 세계 185개국에서 온 평화사절단으로부터 '천주 평화의 왕'으로 추대받게 되었다. 문선명 선생은 2009년 1월 31일 구순을 맞이하였다. 이 날을 미국의 버락오바마 대통령, 조선민주주의인민공화국의 김정일 위원장, 미국의 조지 W. 부시 전 대통령 등이 축하하였다. 특히 김정일 위원장은 산삼 세 뿌리와 함께 축하의 글을 자수로 새

긴 리본, 장미 90송이와 백합 90송이를 담은 화병과 화환 등을 보내왔다. 2012년에는 피스컵 축구대회에 참관하였고, 8월 2일에는 모교인 오산고등학교를 방문하였다. 그런데 건강이 악화되어 8월 13일 병원에 입원하였다. 2012년 9월 3일 가평군 청심국제병원에서 향년 92세로 성화하였다. 하나님의 창조이상의 실현과 항구적인 평화세계를 위해 일생을 바쳐온 선생님의 생애는 언제나 하나님과 인류를 위해 가진 모든 역량을 투입하고 잊어버리고, 또 투입하고 잊어버리는 참사랑을 실현하는 하나님의 실체로서 삶을 사는 것이었다.

성화(聖和)
세계평화통일가정연합에서는 영면을 성화라고 칭한다.

생각과 지혜 나누기

1. 내가 알고 있었던 문선명 선생은 어떤 분인가요?
2. 문선명 선생이 당한 고난 극복 생애를 통하여 어떤 것을 배울 수 있는지 토론해봅시다.
3. 『평화를 사랑하는 세계인으로』(서울: 김영사, 2009)에서 문선명 선생의 생애와 관련된 일화를 알아봅시다.

제24장

나는 자랑스러운 선문인

1. 대학이란 무엇인가?

대학의 기원을 추적해 보면 그리스시대로 거슬러 올라간다. 플라톤(Platon)은 학도 중심의 공동생활체로 된 아카데미를 열고 이상국가에 참여할 인재를 양성하였다. 아카데미는 개인의 인격과 학식을 연마할 목적으로 창립되었기 때문에 도시국가의 정치에서 독립한 법인체 성격을 띠고 있었으며 학문의 자유가 보장되었다.

오늘의 대학은 중세 유럽에서 시작된 고등교육기관이 그 원형이다. 중세의 대학은 교수와 학생이 자유롭게 조직한 조합형태를 띠고 있었다. 유니버시티(University)라는 말도 이때부터 유래되었다. '유니버시티'는 라틴어 '유니버시타스(Universitas)'에서 유래된 것으로 '단편적인 것을 하나로 묶은 전체'를 의미한다. 대학은 가르치는 자와 배우는 자가 연대하는 공동체이다. 구성원이 함께 어울리는 공동체적 배움을 지향한다.

동양 역사에서 대학은 큰 대(大)와 배울 학(學)으로 구성된 글자이다. 대학은 유교의 4가지 경전인 대학, 중용, 논어, 맹자 중의 하나를 뜻하기도 한다. 여기서 대학은 아동의 공부와 대비되는 성인의 공부를 뜻한다. 엄밀히 말해 나이가 든 성인이라기보다는 타인의 행복을 위해 살아가는 대인의 학문이다.

아카데미(Academy)에서 개인의 인격과 학식을 연마하기 위하여 개인적인 생명, 나의 근원 등 '나'에 대한 연구에 초점을 맞추었다면, 유니버시티에서는 시대적인 사회문제를 해결하기 위한 연구에 초점을 두었다. 오늘날 대학은 아카데미와 유니버시티에서 각각 추구했던 개체성과 사회성의 양면을 추구하고 있다. 전문적 지식을 지닌 전문성과 사회에 기여하는 전체성을 가진 인간을 형성하는 것이 대학의 역할이다.

우리나라의 교육법에는 "대학은 국가와 인류사회 발전에 필요한 심오한 이론과 그 광범위하고 정치한 응용 방법을 교육 연구하며 지도적 인격을 도야하는 것을 목적으로 한다." 라고 규정하고 있다. 이런 목적을 가지고 있는 대학은 단순히 고등교육기관이라기보다는 연구, 교육, 봉사의 기능을 가지고 있는 공동체이다.

오늘날과 같은 인류의 문명과 문화가 발전한 것은 대학에서 교수와 학생이 학문을 연구하고, 진리와 전문적 지식을 보급하며, 실용화 할 수 있도록 봉사하였기 때문이다. 그래서 연구, 교육, 봉사를 대학의 3대 역할이라고 한다. 대학에서 이 3대 역할이 유기적으로 통합될 때 사회가 요구하는 인재를 양성해 낼 수 있고 대학 본연의 사명을 다 할 수 있게 된다. 이제 대학의 3대 역할을 살펴보자.

첫째는 연구의 역할이다. 연구는 진리를 탐구하고 학문을 개척하며 신기술을 개발하는 것이다. 이 연구기능을 뒷받침 해주는 것이 문제인식, 비판정신, 탐구정신이다. 인간의 정신, 사회문화, 기술문명 등에 대한 진보를 위해 문제를 제기하며 개선과 개발을 위해 도전하는 것이 연구를 위한 정신자세다. 학생은 단순히 교수의 연구의 결과만을 전수받는 것이 아니라 학생도 교수와 더불어 연구의 자세와 방법을 배우며 새로운 학문의 세계를 열어갈 수 있어야 한다. 이미 정립된 학문을 열정적으로 배우는 일은 곧 새로운 연구의 세계로 나가는 길이다. 연구를 위해서 "옛 것을 익히고 새 것을 배운다."는 온고지신의 정신을 가져야 한다. 전통이나 축적된 학문을 배우게 될 때 새로운 것에 대한 탐구정신이 발현된다.

둘째는 교육의 역할이다. 교육은 인간의 올바른 가치관과 인생의 목표를 설정해 주고 그 가치관과 인생의 목표를 실현할 수 있는 능력을 길러주는 행위이다. 사회적으로는 전통을 이어주고, 문화와 문명의 창달을 이끌어주는 기능을 한다. 인간은 교육을 통해서 바른 인격을 형성할 수 있고 삶의 방편이 되는 지식과 전문성을 기른다. 따라서 교육은 대학의 핵심적 기능이다. 교육을 통해 연구와 사회에 봉사할 수 있는 역량이 길러지기 때문이다.

셋째는 봉사의 역할이다. 봉사는 배우고 익힌 전문적 지식을 사회와 국가를 위해서 보급하고 활용하는 것이다. 봉사 활동은 사회와 국가 발전에 기여할 뿐만 아니라 자신이 배운 지식을 응용해 볼 수 있는 기회를 갖게 되며, 사회생활을 경험하고 더불어 사는 지혜를 배우게 된다. 오늘날 대학과 지역사회 혹은 산업체와의 유기적인 협력관계는 상호 발전을 위한 필요조건이 되고 있다.

위에서 언급한 연구, 교육, 봉사 등 대학의 3대 역할이 서로 유기적 관계를 가져야 한다. 사회는 진리와 지식과 기술을 연구할 것을 대학에 요구한다. 연구는 교육의 기반이 되며 교육은 사회봉사를 위한 역량이 된다. 연구를 통해 새로운 지식과 기술을 창출해야 하며, 이 지식과 기술을 배우고 익혀 자기 성장은 물론 사회의 통합과 발전에 기여해야 한다.

2. "천지개벽 선문학당": 선문대학교의 비전

선문대학교 본관 1층에는 '천지개벽 선문학당'이라는 휘호가 걸려있다. 천지개벽은 하나의 혼돈체였던 하늘과 땅이 나뉘어 이 세상이 되었다는 고대 사상에서 나온 말로서 천지가 처음으로 열린 것을 뜻한다. 자연계나 사회에서 큰 변혁이 일어난 것을 비유하여 천지개벽이라고 말하기도 한다. 문선명 선생은 이상세계의 구현을 천지개벽으로 표현하였다.

대학의 3대 역할 중에서 학생을 바람직한 인간상으로 양성해야 하는 교육적 역할은 대학이 담당해야 하는 중요한 역할이다. 문선명 선생은 대학이 양성해야 하는 인재상은 "하늘과 인류와 나라와 만상을 사랑하는 사람"이라고 하였다. 그것이 '애천 · 애인 · 애국'의 건학이념이다. 그런데 사회는 대학에 전문인을 양성할 것을 요구한다. 이에 부응하여 대학은 지식과 기술을 중심으로 한 직업교육에 치중할 수 있다. 그러나 문선명 선생은 대학이 전문인의 양성을 위한 교육에만 머문다면 인류는 평화의 세계를 창건할 수 없다고 단언한다. 선문대학교가 천지개벽의 중심이 되라고 권고한다.

인간은 육신과 더불어 영인체로 구성되어 있고 인간이 살아가는 세계도 지상계와 영계로 되어 있다. 이에 따라 교육도 육신의 교육과 영인체의 교육이 필요하다. 인간의 본질적 특성은 육신이 아니라 영인체에 있다. 교육도 육신의 교육보다는 영인체의 교육이 더욱 중요하다. 그런데 인류는 아직도 영인체와 영계에 대해 무지하다. 학문적으로도 영인체와 영계에 대한 연구가 본격적으로 이루어지지 못하고 있다. 영혼, 영인체, 영성의 개발과 교육이 미미한 상태에 머물고 있는 것이다. 영계에 무지한 인류는 영계의 가치를 모르고 영계 교육의 필요성도 모른다. 영계와 비교하여 지상계의 지식이 얼마나 협소한 것인지 상상도 못한다. 문선명 선생은 선문대학교가 영계에 대하여 연구하는 중심적 역할을 담당할 것을 권고한다.

육신과 영인체로 구성된 인간인데 영인체에 대한 교육을 하지 않는다면 그것은 반쪽짜리 교육일 뿐이다. 영육을 아우르는 교육이어야 온전한 교육이 된다. 그래서 선생은 선문대학교가 "인간의 지성과 전문성 개발만이 아니라 심령 개발을 통해 인격을 완성시키는, 곧 도덕적으로 영적으로 완벽한 지도자를 길러내는 세계 제일의 대학교"가 되라고 권고한다.

오늘의 대학은 지식과 기술을 전수하는 교육기관이 되어 참사랑을 가르치지 못하고 있다. 선문대학교는 하나님을 모시고 살며 참사랑의 세계관을 가르치는 터전이요 기지가 되어야 한다. 지식과 기술을 전수하는 교육의 기관을 넘어 참사랑 실천의 본보기가 되어야 한다. 마치 가정에서 부모가 부모의 심정과 종의 몸으로 참사랑 실천의 본보기가 되듯이 선문대학교도 그렇게 되어야 한다. '천지개벽 선문학당'이란 휘호는 선문대학교는 천지개벽을 이끄는 학당이 되라는 소망의 표현이다. 선문대학교가 천리를 가르치는 집이 되어야 하고, 참사랑을 보여주는 가정이 되어야 한다는 것이다.

문선명 선생은 애천 · 애인 · 애국을 선문대학교 건학이념으로 표방하였다. 하늘을 사랑하고 인류를 사랑하고 나라를 사랑하자는 뜻이다. 선생은 선문대학을 설립하게 된 동기를 "애천 이념에서부터 출발한다."고 하였다. "애천에서 의미하는 하나님은 특정 종교나 종파의 교리 속에 갇혀 있는 신을 의미하는 것이 아니라 천도와 모든 가르침의 근원자이다."라고 하였다. 애천은 애인과 애국의 근원이 된다. 선문대학교의 건학이념은 예로부터 우리 조상들이 받들었던 경천사상, 홍익인간과 그 의미를 같이 한다고 할 수 있다.

이러한 건학 이념을 "참인격을 도야하고 학술이론과 그 응용방법을 교수 · 연구하여 국가 발전과 인류평화에 이바지한다."라고 풀이할 수 있다. 그리고 이 건학이념을 실현하기 위해 "진리를 탐구하고 실천하는 인격자, 심정문화를 실현하는 세계시민, 창의력으로 사회에 봉사하는 전문인"을 양성하는 것을 교육의 목표로 하였다.

인격자란 자율적 의지를 가지고 주체적으로 살아가는 사람을 말한다. 진리를 탐구하고 실천하는 인격자란 바른 이치와 도리를 알고 그에 따라 결정하며 그 결정에 대한 책임을 질 줄 아는 사람이다. 참다운 인격을 갖추기 위해서는 선문대학교에 개설된 채플이나 '현대문화와 통일사상' 등 다양한 교양과목이 도움이 될 것이다. 이러한 과목들은 단순히 머리로 기억해야 하는 지식이 아니고 내 인생의 방향과 목적을 확립해 주며 삶을 보다 풍요롭게 이끌어 줄 것이다.

심정문화란 '하나님의 참사랑을 중심한 사랑의 문화권'을 말한다. 사랑을 기반으로 믿을 수 있는 세상, 위하여 사는 사람들이 모여 사는 세계를 말한다. 물질의 풍요로움을 위해 인간이 수단이 되고 있는 오늘날의 세상에서 사랑하고 위하는 사람들이 모여 사는 세상으로 변하게 될 때 심정문화의 세계가 된다. 문선명 선생은 '한 하나님 아래 하나의 세계'를 주창하였다. 그리고 이러한 이념을 구현하시기 위해 다양한 분야에 걸쳐서 세계적인 평화운동의 기반을 닦아 놓았다. 이러한 기반 위에 설립된 선문대학교는 외국인 학생 비율이 가장 높은 대학이다. 학생들은 많은 외국인 친구와 어울리며 세계시민으로서의 정신을 함양할 수 있을 것이다

전문인이란 어떤 한 분야에 남다른 지식 혹은 기술을 가지고 있는 사람을 말한다. 전문인들의 집합체가 대학인 것이다. 전문인이 된다는 것은 개인적으로는 자기 성취와 행복한 삶을 보장받고 사회와 국가에 봉사하는 길이다. 어떤 한 제품이 만들어지는 것은 수많은 전문성의 결합에 의해서다. 마찬가지로 이 사회가 발전하고 조화를 이루는 것은 전문인들이 각자 맡은 분야에서 자기 책임을 다하기 때문이다. 선문대학교는 연륜이 짧은 대학이지만 훌륭한 교수님들과 좋은 교육환경을 가지고 있는 글로벌 대학이다. 아름답고 낭만이 넘치는 캠퍼스에서 나의 전문성을 갈고 닦아 나

의 꿈을 실현하는 일은 바로 나에게 맡겨진 몫이다.

3. 내 꿈을 성취하는 선문학당

대학에 재학하는 4년은 비록 짧은 기간이지만 인생의 황금시절에 해당한다. 이 4년은 마치 식물이 꽃을 피우는 시기와 같다. 꽃이 피어있는 기간은 짧지만 열매를 결정하는 중요한 시기다. 마찬가지로 대학 4년간은 인생의 미래를 결정하는 중요한 시기이다. 대학에서 배우는 진리는 인생의 좌표를 설정해 주고, 갈고 닦은 지식과 경험은 삶의 방편이 되며, 이곳에서 만난 사람들은 인생의 동반자들이 된다. 따라서 대학 생활을 하는 동안에 진리를 탐구하고 지식을 배우며 친구를 사귀는 열정과 노력이 필요하다. 대학생활의 요점을 다음과 같이 정리해본다.

첫째, 학업에 충실해야 한다

학생의 본분은 학문 연마이다. 대학생에게 학업은 우선순위에 있어야 한다. 공부를 하는 데에는 목적의식, 집중력, 지속적인 노력, 시간의 활용 등이 중요하다. 목적의식이란 이루려고 하는 일이나 방향에 대한 뚜렷한 자각을 말한다. 그것은 목적을 이루겠다는 강한 의지이다. 이러한 의지를 바탕으로 목적을 달성하기 위해 집중하는 것이 필요하다. 공부는 정신을 집중해야 효과를 거둘 수 있다. 정신집중은 지속적인 연습과 노력을 해야 도달할 수 있는 상태이다. 시험은 단순한 평가를 위한 것이 아니라 배운 것을 복습하고 체계적으로 정리하는 기회로 삼아야 할 것이다. 시험 기간에 닥쳐 이른바 벼락치기 공부를 할 것이 아니라 평소에 배운 것을 복습하고, 배울 것을 예습 해놓아야 내 지식이 된다. 전공에 관련된 서적을 독서하는 것은 넓고 깊이 있는 지식을 획득하는데 도움이 된다.

누구에게나 하루는 24시간으로 동일하게 허락된다. 이 시간을 창조적으로 활용할 수도 있고 허비할 수도 있다. 나의 꿈과 목적을 성취하기 위해서는 시간 관리를 잘 해야 한다. 시간 관리를 위해서는 무엇보다 목적의식이 분명해야 하고 그 목적 실현을 위해서 꾸준히 노력해야 한다. 목적달성을 위해서 시간 계획을 세워야 한다. 일의 우선순위에 따라 시간계획을 세우고 그 계획을 성취하기 위해서 의지와 인내가 필요하다.

둘째, 인간관계를 잘 맺어야 한다

대학은 미래의 내 직장을 결정하는데 그리고 인생의 동반자를 만나는데 중요한 터전이 된다. 대학에서 내 꿈을 실현하기 위해서는 실력을 쌓아야 하고 좋은 친구를 만나야 한다. 인간의 행복은 인간관계 안에서 이루어진다. 따라서 대학에서 보편적 진리를 찾고 학문을 연구하는 일 못지않게 인간관계 또한 중요하다. 인간관계를 통해서 고매한 품성을 기르고 더불어 사는 법을 배워야 한다. 대학에서 성숙한 인간관계를 경험하게 될 때 사회생활에서도 성공적인 인간관계를 맺을 수 있다.

대학에서의 인간관계에는 교수, 친구, 이성 등과의 관계가 있다. 먼저 교수와의 관계에 대하여 살펴보자. 예로부터 군사부일체라는 말을 사용했다. 스승은 어버이와 같다는 의미다. 우리가 한 인간으로 성숙하기 위해서는 부모와 같은 스승의 도움이 필요하다. 교수와의 좋은 관계에서 학문적으로나 인격적인 면에서 좋은 영향을 받을 수 있다. 우리는 고등학교 때까지 가르치시는 분을 '선생님'이라고 불렀다. '인생을 앞서 사신 분'이라는 뜻이다. 인생과 학문의 선배인 교수님으로부터의 배움을 통해서 지식과 지혜를 계발할 수 있다.

셋째, 좋은 친구관계를 형성하자

친구는 대학생활의 성공과 실패를 좌우하는 요인이 된다. 유유상종이라는 말이 있다. 학문에 정진하며 인격 함양을 위해 노력하는 친구를 갖게 되면 나의 학업과 인격 함양에 힘과 용기를 준다. 그러나 학업을 게을리 하고 쾌락을 찾아 즐기는 친구를 갖게 되면 나 자신도 모르게 그런 유혹에 끌려가게 된다. 친구는 인생의 고락을 같이 하는 동반자이며 선의의 경쟁자이기도 한다. 좋은 친구는 학업 성취를 위해 서로 도우며 선의의 경쟁을 통하여 서로의 성취 욕구를 고무시켜주기도 한다. 대학생활에서 서로의 성장과 발전을 위해 밀어주고 이끌어주는 친구를 만들자.

넷째, 이성교제가 중요하다

대학에서는 이성 친구를 만나 사귈 수 있는 기회가 많다. 이성과의 교제를 통해서 학창시절을 낭만적으로 보낼 수도 있고 인생의 반려자를 만날 수도 있다. 그러나 때로는 이성 친구로 인해 많은 고통과 좌절에 빠지고 학업과 친구관계 등을 소홀히 할 수도 있다. 바람직한 이성 교제를 위하여 어떤 사고와 태도를 가져야 하는가를 세 가지 측면에서 생각해보자.

이성교제는 우정이 전제되어야 한다. 흔히 "이성 간에 친구가 될 수 있는가?"라는 의문을 제기하는 사람도 있다. 그것은 이성 사이의 교제에서 성적 욕구를 배제할 수 없기 때문이다. 성적 욕구 자체가 문제가 아니라 그 욕구를 절제하지 못하여 서로에게 피해를 주는 경우가 있기 때문에 문제가 된다. 아름답고 진실한 이성 간의 교제가 되기 위해서는 순결과 참사랑 그리고 상호 존중과 배려의 자세가 필요하다. 순간의 쾌락을 위해 성적 욕구에 사로잡히게 되면 학생 본연의 길인 인격도야와 학문 정진에 장애가 된다.

이성교제는 합리적 사유에 바탕을 두어야 한다. 흔히 "사랑은 눈을 멀게 한다."고 말한다. 그렇게 되면 이성관계가 감정에 치우치게 되어 상대와 자신을 바르게 볼 수 없는 경우가 생길수 있다. 이성에 대한 좋은 느낌은 갈애를 만들고 갈애는 사람을 어리석게 만든다. 학문에 정진해야 할 학창시절에 이성교제로 인해 지나치게 고민하고 시간을 낭비하지 않기 위해는 현실을 직시할 수 있는 이성적 사고를 해야 한다. 이성 교제는 서로의 발전과 성장을 돕는 친구가 되어야 한다. 대학에서 폭넓은 인간관계를 맺고 학문을 성취하려면 친구의 도움이 필요하다. 성공적인 대학생활을 위해서 힘들 때 격려해주고 좋은 일이 있을 때 기쁨을 같이 나누는 친구가 있어야 한다. 이러한 친구로서 동성 친구뿐만 아니라 이성 친구도 필요하다.

다섯째, 동아리 활동에 열정적이고 낭만적으로 참여하자

대학생에게는 중 · 고등학교 시절과 달리 폭넓은 자유와 자율이 허용된다. 자신이 선택하고 선택한 일에 대하여 책임을 질 수 있어야 한다. 대학에서의 동아리 선택도 그렇다. 동아리를 잘 선택하게 되면 전문지식의 함양은 물론 인간관계를 배우는 기회가 된다. 대학에는 학문, 취미, 봉사, 문화 등 다양한 분야의 동아리가 있다. 동아리 활동을 통해서 정규 수업에서 다루지 않는 분야들을 배우고 경험할 수 있다.

우리가 전인으로 성장하기 위해서는 단지 전공분야에 몰입하는 공부만으로는 부족하다. 지 · 덕 · 체의 균형 있는 발전과 성장을 위해서 동아리를 잘 활용할 수 있어야 한다. 동아리를 통해 지적인 욕구를 충족하고 인격을 연마하며 정서를 함양해야 한다.

동아리 활동 외에도 효과적인 학습을 위해 동료들과 스터디 그룹을 만드는 것도 중요하다. 관심분야, 혹은 전공분야의 심도 있는 학습을 위해서 스터디 그룹은 많은 도움이 된다. 스터디 그룹에서 짧은 시간에 많은 지식의 양을 습득할 수 있으며 문제의식과 발표력을 향상시킬 수 있다.

인생에서 대학생활은 두 번 다시 오지 않는다. 인생길의 방향을 이끄는 중요한 기간이다. 행복하고 의미가 있는 대학생활을 하는지의 여부가 미래의 삶의 질을 결정해 준다. 지 · 덕 · 체를 겸비한 전인으로서의 성장을 위한 최상의 터전이 대학 캠퍼스 생활임을 기억하자.

오늘날 대학은 오로지 직업인 양성을 위한 기관으로 전락해 가는 경향이 있다. 물론 사회의 현실이 대학을 취업을 위한 준비 역할을 하도록 요청하고 있지만 학생들 스스로의 자세가 중요하다. 단순히 지식을 축적하는 대학이 아니라 지식을 연마하고 인격을 함양하는 시간과 장소로 활용해야 한다.

꿈을 성취하는 대학생활이 되기 위해서 내가 이 대학에 들어온 동기를 돌아보고 4년간 이루어야 할 목표를 세우고 이 목표를 달성하기 위한 밑그림을 그려보자. 지 · 덕 · 체의 균형 있는 발전을 위한 목표와 방향이 설정되는 대학생활을 만들어서 성공하는 내가 되고 자랑스러운 선문인이 되어보자. 선문대학교는 내 꿈을 성취하는 전당이다!

생각과 지혜 나누기

1. 선문대학교에서 이룰 '나의 비전'은 무엇인가요?
2. 비전을 이루기 위한 '나의 대학 4년간 단계별 목표'를 작성해 봅시다.
3. 중 · 고등학교와 대학교 생활은 어떤 점이 다를까요?

생각과 지혜 나누기

선문대학교	학부 (과)	학번	이름

생각과 지혜 나누기 - 제1장

1. 나의 꿈은 무엇인가요?

2. 알찬 대학생활을 위해서 필요한 것은 무엇인가요?

3. 올바른 가치관이란 무엇일까요?

선문대학교	학부 (과)	학번	이름

생각과 지혜 나누기 - 제2장

1. 종교에 대해 부정적 생각을 갖게 된 이유는 무엇입니까?

2. 나의 마음이 왜 두 마음으로 갈려 싸우게 된 이유가 무엇입니까?

3. 새 진리는 어떤 진리일까요?

선문대학교	학부 (과)	학번	이름

생각과 지혜 나누기 - 제3장

1. 모든 종교와 사상의 통일은 어떻게 실현될 수 있을까요?

2. 현실적 문제를 해결할 수 있는 진리는 어떤 진리이어야 할까요?

3. 나는 얼마나 나의 인생에 대해 진지하게 생각을 해 보았나요?

선문대학교	학부 (과)	학번	이름

생각과 지혜 나누기 - 제4장

1. 현대 천체물리학에서 말하는 우주의 형성에서 궁극적실재를 무엇으로 말하고 있나요?

2. 모든 종교에서 말하는 신은 어떤 존재인가요?

3. 신이 없다고 생각하는 이유는 무엇인가요?

선문대학교	학부 (과)	학번	이름

생각과 지혜 나누기 - 제5장

1. 우리들의 인생목적은 무엇인가요?

2. 인생에 있어서 사랑의 의미는 무엇인가요?

3. 인간이 원하고 꿈꾸는 세계는 어떤 세계인가요?

선문대학교	학부 (과)	학번	이름

생각과 지혜 나누기 - 제6장

1. 인간이 모순적인 존재라면 왜 파멸하지 않나요?

2. 인간은 마음이 있어 완전한 존재라는 말은 무엇을 의미하나요?

3. 심신일체의 삶을 위한 구체적이며 현실적인 길은 무엇입니까?

선문대학교	학부 (과)	학번	이름

생각과 지혜 나누기 - 제7장

1. 가화만사성(家和萬事成)이 우리에게 주는 교훈은 무엇입니까?

2. 부모님께 효도하는 삶은 어떻게 실천될 수 있는지 생각해 봅시다.

3. 형제자매간에 우애 있는 삶은 어떻게 실천될 수 있는지 생각해 봅시다.

선문대학교	학부 (과)	학번	이름

생각과 지혜 나누기 - 제8장

1. 가치관의 붕괴로 초래되는 문제의 사례에는 어떤 것이 있는지 생각해 봅시다.

2. 역사 속에서 기억되는 위인들의 공통점은 무엇인지 생각해 봅시다.

3. 우리 주변에서 의와 불의의 사례는 어떤 것이 있는지 생각해 봅시다.

선문대학교	학부 (과)	학번	이름

생각과 지혜 나누기 - 제9장

1. 자신의 삶에서 후회되는 것이 있나요?
   만약 그렇다면 앞으로는 후회되지 않도록 자신이 어떻게 살아가야 할까요?

2. 육신의 죽음을 맞이하기 전에 꼭 해야 할 일이나 하고 싶은 일에 대한 자신의 버킷 리스트(Bucket List) 3가지를 작성해 봅시다.

3. 죽음을 체험한 사람들의 사례를 통해서 얻을 수 있는 교훈은 무엇입니까?

선문대학교	학부 (과)	학번	이름

생각과 지혜 나누기 - 제10장

1. 현대사회에서 잘못된 성문화에 대해 어떻게 생각하나요?

2. 청소년들에게 왜곡된 성가치관을 제공하는 대중매체는 어떤 것이 있나요?

3. 현대 사회의 성문화가 건전하게 정착되려면 우리에게 요청되는 것은 무엇입니까?

선문대학교	학부 (과)	학번	이름

생각과 지혜 나누기 - 제11장

1. 인간에게 책임분담을 주신 이유는 무엇입니까?

2. 자유와 책임의 관계에 대해 이야기해 봅시다.

3. 성추행과 성폭력의 사례를 이야기해 봅시다.

선문대학교	학부 (과)	학번	이름

생각과 지혜 나누기 - 제12장

1. 타락성에 대해서 이야기해 봅시다.

2. 어떻게 하면 자유로운 존재가 될까요?

3. 천사에 대한 이미지를 서로 말해 봅시다.

선문대학교	학부 (과)	학번	이름

생각과 지혜 나누기 - 제13장

1. 사후의 세계에 대해 이야기해 봅시다.

2. 웰빙과 웰다잉은 무엇이라고 생각합니까?

3. 내가 알고 있는 죽음과 관련한 사건(자연사, 자살) 등을 이야기해 봅시다.

선문대학교	학부 (과)	학번	이름

생각과 지혜 나누기 - 제14장

1. 우리가 알아야 할 대표적인 역사관에는 어떤 것들이 있을까요?

2. 섭리사관이란 무엇일까요?

3. 지금까지 살아 온 나의 역사를 도표로 작성하고 이야기해 봅시다.

0 5 10 15 20 25 30

선문대학교	학부 (과)	학번	이름

생각과 지혜 나누기 - 제15장

1. 종말의 때에 일어나는 현상들에 대해 아는 바를 말해봅시다.

2. 과거에 제기된 종말론, 특히 시한부종말론에 대해 이야기해봅시다.

3. 인류역사의 미래 모습은 어떻게 변화할 것인지에 대해 이야기를 나눠 봅시다.

선문대학교	학부 (과)	학번	이름

생각과 지혜 나누기 - 제16장

1. 내가 실수한 것에 대해 탕감한 사례는 어떤 것이 있나요?

2. 내가 실체 기대(인간 관계) 확립에 성공한 사례는 어떤 것이 있나요?

3. 내가 기억하는 역사적 사건은 어떤 것이 있나요?

선문대학교	학부 (과)	학번	이름

생각과 지혜 나누기 - 제17장

1. 노아가 120년 동안 방주를 인내하면서 지은 것처럼, 내가 어떤 일을 꾸준히 한 것은 어떤 것이 있나요?

2. 아브라함과 이삭 부자의 관계처럼, 나와 나의 부모님과의 관계는 어떤 특징이 있나요?

3. 나는 미래에 어떤 리더로서 사회에 기여할 수 있을까요?

선문대학교	학부 (과)	학번	이름

생각과 지혜 나누기 - 제18장

1. 나의 생애에서 힘들었던 사례는 어떤 것이 있나요?

2. 예수그리스도에 대해서 아는 것이 있다면 어떤 내용인가요?

3. 문선명 선생에 대해서 아는 것이 있다면 어떤 내용인가요?

선문대학교	학부 (과)	학번	이름

생각과 지혜 나누기 - 제19장

1. 왜 인류 역사는 순환한다고 생각합니까?

2. 콘스탄티누스대제가 기독교를 공인하게 된 이유를 알아봅시다.

3. 하나님 섭리사의 중심이 기독교 역사인 이유가 무엇일까요?

선문대학교	학부 (과)	학번	이름

생각과 지혜 나누기 - 제20장

1. 역사의 발전과정을 도표로 만들어 설명해 봅시다.

2. 현대의 민주주의사회는 정치와 종교의 분리를 원칙으로 삼고 있습니다. 각국에서 정교분리의 원칙이 어떻게 적용되는지 살펴봅시다.

3. 통일운동이 추진하는 천주평화연합(UPF)의 비전을 알아봅시다.

선문대학교	학부 (과)	학번	이름

생각과 지혜 나누기 - 제21장

1. 근대사회의 주요한 특징으로 어떠한 것이 있는지 찾아봅시다.

2. 민주주의사회와 공산주의사회가 지닌 장점과 단점을 비교하여 봅시다.

3. 현실세계에서 삼권분립의 이상이 어떻게 구현되고 있는지 살펴봅시다.

선문대학교	학부 (과)	학번	이름

생각과 지혜 나누기 - 제22장

1. 한국이 지닌 세계적 사명을 소개하는 자료를 찾아 살펴봅시다.

2. 새로운 세상을 고대하는 개벽사상에 대해 알아봅시다.

3. 오늘의 메시아는 현대사회에서 어떠한 역할을 담당할지 토의해 봅시다.

선문대학교	학부 (과)	학번	이름

생각과 지혜 나누기 - 제23장

1. 내가 알고 있었던 문선명 선생은 어떤 분인가요?

2. 문선명 선생이 당한 고난 극복 생애를 통하여 어떤 것을 배울 수 있는지 토론해 봅시다.

3. 『평화를 사랑하는 세계인으로』(서울: 김영사, 2009)에서 문선명 선생의 생애와 관련된 일화를 알아봅시다.

선문대학교	학부 (과)	학번	이름

생각과 지혜 나누기 - 제24장

1. 선문대학교에서 이룰 '나의 비전'은 무엇인가요?

2. 비전을 이루기 위한 '나의 대학 4년간 단계별 목표'를 작성해 봅시다.

3. 중 · 고등학교와 대학교 생활은 어떤 점이 다를까요?